VENTE DU LUNDI 18 AU SAMEDI 23 MAI 1908
9, RUE DROUOT, 9
Par le Ministère de Me [illegible] DUBREUIL, [illegible]

CATALOGUE
DE LA
BIBLIOTHÈQUE
DE
FEU M. LE COMTE A*** W***

TROISIÈME PARTIE

BEAUX-ARTS
LIVRES ILLUSTRÉS DU XVIe AU XVIIIe SIÈCLE
LIVRES MODERNES ILLUSTRÉS
LIVRES MODERNES DANS TOUS LES GENRES

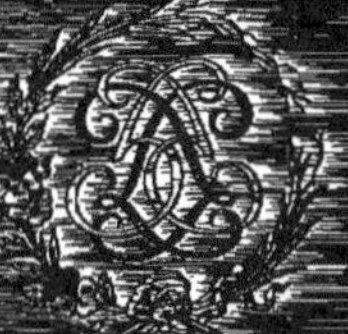

PARIS
LIBRAIRIE HENRI LECLERC
219, RUE SAINT-HONORÉ, 219
ET 16, RUE D'ALGER
1908

BIBLIOTHÈQUE DE M. LE COMTE A*** W***

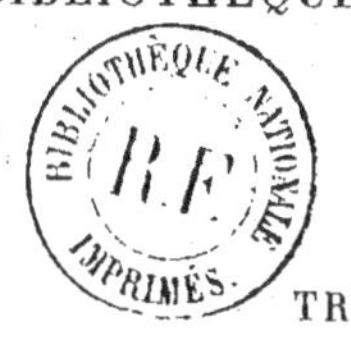

TROISIÈME PARTIE

BEAUX-ARTS

LIVRES ILLUSTRÉS

LA VENTE AURA LIEU

Le Lundi 18 Mai 1908 et les 5 jours suivants

A 2 heures précises

HOTEL DES COMMISSAIRES-PRISEURS, 9, RUE DROUOT

Salle N° 10

Par le ministère de Me **F. LAIR DUBREUIL**, commissaire-priseur

6, RUE FAVART, 6

Assisté de **M. HENRI LECLERC**, libraire

219, RUE SAINT-HONORÉ, 219

ET 16, RUE D'ALGER

VOIR L'ORDRE DES VACATIONS A LA FIN DU CATALOGUE

CONDITIONS DE LA VENTE

La vente se fait au comptant.

Les acquéreurs paieront 10 pour 100 en sus des enchères.

Les livres vendus devront être collationnés dans les vingt-quatre heures de l'adjudication. Passé ce délai, ils ne seront repris pour aucune cause.

M. Leclerc se réserve la faculté, dans l'intérêt de la vente, de réunir ou de diviser les numéros du catalogue. Il remplira les commissions qu'on voudra bien lui confier.

CATALOGUE
DE LA
BIBLIOTHÈQUE
DE
FEU M. LE COMTE A*** W***

TROISIÈME PARTIE

BEAUX-ARTS
LIVRES ILLUSTRÉS DU XVIe AU XVIIIe SIÈCLE
LIVRES MODERNES ILLUSTRÉS
LIVRES MODERNES
DANS TOUS LES GENRES

PARIS
LIBRAIRIE HENRI LECLERC
219, RUE SAINT-HONORÉ, 219
ET 16, RUE D'ALGER

1908

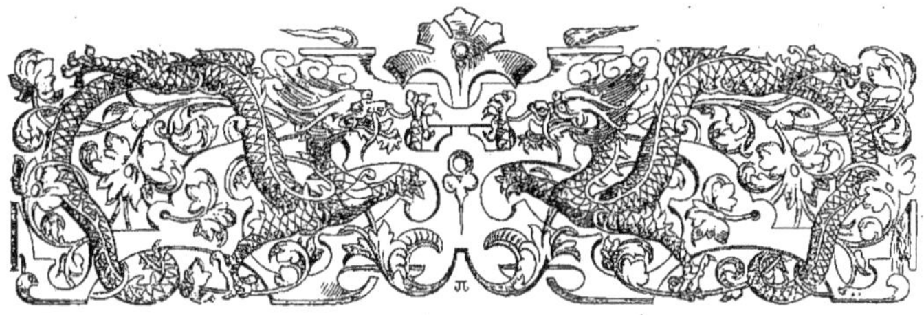

BEAUX-ARTS

PEINTURE, DESSIN, SCULPTURE, ARCHITECTURE, ARCHÉOLOGIE, ETC.

1. ADELINE (Jules). Les Sculptures grotesques et symboliques (Rouen et environs). Préface par Champfleury. Cent vignettes dans le texte avec double frontispice à l'eau-forte par Jules Adeline. *Rouen, E. Augé, s. d.*, in-8, dos et coins mar. olive, fil., dos orné, tête dor., non rogné (*Champs*).

   Un des 175 exemplaires imprimés sur PAPIER TEINTÉ.

2. ADELINE (Jules). Hippolyte Bellangé et son œuvre, avec eaux-fortes et facsimile. *Paris, A. Quantin*, 1880, in-8, dos et coins mar. vert, fil., dos orné, tête dor., non rogné (*Champs*).

3. ALBUM ARTISTIQUE et biographique. Salons de 1881 à 1886. *Paris, E. Francfort*, 12 vol. in-4 oblong, cartonn. toile brune, tr. dor.

   Recueil de photographies donnant les portraits des artistes et la reproduction des tableaux qu'ils ont exposés.

4. ALBUM DE LA GAZETTE DES BEAUX-ARTS. Cinquante gravures d'après les maîtres anciens et modernes. Raphaël, Ingres, Michel-Ange, Delacroix, Rembrandt, Meissonier, Corot, Boucher. *Paris, Bureau de la Gazette des beaux-arts, s. d.*, in-fol., monté sur onglets, dos et coins mar. rouge, fil., dos orné, tête dor., non rogné (*Allô*).

   Les 50 planches sont tirées sur papier de Chine.

5. ALBUM DU MUSÉE DE SCULPTURE COMPARÉE, XIIe-XIXe siècles. Recueil de 357 planches en phototypie reliées en 5 vol. in-fol., demi-rel. mar. grenat, tête dor., non rog. (*Pierson*).

6. ALBUM-SOUVENIR de la collection Armand Doria, précédé d'un essai sur la

vie du comte Armand Doria, par M. Arsène Alexandre. Préface de M. L. Roger-Milès. *Paris, G. Petit*, 1899, in-4, demi-rel. mar. vert, tête dor., non rogné (*Pierson*).

2 portraits et 52 planches hors texte en héliogravure.

7. ALEXANDRE (Arsène). Histoire de l'art décoratif du XVIe siècle à nos jours. Préface de Roger Marx. *Paris, Henri Laurens, s. d.*, pet. in-fol., demi-rel. mar. olive, tête dor., non rogné (*Pierson*).

Ouvrage orné de 48 planches en couleurs, 12 eaux-fortes et 526 dessins dans le texte.

8. ALEXANDRE (Arsène). Honoré Daumier, l'homme et l'œuvre. Ouvrage orné d'un portrait à l'eau-forte, de deux héliogravures et de 47 illustrations. *Paris, H. Laurens*, 1888, in-8, br. (*Couvert. illust.*).

Un des 18 exemplaires (n° 9) imprimés sur PAPIER DE HOLLANDE.

9. ALEXANDRE (Arsène). Jean Carriès, imagier et potier. Étude d'une œuvre et d'une vie. *Paris, Librairies-imprimeries réunies*, 1895, pet. in-4, demi-rel. mar. La Vall., fil., dos orné, tête dor., non rogné (*Pierson*).

Nombreuses illustrations en héliogravure et en phototypie, hors texte et dans le texte.

10. ANDRÉ (Édouard). L'Art des jardins. Traité général de la composition des parcs et jardins. Ouvrage accompagné de onze planches en chromolithographie et de 520 figures dans le texte. *Paris, G. Masson*, 1879, gr. in-8, dos et coins mar. vert, fil., dos orné, tête dor., non rogné (*Pierson*).

11. APOCALYPSE (L') en français au XIIIe siècle (Bibl. nat. fr. 403) publiée par MM. L. Delisle et P. Meyer. Reproduction phototypique. *Paris, Firmin-Didot et Cie*, 1900, in-fol., papier vergé, carton. demi-toile, non rog.

12. **AQUARELLISTES FRANÇAIS** (Société d'). Ouvrage d'art publié avec le concours artistique de tous les sociétaires. Texte par les principaux critiques d'art. *Paris, Launette, Goupil et Cie*, 1883, 2 vol. — GRANDS PEINTRES FRANÇAIS ET ÉTRANGERS. Ouvrage d'art publié avec le concours artistique des maîtres. Texte par les principaux critiques d'art. *Paris, Launette, Goupil et Cie*, 1884-1886, 2 vol. — Ens. 4 vol. in-fol., mar. rouge, encad. de 17 fil. brisés aux angles, chiffre mosaïqué sur les plats, dos orné de fil., dent. int., gardes de moire, tête dor., non rog. (*Allô*).

Un des 25 exemplaires imprimés sur PAPIER DU JAPON, contenant une SUITE SUR JAPON de toutes les planches en photogravure.

13. ARCHÉOLOGIE. 5 vol. in-8, cartonn. toile et dos et coins mar., tête dor., non rog.

CAGNAT (R.) et GOYAU (C.). Lexique des antiquités romaines. *Fontemoing*, 1886, nombreuses planches et dessins. — EVANS (John). L'Age du bronze. Instruments, armes et ornements de la Grande-Bretagne et de l'Irlande. *Germer Baillière*, 1882, 540 figures dans le texte. — LA CHAUVELAYS (J. de). L'Art militaire chez les Romains. *Plon*, 1884. — LAGRÈZE (G.-B.). Une Visite à Pompéi. *Didot*, 1889. — NADAILLAC (Mis de). Mœurs et monuments des peuples préhistoriques. *Alcan*, 1888, 113 figures.

14. ARCHIVES de la Commission des monuments historiques, publiées sous le patronage de l'administration des Beaux-arts par les soins de A. de Baudot et A. Perrault-Dabot. *Paris, Laurens, Ch. Schmid, s. d.*, 5 vol. in-fol. en feuilles dans des cartons.

500 planches en héliogravure.

15. ARMSTRONG (Sir Walter). Gainsborough et sa place dans l'école anglaise. Traduction de B.-H. Gausseron. *Paris, Hachette et Cie*, 1899, in-4, cart. toile rouge des éditeurs, tête dor., non rog.

Orné de 62 héliogravures et de 10 lithographies.

16. ARMSTRONG (Sir Walter). Sir Joshua Reynolds, premier président de l'Académie royale de Londres. Traduit par B.-H. Gausseron. *Paris, Hachette et Cie*, 1901, in-4, cart. toile rouge des éditeurs, tête dor., non rog.

Orné de 78 photogravures et de 6 fac-similes lithographiques en couleurs.

17. ARMSTRONG (Sir Walter). Sir Henry Raeburn, par sir Walter Armstrong. Avec une introduction par R. A. M. Stevenson et un catalogue biographique et descriptif par J.-L. Caw. Traduit par B.-H. Gausseron. *Paris, Hachette et Cie*, 1902, in-4. cartonn. toile rouge des éditeurs, tête dor., non rog.

Nombreuses planches en héliogravure.

18. ARTE ITALIANA DECORATIVA e industriale, periodico mensile, publicato sotto il patrocinio del ministero di agricoltura, industria e commercia. *Roma, Venezia, Ferd. Ongania*, 1891-1892, 2 années en 24 livraisons in-fol. broch.

Nombreuses illustrations dans le texte et hors texte.

19. ARTISTES (Les) de tous les temps. *Paris, Librairie de l'art ancien et moderne*, 1902-1904, 3 vol. in-4, nombreuses planches hors texte, cartonn. toile bleue, tête dor., non rog., couvert. *(Pierson)*.

Bénédite (Léonce). Fantin-Latour, étude critique, catalogue des œuvres conservées dans les musées, etc., etc., 1903. — Havard (Henry). Léopold Flameng, 1904. — Spielmann (H.). John Everett Millais, 1903.

20. ARTISTES CÉLÈBRES (De la collection des). *Paris, Librairie de l'Art, s. d.*, 6 vol. gr. in-8, nombreuses gravures, demi-rel. mar. grenat, dos orné, tête dor., non rog. et cart. toile *(Pierson)*.

Gabillot (C.). Hubert Robert et son temps. — Havard (Henry). Michiel van Miereveltet son gendre. — Rocheblave (S.). Les Cochin. — Wauters (Alph.). Bernard van Orley. — Lhomme (F.). Raffet. — Moureau (Adrien). Les Moreau.

21. ART JOURNAL (The). New serie, 1885 à 1906 inclus. *London, J.-S. Virtue et Co*, 1885-1906. 22 vol. gr. in-4, nombreuses illustrations hors texte et dans le texte, dont 2 en dos et coins mar. rouge, 11 cartonn. toile grise, tête dor., non rog. et les autres en livraisons.

Les livraisons suivantes manquent : juin 1891, avril 1899 et janvier 1900.

22. ATELIER ROSA BONHEUR. I. Tableaux. II. Aquarelles et dessins. Préface et catalogue analytique par M. L. Roger-Milès. Reproductions en taille-douce : procédé Georges Petit. *Paris, Georges Petit,* 1900, 2 vol. in-4, demi-rel. mar. brun, fil., dos orné, tête dor., non rognés, couvertures illustrées (*Pierson*).

Nombreuses héliogravures hors texte.

23. AUFFRET (Charles). Une Famille d'artistes brestois au XVIIIe siècle « Les Ozanne ». *Rennes, Hyacinthe Caillière,* 1891, in-4, demi-rel. mar. olive, tête dor., non rogné, couverture (*Champs*).

24. BABELON (Ernest). Histoire de la gravure sur gemmes en France, depuis les origines jusqu'à l'époque contemporaine. Ouvrage illustré de gravures dans le texte et accompagné de XXII planches en phototypie. *Paris, Société de propagation des livres d'art,* 1902, in-8, br.

25. BAES (Jean). Tours et tourelles historiques de la Belgique d'après les aquarelles de Mr Jean Baes. *Bruxelles, E. Lyon-Claesen, s. d.,* in-fol. monté sur onglets, dos et coins mar. vert, tête dor., non rogné (*Pierson*).

Ouvrage orné de 50 lithographies en couleurs, fac-similés des aquarelles.

26. BALLU (Roger). L'Œuvre de Barye, précédé d'une introduction par M. Eugène Guillaume. *Paris, Quantin,* 1890, in-fol., cartonn. toile marron des éditeurs, non rog.

Ouvrage orné de 24 grandes planches hors texte en héliogravure et de nombreuses vignettes dans le texte.

27. BANCEL (E.-M.). Jehan Perreal, dit Jehan de Paris, peintre et valet de chambre des rois Charles VIII, Louis XII et François Ier. Recherches sur sa vie et son œuvre. Ouvrage orné de nombreuses gravures et d'une lettre de J. Perreal en fac-similé. *Paris, Launette,* 1885. — MOREAU-NÉLATON (Étienne). Les Le Mannier, peintres officiels de la Cour des Valois au XVIe siècle. *Paris, Gazette des Beaux-Arts,* 1901. — Ens. 2 vol. gr. in-8, dos et coins mar. grenat et demi-rel. mar. vert, tête dor., non rognés (*Allô* et *Pierson*).

28. BAPST (Germain). Inventaire de Marie-Josèphe de Saxe, dauphine de France. *Paris, Lahure,* 1883, pet. in-4, papier vergé, portrait, dos et coins mar. bleu, tête dor., non rog., couvert. (*Pierson*).

29. BASCHET (A.) et FEUILLET DE CONCHES. Les Femmes blondes selon les peintres de l'École de Venise, par deux Vénitiens. *Paris, Aubry,* 1865. — GRAND CARTERET (J.). Raphaël et Gambrinus ou l'art dans la brasserie. *Paris, Westhauser,* 1886, nombreuses illustrations. — RICCI (Corrado). Michel-Ange. Trad. de l'italien par M. J. de Crozals. *Florence, Alinari,* 1902. — Ens. 3 vol. in-8, dos et coins mar. citron et La Vall. et cartonn. toile, tête dor., non rog. (*Pierson*).

30. BAYE (Baron J. de). L'Archéologie préhistorique. Époque tertiaire, époque quaternaire. La transition entre les deux époques de la pierre. Époque néolithi-

que, etc., etc. *Paris, Leroux,* 1880, gr. in-8, figures sur bois dans le texte et lithographies hors texte, demi-rel. mar. La Vall., tête dor., non rog. (*Champs*).

31. BEAUX-ARTS. 4 vol. in-4, in-8 et in-12, toile grise, demi-rel. mar. et toile bleue, tête dor., non rognés, couvert. (*Pierson*).

Champier (Victor). L'Année artistique. L'administration, les musées, les écoles, les ventes de l'Hôtel Drouot, etc., etc. Année 1878. *Paris, A. Quantin,* 1879. — Doucet (Jérome). Le Salon des Beaux-Arts. *Rouen, Julien Lecerf,* 1896. — Michel (André). Notes sur l'art moderne. Peinture. *Paris, Armand Colin et Cie*, 1896. — Pellissier (A.). Les Chefs-d'œuvre de l'art moderne, son passé, son présent, son avenir, revue illustrée. *Paris, Henri Laurens,* 1893.

32. BÉGULE (Lucien). L'Œuvre de Charles Dufraine, statuaire lyonnais. Précédé d'une notice biographique par M. Auguste Bleton. *Lyon, Emmanuel Vitte,* 1902, in-4, demi-rel. mar. brun, tête dor., non rogné, couverture (*Pierson*).

Héliogravures hors texte et nombreuses figures en phototypie dans le texte.

33. BÉLINA (de). Nos Peintres dessinés par eux-mêmes. *Paris, E. Bernard et Cie*, 1883, in-8, cartonn. illustré des éditeurs.

Exemplaire imprimé sur papier du Japon ; 150 portraits hors texte.

34. BELLIER DE LA CHAVIGNERIE (Émile) et AUVRAY (Louis). Dictionnaire général des artistes de l'École française, depuis l'origine des arts du dessin jusqu'à nos jours. Architectes, peintres, sculpteurs, graveurs et lithographes. *Paris, Renouard,* 1882-1885, 2 vol. in-8, dos et coins mar. bleu, tête dor., non rog. (*Pierson*).

Exemplaire contenant le *Supplément*.

35. BÉNÉDITE (Léonce). Le xxe siècle. Jean-Charles Cazin. *Paris, Librairie de l'art ancien et moderne, s. d.,* in-4, illustrations dans le texte et hors texte, demi-rel. mar. gren., tête dor., non rogné, couverture (*Pierson*).

Un des 50 exemplaires numérotés (no 20) contenant les eaux-fortes hors texte en 2 ou 3 états.
On y a joint : Fourcaud (Louis de). Émile Gallé. *Paris,* 1903, in-4, nombreuses gravures, cartonn. toile bleue, tête dor., non rog., couvert. (*Pierson*).

36. BERALDI (Henri). Raffet, peintre national. *Paris, G. Hazard et Per Lamm, s. d.,* in-4, cartonn. demi-mar. grenat, tête dor., non rogné, couverture illust. (*Pierson*).

37. BERNARD (Aug.). Le Temple d'Auguste et la nationalité gauloise. *Lyon, Scheuring,* 1863, in-4, cartonn., non rog.

12 planches.

38. BERUETE (A. de). Velasquez. Préface de M. Léon Bonnat, membre de l'Institut. Illustrations par MM. Braun, Clément et Cie. *Paris, H. Laurens,* 1898, in-4, 87 gravures dans le texte et hors texte, dos et coins mar. orange, fil., dos orné, tête dor., non rogné, couverture (*Pierson*).

Un des 30 exemplaires (no 3) imprimés sur papier du Japon.

39. BEULÉ (E.). Fouilles et découvertes, résumées et discutées en vue de l'histoire de l'art. Grèce, Italie, Afrique et Asie. *Paris, Didier*, 1873, 2 vol. — L'Acropole d'Athènes. *Paris, Didot*, 1853-1854, 2 vol. — Histoire de l'art grec avant Périclès. *Paris, Didier*, 1868. — Titus et sa dynastie. *Paris, Lévy*, 1870. — Études sur le Péloponèse. *Paris, Didot*, 1855. — Ens. 7 vol. in-8, demi-rel. chag. et dos et coins mar. de diverses couleurs.

40. BEYLIÉ (Général L. de). L'Habitation byzantine. Recherches sur l'architecture civile des Byzantins et son influence en Europe. *Grenoble, Falque et Perrin* et *Paris, Ern. Leroux*, 1902, in-4 monté sur onglets, figures, demi-rel. mar. grenat, fil., dos orné et mosaïqué, tête dor., non rogné (*Pierson*).

400 illustrations dans le texte et hors texte.

41. BLANC (Charles). Histoire des peintres de toutes les écoles. *Paris, Renouard*, 1849-1876, 14 vol. in-4, portraits et fac-simile, dos et coins mar. vert, tête dor., non rog. (*Champs*).

Bel exemplaire bien complet.

42. BLANC (Charles). L'Œuvre complet de Rembrandt décrit et commenté par M. Charles Blanc. Catalogue raisonné de toutes les eaux-fortes du maître et de ses peintures, orné de bois gravés et de quarante eaux-fortes tirées à part et rapportées dans le texte. *Paris, Gide*, 1859, 2 tomes en 1 vol. gr. in-8, dos et coins mar. grenat, tête dor., non rogné.

Les eaux-fortes sont tirées sur papier de Chine.

43. BLANC (Charles). L'Œuvre de Rembrandt décrit et commenté par M. Charles Blanc. Ouvrage comprenant la reproduction de toutes les estampes du maître, exécutée sous la direction de M. Firmin Delangle. *Paris, A. Quantin*, 1880, 4 vol. in-fol., dont 3 albums de planches et 1 album gr. in-fol. dans les cartons de l'éditeur.

Un des 20 exemplaires (n° 1) imprimés sur PAPIER WHATMAN contenant les planches sur papier de Hollande avec lettre, sur Japon et sur Whatman AVANT la lettre.

44. BLONDEL (Spire). L'Art pendant la Révolution, beaux-arts, arts décoratifs. Ouvrage orné de 48 gravures par Goutzwiller, etc. *Paris, Henri Laurens, s. d.*, in-8, dos et coins mar. rouge, tête dor., non rogné (*Allô*). — SAUNIER (Charles). Les Conquêtes artistiques de la Révolution et de l'Empire reprises et abandons des alliés en 1815, leurs conséquences sur les musées d'Europe. Douze planches hors texte. *Paris, Laurens*, 1902, in-8, cartonn. toile orange, tête dor., non rog., couvert. (*Pierson*). — Ens. 2 vol.

45. BOCHER (Emmanuel). Les Gravures françaises du XVIIIe siècle, ou catalogue raisonné des estampes, vignettes, eaux-fortes, pièces en couleur au bistre et au lavis, de 1700 à 1800. Sixième fascicule. Jean-Michel Moreau le jeune. *Paris, Damascène Morgand et Ch. Fatout*, 1882, gros vol. in-4, portrait, demi-rel. mar. vert, tête dor., non rogné, couverture (*Pierson*).

46. BODE (Wilhelm). Donatello à Padoue. Gattamelata et les sculptures du Santo. Orné de 23 planches phototypiques inaltérables. Traduction revue et corrigée par Charles Yriarte. *Paris, G. Rothschild,* 1883, in-fol, br.

Ouvrage tiré à 150 exemplaires numérotés.

47. **BODE** (Wilhelm). L'Œuvre complet de Rembrandt. Réproduction par l'héliogravure de tous les tableaux du maître, accompagnée de leur histoire, de leur description et d'une étude biographique et critique par Wilhelm Bode, avec le concours de C. Hofstede de Groot. Traduction par Auguste Marguillier. *Paris, Sedelmeyer,* 1897-1906, 8 vol. in-fol., brochés, couvert.

Un des 15 exemplaires (n° 5) imprimés sur PAPIER DU JAPON ; celui-ci est au nom de M. le comte Werlé.

48. BONNAFFÉ (Edmond). Causeries sur l'Art et la Curiosité. Frontispice par Jules Jacquemart. *Paris, A. Quantin,* 1878, cartonn. toile de l'éditeur (un des 50 ex. (n° 1) imp. sur pap. de Holl. contenant le frontispice sur Chine. — Dictionnaire des Amateurs français au XVIIe siècle. *Paris, A. Quantin,* 1884, dos et coins mar. bleu, fil., dos orné, tête dor., non rogné (*Allô*). — Le Commerce de la Curiosité. *Paris, Honoré Champion,* 1895, cartonn. toile rouge, tête dor., non rogné (*Pierson*). — Études sur l'Art et la Curiosité. *Paris,* 1902, dos et coins toile bleue, tête dor., non rog. (*Pierson*). — Ens. 4 vol. in-8.

49. BONNAFFÉ (Edmond). Le Meuble en France au XVIe siècle. Ouvrage orné de cent vingt dessins. *Paris, J. Rouam,* 1887, gr. in-8, dos et coins mar. grenat, tête dor., non rogné, couvert. illust. (*Pierson*).

50. BOSC (Ernest). Dictionnaire raisonné d'architecture et des sciences et arts qui s'y rattachent. *Paris, Firmin Didot et Cie,* 1877-1879, 4 vol. gr. in-8, demi-rel. mar. olive, tête dor., non rognés (*Champs*).

Le quatrième volume est en livraisons.

51. BOUCHER (F.). L'Œuvre de François Boucher, d'après les dessins originaux. *Paris, Fabré, Troude, Hourlier, s. d.,* 67 planches montées sur onglets, en 1 vol. in-fol., mar. rouge, très large et riche dent. XVIIIe siècle, à petits fers, dos orné, doublé et gardes de tabis vert, tr. dor. (*Tinot, rel. à Reims*).

67 planches, en bistre et en sanguine, gravées par *Em. Vattier* et *G. Bellanger*. Riche reliure.

52. BOUCHOT (Henri). L'Exposition des primitifs français. La peinture en France sous les Valois. *Paris, Librairie centrale des Beaux-Arts, s. d.,* in-fol., planches montées sur onglets, demi-rel. mar. rouge, dos orné, tête dor., non rog. (*Pierson*).

100 planches hors texte en héliogravure.

53. BOUCHOT (Henri). Les Portraits aux crayons des XVIe et XVIIe siècles conservés à la Bibliothèque nationale (1525-1646). Notice, catalogue et appendice.

Avec deux portraits en fac-simile. *Paris, H. Oudin et Cie*, 1884, gr. in-8, dos et coins mar. gren., fil., dos orné, tête dor., non rogné (*Pierson*).

54. BOUCHOT (Henri). La Femme anglaise et ses peintres. *Paris, Librairie de l'Art ancien et moderne*, 1903, in-4, demi-rel., mar. bleu, fil., tête dor., non rogné, couverture (*Pierson*).

Portrait-frontispice en couleurs et 25 portraits hors texte en héliogravure, en phototypie ou gravés à l'eau-forte. Illustrations dans le texte.

Un des 30 exemplaires (n° 2) imprimés sur GRAND PAPIER VÉLIN, contenant les planches hors texte sur Japon impérial.

55. **BOUCHOT** (Henri). La Miniature française, 1750-1825. *Paris, Manzi, Joyant et Cie*, 1907, 5 fascicules in-4, dans des cartons en soie brochée.

Belle publication tirée à 200 exemplaires sur papier vélin d'Arches.

Nombreuses gravures dans le texte tirées en taille-douce, 70 planches hors texte, dont 20 en couleurs, fac-similes des originaux, tirées sur papier teinté et 50 en noir sur papier de Chine.

56. BOUILLON (P.). Musée des Antiques, dessiné et gravé par P. Bouillon, peintre, avec des notices explicatives par J.-B. de Saint-Victor. *Paris, de l'Imp. de P. Didot l'aîné, s. d.*, 3 vol. gr. in-fol., demi-rel mar. rouge, non rog. (*Rel. de l'époque*).

280 planches gravées en taille-douce.

57. BOURCARD (Gustave). Les Estampes du XVIIIe siècle, école française. Guide-manuel de l'amateur avec une préface de Paul Eudel. *Paris, E. Dentu*, 1885, in-8, dos et coins chag. rouge foncé, tête dor., non rogné (*Champs*).

58. BOURCARD (Gustave). A travers cinq siècles de gravures, 1350-1903. Les estampes célèbres rares ou curieuses. *Paris, Rapilly*, 1903, gr. in-8, demi-rel. mar. La Vall., tête dor., non rog., couvert. (*Pierson*).

Epuisé. Imprimé à 250 exemplaires sur papier vergé (n° 135) dont 200 seulement ont été mis dans le commerce.

59. BOURDERY et LACHENAUD. L'œuvre des peintres émailleurs de Limoges. Léonard Limosin, peintre de portraits, d'après les catalogues de ventes, de musées et d'expositions, et les auteurs qui se sont occupés de ses émaux. *Paris, Société française d'éditions d'art, L.-H. May*, 1897, in-8, figures, cartonn. toile bleue, tête dor., non rogné, couverture (*Pierson*).

25 planches hors texte et 132 dessins gravés, exécutés spécialement pour cet ouvrage.

On y a joint : POPELIN (Claudius). L'Art de l'émail. *Paris, Dupuis, s. d.*, gr. in-8 de 52 pag., pap. de Holl., relié en vélin blanc.

60. BOURNAND (François). La sainte Vierge dans les arts. *Paris, Librairie Saint-Joseph, Librairie de Tolra, s. d.*, gr. in-8, nombreuses reproductions dans le texte et hors texte, demi-rel. mar. bleu, tête dor, non rogné, couverture (*Pierson*).

61. BOUYER (Raymond). Anton Mauve. Sa vie. Son œuvre. Vingt gravures à l'eau-forte inédites de Léopold Lesigne d'après les principaux tableaux du

maître. *Paris, Ch. Soccard*, 1898, in-fol., dos et coins mar. brun, fil., dos orné et mosaïqué, tête dor., non rogné (*Champs-Stroobants*).

Un des 50 exemplaires imprimés sur PAPIER DU JAPON, contenant les gravures AVANT la lettre et avec remarque ; elles sont signées par le graveur.

62. BOYER D'AGEN. Le Peintre des Borgia, Pinturicchio, sa vie, son œuvre, son temps, 1454-1513. Le Monde pontifical et la Société italienne pendant la Renaissance. *Paris, Paul Ollendorff*, 1901, in-4, cartonn. toile bleue, tête dor., non rogné, couverture (*Pierson*).

Héliogravures hors texte et figures dans le texte.

63. BOYER D'AGEN. Les grands maîtres de la Renaissance. L'œuvre du Pinturicchio. *Paris, Société d'éditions littéraires et artistiques, P. Ollendorff*, 1903, pet. in-fol., demi-rel. mar. gren., fil., dos orné, tête dor., non rogné (*Pierson*).

100 héliogravures hors texte.

64. BRACQUEMOND. Étude sur la gravure sur bois et la lithographie. *Paris, Imprimé pour Henri Béraldi*, 1897. — EXPOSITION de la gravure sur bois à l'École Nationale des Beaux-Arts. Mai 1902. Catalogue avec notices historiques et critiques. *Paris, Librairie de l'Art, s. d.*, exempl. avec 3 états des bois hors texte. — LEBER (C.). Histoire de la gravure par ses produits ou catalogue d'une collection d'estampes originales de toute nature et de toutes les écoles... *Orléans, Herluison*, 1872. — Ens. 3 vol. in-4 et in-8, dos et coins mar. et cartonn. toile et demi-toile, tête dor., non rog. (*Champs* et *Pierson*).

65. BRÉVIAIRE GRIMANI (Le) à la Bibliothèque Marciana de Venise. *Ferd. Ongania, éditeur*, 1903, in-8, reproductions fac-similé, rel. velours rouge, médaillon doré, portrait de Grimani, incrusté sur le premier plat, le lion de Venise, brodé sur l'autre plat, tête dor. et cisel., non rogné.

Tirage à 500 exemplaires, avec texte en français, 110 phototypies.

66. BRISSON (Adolphe). Nos Humoristes. Caran d'Ache, J. L. Forain, Hermann Paul, Léandre, Robida, Steinlen, Willette. *Paris, Société d'édition artistique, s. d.*, in-4, cartonn. demi-mar. orange, tête dor, non rogné (*Couvert. illust.*).

Nombreuses illustrations.

67. BRUEGHEL (Peeter) der Altere im kunsthistorischen Hofmuseum zu Wien. Mit Text von war J. Friedländer. *Berlin, Photographische Gesellschaft, s. d.*, très gr. in-fol., 11 photog., cartonn. demi-rel. mar. rouge foncé, non rogné.

11 photogravures d'après les tableaux de Breughel le vieux.

68. BUNSEN (C. G.). Les Basiliques chrétiennes de Rome, relevées et dessinées par Gutensohn et Knapp, avec 50 planches. Première édition française, traduite et revue, par Daniel Ramée. *Paris, H. Sotheran, J. Baer et Cie*, 1872,

in-fol., monté sur onglets, cartonn. demi-mar. grenat, fil., dos orné, tête dor., non rogné (*Pierson*).

50 planches gravées au trait.

69. BURNE-JONES. Works of Edward Burne-Jones. Ninety-one photogravures directly reproduced from the original paintings. *London, Berlin Photographic company, s. d.,* très gr. in-fol., planches montées sur onglets, mar. grenat., encad. de fil. à froid, chiffre sur les plats, large dent. int., tête dor., non rog. (*Champs-Stroobants*).

91 photogravures.

70. BURTY (Philippe). Chefs-d'œuvre des arts industriels. Céramique, verrerie et vitraux, émaux, métaux, orfèvrerie et bijouterie, tapisserie. Deux cents gravures sur bois. *Paris, Paul Ducrocq, s. d.* (1866), gr. in-8, dos et coins mar. grenat, fil., tête dor., non rogné.

71. BUSCHMANN Jr. (P.). Jacques Jordaens et son œuvre. Étude publiée à l'occasion de l'exposition Jordaens organisée à Anvers en 1905. Traduite du néerlandais par Georges Eekhoud. *Bruxelles, G. Van Oest et Cie, 1905*, pet. in-4, dos et coins mar. grenat, tête dor., non rog., couvert. (*Champs-Stroobants*).

45 reproductions hors texte.

72. **CAIN** (Georges). La Collection Dutuit au petit palais des Champs-Élysées. Histoire de la collection. *Paris, Goupil, Manzi, Joyant et Cie*, 1903, 2 vol. in-fol., mar. vert foncé, 6 fil., dos orné, fil. et dent. int., chiffre mosaïqué aux angles, tête dor., non rog. (*Stroobants*).

Imprimé à 200 exemplaires sur papier Whatman (n° 40) orné de nombreuses reproductions hors texte en héliogravure et en couleurs.

73. CAIN (Georges). La Collection Dutuit au petit palais des Champs-Élysées. Histoire de la collection. *Paris, Goupil, Manzi, Joyant et Cie*, 1903, 10 fascicules, br. (*Couvert.*)

Même édition.

74. CAMPARDON (Émile). Un Artiste oublié, J.-B. Massé, peintre de Louis XV, dessinateur graveur. Documents inédits publiés par Émile Campardon. *Paris, Charavay*, 1880, in-16, portraits, mar. brun, dent. int., tête dor., non rogné, couverture illust. (*Pierson*).

75. CARAPANOS (Constantin). Dodone et ses ruines. *Paris, Hachette et Cie*, 1878, 2 vol. in-4, dont un album, dos et coins mar. La Vall., fil., dos orné, tête dor., non rognés (*Pierson*).

L'Album renferme 63 planches gravées en taille-douce.

76. CASSAGNE (Armand). Traité d'Aquarelle. *Paris, Fouraut*, 1875, in-8, fig. — Fraipont (G.). L'Art de peindre à l'aquarelle. *Paris, Laurens, s. d.*, 300 dessins

et 6 fac-similés d'aquarelles. — Robert (Karl). Le Fusain sans maître. Traité pratique et complet sur l'étude du paysage au fusain. *Paris, Meusnier*, 1874. — Ens. 3 vol. in-8, cartonn. toile et dos et coins mar. vert, tête dor., non rog.

77. CATALOGO histórico-descriptivo de la Real Armeria de Madrid por el conde V^{de} de Valencia de Don Juan. *Madrid*, 1898, gr. in-8, demi-rel. mar. bleu, tête dor., non rogné, couvert. (*Pierson*).

Nombreuses illustrations.

78. CATALOGUE des tableaux anciens de toutes les écoles composant la très importante collection de M. le Bon de Beurnonville. *Paris*, 1881, gr. in-8, demi-rel. mar. La Vall., tête dor., non rog. (*Pierson*).

Catalogue contenant de nombreuses reproductions hors texte gravées à l'eau-forte.

79. CATALOGUE de tableaux modernes de premier ordre composant l'importante collection de M. Defoer. *Paris*, 1886, gr. in-4, dos et coins mar. grenat foncé, tête dor., non rog., couvert. (*Champs*).

Nombreuses reproductions hors texte en héliogravure et en typogravure Goupil.

80. CATALOGUE des tableaux anciens et modernes par Goya, Benjamin Constant, Corot, Courbet, Henner, Eugène Lambert, Louis Leloir, Meissonier, Vautier, etc., etc. ; dessins anciens et aquarelles modernes ; le tout dépendant de l'importante collection de M. D*** de G***. *Paris*, 1896, in-4, cartonn. toile grenat, tête dor., non rogné (*Pierson*).

Nombreuses planches hors texte reproduites par la phototypie Berthaud.

81. CATALOGUE de tableaux modernes, pastels, aquarelles, dessins par Besnard, Billet, Bonvin, Boudin..., bronzes de Barye, cire de Falguière, composant la collection de M. Charles G. (Guasco). *Paris*, 1900, gr. in-8, cartonn. toile rouge, tête dor., non rog., couvert. (*Pierson*).

Nombreuses reproductions en héliogravure.

82. CATALOGUE des tableaux de maîtres anciens et modernes des écoles flamande, française, hollandaise, etc., composant la collection de M. Edmond Huybrechts. *Paris*, 1902, in-4, dos et coins mar. bleu, fil., dos orné et mosaïqué, tête dor., non rogné (*Champs*).

Exemplaire imprimé sur papier de Hollande, orné de nombreuses illustrations hors texte.

83. CATALOGUE des tableaux. Études peintes. Aquarelles. Dessins. Gravures. Objets d'art et d'ameublement. Orfèvrerie. Sculpture. Céramique. Objets variés. Bronzes. Pendules. Meubles. Suite intéressante de meubles en bois sculpté ayant été exécutés sous la direction artistique de M. Ch. Jacque. Étoffes anciennes. Tapisseries composant l'atelier Charles Jacque. *Paris, G. Petit*, 1894, in-4, cartonn. toile grise, tête dor., non rogné (*Pierson*).

Nombreuses héliogravures et eaux-fortes hors texte.

84. CATALOGUE des tableaux de maîtres anciens et modernes des écoles flamande, française, hollandaise, etc. et des tapisseries, etc., composant le musée formé à Anvers par M. Édouard Kums. *Anvers,* 1898, gr. in-4, cartonn. toile grise, tête dor., non rogné.

Exemplaire imprimé sur papier de Hollande, orné de nombreuses héliogravures.

85. CATALOGUE des tableaux, études peintes, aquarelles et dessins composant l'atelier Meissonier. *Paris,* 1893, in-4, demi-rel. mar. citron, fil., dos orné et mosaïqué, tête dor., non rogné, couverture (*Pierson*).

Nombreuses héliogravures hors texte.

86. CATALOGUE des objets d'art et d'ameublement. Palais de San Donato. Tableaux. *Paris,* 1880, in-4, cartonn. toile de l'éditeur, fers spéciaux, non rog.

Nombreuses reproductions hors texte et dans le texte gravées à l'eau-forte, sur bois, en photogravure, etc,
Exemplaire imprimé sur papier Whatman.

87. CALALOGUE des Objets d'art et de haute curiosité antiques, du Moyen Age et de la Renaissance composant l'importante et précieuse collection Spitzer. *Paris,* 1893, 3 vol. pet. in-fol., cartonn. demi-toile grise, tête dor., non rognés (*Pierson*).

Avec les atlas renfermant 82 planches.

88. CATALOGUE illustré de l'Exposition internationale de blanc et noir au Palais du Louvre. Texte par François Bournand. *Paris, E. Bernard et Cie,* 1885, in-8, mar. grenat, fil., dos orné, dent. int., tr. dor., couvert. illust. (*Louise Reymann*).

Reliure dorée par *Cuzin.*

89. CATALOGUE D'EXPOSITIONS. 9 vol. in-8 et in-12. dos et coins mar. de diverses couleurs, demi-rel. mar. et cartonn. toile et demi-toile, tête dor., non rog.

Catalogue de l'exposition de l'art français sous Louis XIV et Louis XV, 1888. — Catalogue de l'Exposition des Arts incohérents, 1884 et 1886, gravures. — Illustrirter Katalog der ersten internationalen Kunst-Ausstellung. *Wien,* 1882. — Catalogue officiel du Salon des Arts décoratifs, 1883. — Catalogue illustré officiel de la Section des beaux-arts de l'Exposition universelle d'Amsterdam, 1883. — Catalogue illustré de l'Exposition internationale de blanc et noir. Pastels et aquarelles, 1886. — Catalogue de l'Exposition des peintures, aquarelles, dessins et lithographies des maîtres français de la caricature et de la peinture du XIXe siècle, 1888. — Société des pastellistes français. Exposition rétrospective, 25 avril 1885.

90. CATALOGUES et guides de musées. 7 vol. in-8 et in-12, cartonn. toile, tête dor., non rog.

Du Sommerard. Musée des Thermes et de l'Hôtel de Cluny. Catalogue et description des objets d'art de l'antiquité, du Moyen Age et de la Renaissance exposés au Musée, 1883. — Livret illustré du Musée du Luxembourg. *Baschet,* 1884. — Bénédite (Léonce). Le Musée national du Luxembourg. Catalogue, *s. d.* — Monaco (D.). Guide général du Musée national de Naples, 1884. — Hubner (Jules). Catalogue de la Galerie royale de Dresde, *s. d.* —

Fétis (Édouard). Catalogue descriptif et historique du Musée royal de Belgique (Bruxelles), 1882. — Notice sur les collections dont se compose le Musée de l'Artillerie, 1845.

91. CATALOGUES ILLUSTRÉS de ventes, tableaux, dessins, aquarelles, objets d'art, antiquités, curiosités, objets d'ameublement, porcelaines, tapisseries, etc., etc. Réunion de 118 catalogues in-4 et in-8, cartonn. toile ou demi-rel. mar., tête dor., non rog.

Collection de catalogues illustrés parmi lesquels nous citerons : collections E. Adam, de Berwick et d'Albe, Blot, Castellani, Veuve Chocquet, de Bournonville, Destailleur, Double, Febvre, Feral, Georges Feydeau, La Béraudière, Lutz, Mame, Marcille, Moreau-Nelaton, Tabourier, Troyon, Viguier, Wilson, Zygomalas.

Ce numéro sera divisé.

92. CAUMONT (A. de). Abécédaire ou rudiment d'archéologie. *Caen, Le Blanc-Hardel,* 1868-1870, 3 vol. in-8, demi-rel. chagr. vert et veau fauve.

I. Ere gallo-romaine avec un aperçu sur les temps préhistoriques. 2e édition, 1870. — II. Architecture religieuse. 5e édition, 1868. — III. Architectures civile et militaire. 3e édition, 1869.

On joint : Robillard de Beaurepaire (E. de). M. de Caumont, sa vie et ses œuvres, 1874, in-8, portrait, cartonn.

93. CHAMPFLEURY. Henry Monnier. Sa vie, son œuvre, avec un catalogue complet de l'œuvre et 100 planches fac-simile. *Paris, Dentu,* 1879, in-8, dos et coins mar. rouge, tête dor., non rog. (*Pierson*).

Exemplaire contenant deux états des figures, dont un sur Chine.

94. CAREL VAN MANDER. Le Livre des peintres. Vie des peintres flamands, hollandais et allemands (1604). Traduction, notes et commentaires par Henri Hymans. Précédée d'une introduction et d'une biographie de Van Mander et suivie d'une table analytique des matières. *Paris, Librairie de l'Art, J. Rouam,* 1884-1885, 2 vol. in-4, demi-rel. chag. vert, dos orné, tête dor., non rognés.

Orné de 77 portraits dans le texte.

95. CARICATURE. 3 vol. in-8, cartonn. toile, tête dor., non rog.

Deberdt (Raoul). La Caricature et l'humour français au xixe siècle. *Larousse, s. d.,* nombreuses reproductions. — Grand Carteret (John). Richard Wagner en caricatures. 130 reproductions. *Larousse, s. d.* — Wright (Thomas). Histoire de la caricature et du grotesque dans la littérature et dans l'art. *Paris,* 1867, illustré de 238 gravures.

96. CELLINI (Benvenuto). La Vie de Benvenuto Cellini écrite par lui-même. Traduction Léopold Leclanché, notes et index de M. Franco. Illustrée de neuf eaux-fortes par F. Laguillermie et de reproductions des œuvres du maître. *Paris, A. Quantin,* 1881, in-8, dos et coins mar. olive, fil., dos orné, tête dor., non rogné (*Champs*).

97. CENT CHEFS-D'ŒUVRE des collections françaises et étrangères. Préface par Georges Lafenestre. Poèmes et proses par L. Roger-Milès. *Paris, Georges Petit,* 1892, in-fol., reproductions hors texte et dans le texte en photogravure, dos et coins mar. vert, tête dor., non rog., couvert. (*Pierson*).

Un des 150 exemplaires (no 93) imprimés sur papier du Japon avec les reproductions avant la lettre.

98. CHAMPEAUX (A. de). L'Art décoratif dans le vieux Paris. *Paris, Charles Schmid*, 1898, in-8, demi-rel. mar. vert, tête dor., non rogné, couvert. illust. (*Pierson*).

Nombreuses illustrations.

99. CHAMPEAUX (A. de). L'Art décoratif dans le vieux Paris. *Paris, Schmid*, 1898, in-8, figures, demi-rel. mar. vert, dos orné, fil., tête dor., non rog., couvert. conserv. (*Pierson*).

Cet exemplaire est orné dans les marges de 90 AQUARELLES ORIGINALES de Mme JANE LABROUSSE.

100. CHAMPEAUX (A. de) et GAUCHERY (P.). Les Travaux d'art exécutés pour Jean de France, duc de Berry. Avec une étude biographique sur les artistes employés par ce prince. *Paris, Honoré Champion*, 1894, in-4, mar. brun, chiffre mosaïqué sur les plats, dent. int., tête dor., non rogné, couverture (*Carayon*).

44 héliogravures et phototypies hors texte.

101. CHEFS-D'ŒUVRE (Les). Peinture, sculpture, architecture, publiés sous la direction de M. Henry Jouin. Œuvres de Léonard de Vinci, Rembrandt, Boticelli, Michel-Ange.... Textes de Arsène Alexandre, Cte A. de Calonne, L. de Fourcaud, Philippe Gille, Gustave Larroumet, etc., etc. *Paris, Laurens*, 1895-1899, 5 vol. in-fol., dos et coins mar. La Vall., tête dor., non rog. (*Champs*).

Un des 30 exemplaires imprimés sur PAPIER DU JAPON.
119 héliogravures hors texte.

102. CHEFS-D'ŒUVRE D'ART (Les) à l'exposition universelle 1878. Sous la direction de M. E. Bergerat. *Paris, Baschet*, 1878-1879, 2 vol. in-fol. dos et coins mar. grenat, tête dor., non rog. (*Champs*).

Un des 25 exemplaires imprimés sur PAPIER de CHINE. Orné de figures dans le texte et de 40 photogravures hors texte tirées sur Chine et montées sur bristol.

103. **CHEFS-D'ŒUVRE** (Les) d'art au Luxembourg. Publiés sous la direction de M. Eugène Montrosier, avec le concours littéraire de MM. Allard, Champfleury, J. Claretie, F. Coppée, A. Daudet, Th. Gautier, L. Hennique, A. Houssaye, J. Janin, etc., etc. Poésies d'Adrien Dézamy. *Paris, Ludovic Baschet*, 1881, in-fol., mar. bleu, encad. de 17 fil. brisés aux angles, chiffre mosaïqué sur les plats, dos orné, doublé de mar. rouge, encad. de fil. droits et courbes et large dent., tête dor., non rogné, gardes en étoffe brochée, couverture (*Allô*).

Un des 5 exemplaires (n° 1) imprimés sur PAPIER DU JAPON; contenant les gravures hors texte sur PARCHEMIN avant la lettre.

104. CHEFS-D'ŒUVRE (Les) de la Galerie impériale à Vienne. *Paris, Société photographique, s. d.*, très gr. in-fol., mar. gren., fil. et chiffres à froid sur les plats, dent. int., tête dor., non rogné (*Champs-Stroobants*).

122 planches en héliogravure.

105. CHEFS-D'ŒUVRE de la Galerie nationale de Londres. *Paris, Société*

photographique, s. d., gr. in-fol. mar. grenat, encad. de fil. à froid, chiffre sur les plats, fil. et dent. int., tête dor., non rog., couvert. (*Champs*).

107 héliogravures montées sur onglets.

106. CHEFS-D'ŒUVRE de l'Ecole française appartenant à Sa Majesté l'Empereur d'Allemagne. *Paris, Société photographique, s. d.*, très gr. in-fol. demi rel. mar. vert, dos orné, tête dor., non rog., couvert. (*Pierson*).

27 héliogravures montées sur onglets.

107. CHEFS-D'ŒUVRE (Les) de l'Ermitage impérial de Saint-Pétersbourg, gravés à l'eau-forte par N. Massaloff. *Leipzig, W. Drugulin*, 1872, in-fol. monté sur onglets, demi-rel. mar. olive, dos orné et mosaïqué, tête dor., non rogné (*Pierson*).

Epreuves d'artiste, tirées sur papier de Chine.

108. CHEFS-D'ŒUVRE (Les) des grands Maîtres. Chaque planche gravée est accompagnée d'une notice par M. Ch. Moreau-Vauthier. *Paris, Hachette*, 1904, in-fol., cartonn. toile des éditeurs, tr. dor.

60 reproductions, en photogravure, des tableaux des grands maîtres.

109. CHEFS-D'ŒUVRE (Les) des peintres néerlandais anciens et modernes. Musée de l'Etat. *Amsterdam, Albert de Lange, s. d.*, pet. in-fol. dos et coins mar. rouge, plats en vélin, tête dor., non rog. (*Rel. de l'éditeur*).

48 reproductions en héliogravure.

110. CHEFS-D'ŒUVRE (Les) du Musée du Prado à Madrid. *Paris, Société photographique, s. d.*, très gr. in-fol. demi-rel. mar. bleu, dos orné, tête dor., non rog., couvert. (*Pierson*).

110 héliogravures montées sur onglets.

111. CHEFS-D'ŒUVRE du Musée royal d'Amsterdam. Edition de luxe en photogravures. Texte par A. Bredius. Traduction française par Emile Michel. *Munich et Paris, Rouam, s. d.*, in-fol. monté sur onglets, dos et coins mar. vert, tête dor., non rog. (*Pierson*).

Nombreuses reproductions en photogravure hors texte et dans le texte.

112. CHENNEVIÈRES (Le Marquis de). Les Dessins de maîtres anciens exposés à l'École des Beaux-Arts en 1879. *Paris, Gazette des Beaux-Arts*, 1880, gr. in-8, dos et coins mar. rouge, tête dor., non rog. (*Champs*).

Ouvrage tiré à petit nombre, orné de nombreuses reproductions hors texte et dans le texte, gravées sur bois, à l'eau-forte et en héliogravure.

113. CHESNEAU. Le Statuaire J.-B. Carpeaux, sa vie et son œuvre. *Paris, A. Quantin*, 1880, in-8, dos et coins mar. grenat, fil., dos orné, tête dor., non rogné. — ETEX (Antoine). Les Trois tombeaux de Géricault, 1837-1884. *Paris, Emile Perrin*, 1885, in-8, dos et coins mar. noir, tête dor., non rogné. —

Fourcaud (L. de). François Rude, sculpteur, ses œuvres et son temps (1784-1855). *Paris, Lib. de l'Art anc. et mod.*, 1904, in-8, cartonn. toile verte. — Jacquot (Albert). Les Adam et les Michel et Clodion. *Paris, J. Rouam et Cie*, 1898, in-8, cartonn., toile verte, tête dor. non rogné (*Pierson*).

114. COLLECTION de M. John W. Wilson, exposée dans la Galerie du Cercle artistique et littéraire de Bruxelles. *Paris, Imprimerie de Jules Claye*, 1873, in-4, dos et coins mar. brun, tête dor., non rog. (*Champs*).

67 eaux-fortes hors texte.
Troisième édition vendue au profit des pauvres de Bruxelles.

115. COLLECTION de M. le comte Armand Doria. I. Catalogue de tableaux modernes. Œuvres importantes de Barye, Boudin, Cals, Cézanne, Colin, Corot, Daubigny, Daumier, Diaz, Fantin-Latour, Guillaumin, Jongkind, Lépine, Manet, Millet, Monet, Berthe Morizot, Pissarro, Renoir, Rousseau, Sisley, Tassaert, Troyon, Vignon, etc. II. Aquarelles et pastels. Dessins, gravures et sculptures. *Paris, Georges Petit*, 1899, 2 vol. in-4, demi-rel. mar. gren., tête dor., non rognés (*Henry-Joseph*).

Nombreuses héliogravures hors texte.

116. COLLECTION H. V. Catalogue de tableaux modernes de premier ordre pastels, aquarelles, dessins. Œuvres importantes de Besnard, Bonvin, Carrière, Cazin, Corot, Daubigny, Daumier, Degas, Diaz, Forain, Harpignies, Lebourg, Meissonier, Millet, Monet, Puvis de Chavannes, Théodore Rousseau, Renoir, Sisley, etc. Sculptures par Barye, Carriès, Dalou, Rodin. *Paris. G. Petit*, 1897, in-4, nombreuses reproductions hors texte, demi-rel. mar. vert, tête dor., non rogné (*Henry-Joseph*).

Nombreuses héliogravures hors texte.

117. COLLECTION (La) de statues du Marquis de Marigny 1725-1781. Catalogue descriptif accompagné de 28 héliogravures et précédé de la biographie du Marquis de Marigny d'après les documents conservés aux Archives nationales, par Eugène Plantet. *Paris, A. Quantin*, 1885, in-8, dos et coins mar. brun, tête dor., non rogné, couvert. (*Pierson*).

118. COLLECTION précieuse de quarante-sept tableaux de maîtres anciens. Notice par M. Raymond Balze. Dessins par MM. Falcoz et Sorrieu, Mlles J. Houssay et Anne Balze. *Paris, Librairie des Bibliophiles*, 1873, in-fol., planches montées sur onglets, cartonn. dos et coins mar. brun, tête dor., non rog. (*Champs*).

Tirage à 300 exemplaires sur papier de Hollande.
16 reproductions hors texte en lithographie et en phototypie.

119. COLLECTION ROYALE (La) des peintures de S. M. le roi Edouard VII. Palais de Buckingham et Château de Windsor. *Paris, Hachette et Cie, s. d.*, 2 vol. in-fol., montés sur onglets, dos et coins mar. vert, tête dor., non rognés, couvert. (*Champs-Stroobants*).

Ouvrage contenant 172 reproductions en héliogravure ; chaque gravure est accompagnée d'une notice par M. Lionel Cust.

120. **COLLECTION WALLACE** (La). Paintings at Hertford house, by A. G. Temple, — 2 vol. — Objets d'art à Hertford house. Texte et description par Emile Molinier. Introduction par Lady Dilke, 2 vol. *Paris, Goupil, Manzi, Joyant et Cie*, 1902-1903, ens. 4 vol. gr. in-4, demi-rel. mar. grenat, tête dor., non rog. (*Pierson*).

305 reproductions en photogravure et en couleurs. Les peintures contiennent deux suites dont une sur papier du Japon ; les objets d'art contiennent une suite à part des 21 photogravures du texte.
Edition de grand luxe publiée à 2 000 francs.

121. **COLLECTION WALLACE** (La). Même ouvrage (Paintings et objets d'art), en livraisons, dans des cartons.

122. COLLIGNON (Maxime). Pergame, restauration et description des monuments de l'Acropole. Restauration par Emmanuel Pontremoli. Texte par Maxime Collignon. *Paris, L. Henry May*, 1900, gr. in-4, planches hors texte et dans le texte, cartonn. de l'éditeur.

Ouvrage orné de 12 héliogravures hors texte.

123. COSNAC (Comte Gabriel-Jules de). Les Richesses du Palais Mazarin. Correspondance inédite de M. de Bordeaux, état inédit des tableaux et des tapisseries de Charles premier mis en vente au palais de Somerset en 1650, inventaire inédit dressé après la mort du Cardinal Mazarin en 1661. *Paris, Renouard*, 1885, in-8, figures, dos et coins mar. La Vall., tête dor., non rogné (*Afferni*).

124. COUDER (Auguste). Considérations sur le but moral des Beaux-Arts. *Paris, Vve Renouard*, 1867, in-12, dos et coins mar. rouge, non rogné (*Allô*). — Guizot. Études sur les Beaux-Arts en général par M. Guizot. *Paris, Didier et Cie*, 1872, in-8, cartonn., non rogné. — Ens. 2 vol.

125. CURIOSITÉ et COLLECTIONNEURS. 6 vol. in-8 et in-12, cartonn. toile et demi-rel. mar.

Blanc (Charles). Le Trésor de la curiosité tiré des catalogues de vente. *Renouard*, 1857, 2 vol. — Bonnaffé (Edmond). Le Commerce de la curiosité. *Champion*, 1895. — Demmin (Auguste). Souvenirs de voyage et causeries d'un collectionneur ou guide artistique pour l'Allemagne. *Renouard*, 1864. — Eudel (Paul). Collections et collectionneurs. *Charpentier*, 1885. — Judicis (Louis). Fusains et pastels. Le collectionneur. *Lemerre*, 1875.

126. DANIEL (Samuel). Recueil de vases, gobelets, torchères. 310 pièces en 5 vol. in-8, demi-rel., bas., gren.

310 dessins et croquis sur papier calque, au crayon, à l'encre de Chine, à la sépia, en couleurs, très finement exécutés, par Samuel Daniel, célèbre graveur en médailles et en pierres fines.

127. DAUBIGNY. Souvenirs et croquis. Eaux-fortes par Léonide Bourges. Préface par Roger Milès. *Paris, Société française d'éditions d'art, L. Henry May*, 1894, in-4 oblong, monté sur onglets, demi-rel. mar. noir, fil., dos orné, tête dor., non rogné (*Pierson*).

Titre orné (en 3 états), lettre de L. Roger Milès et 31 planches, le tout gravé à l'eau-forte.

128. DAVID, D'ANGERS. Recueil de 124 médaillons, portraits divers reproduits en taille-douce par le procédé A. Collas, tirés sur papier vergé et reliés en 2 vol. in-4, dos et coins mar. vert, tête dor., non rog.

129. DAVILLIER (Le Baron Ch.). Recherches sur l'orfèvrerie en Espagne au moyen âge et à la Renaissance. Documents inédits tirés des archives espagnoles. *Paris, A. Quantin,* 1879, gr. in-8, dos et coins mar. citron, tête dor., non rog. (*Pierson*).

Orné de 19 planches gravées à l'eau-forte et de dessins gravés sur bois dans le texte.

130. DAYOT (Armand). Les Vernet, Joseph, Carle, Horace. *Paris, A. Magnier,* 1898, gr. in-8, nombreuses illustrations dans le texte et hors texte, mar. vert, fil., dos orné et mosaïqué, chiffre sur les plats, dent. int., tête dor., non rogné (*Couvert. illust.*).

Un des 70 exemplaires imprimés sur PAPIER DU JAPON.

131. DEHAISNES. Histoire de l'art dans la Flandre, l'Artois et le Hainaut avant le XVe siècle. *Lille, L. Quarré,* 1886, in-4, dos et coins mar. La Vall., fil., dos orné, tête dor., non rogné, couverture (*Champs*).

Nombreuses illustrations reproduites par l'héliogravure Dujardin.

132. DELABORDE (Vte Henri). La Gravure en Italie avant Marc-Antoine (1452-1505). *Paris, Rouam, s. d.,* in-4, nombreuses gravures hors et dans le texte, demi-rel. mar. grenat, tête dor., non rog., couvert. (*Pierson*).

133. DELAMAIN (Ph.). Société archéologique et historique de la Charente. Le cimetière d'Herpes (Fouilles et collection Ph. Delamain). *Angoulême, L. Coquemard,* 1892, pet. in-fol., demi-rel. mar. noir, tête dor., non rogné, couverture (*Pierson*).

26 lithographies en couleurs.
Envoi de Ph. Delamain à M. le comte Werlé sur la couverture.

134. DELESTRE (J.-B.). Gros, sa vie et ses ouvrages. Deuxième édition revue et augmentée avec 55 gravures dont 44 fac-simile de dessins et compositions inédits du maître. *Paris, Ve Jules Renouard,* 1867, gr. in-8, dos et coins mar. grenat, fil., dos orné, tête dor., non rogné (*Afferni*).

135. DEMMIN (Auguste). Guide de l'amateur de faïences et porcelaines, terres cuites, poteries de toute espèce, émaux sur métaux, peinture sur lave, verres, cristaux, vitraux, pierres précieuses et dents artificielles, mosaïques et peintures sur cristal de roche. Quatrième édition accompagnée de 300 reproductions de poteries, de 3 000 marques et monogrammes dans le texte et de trois tables, dont deux de monogrammes, avec le portrait de l'auteur, 3 vol. — Guide des amateurs d'armes et armures anciennes par ordre chronologique, depuis les temps les plus reculés jusqu'à nos jours. 1 700 reproductions d'armes et armures et 200 marques et monogrammes, 1 vol. *Paris, Renouard,* 1869-73. — Ens. 4 vol. in-12, demi-rel. bas.

136. DESCRIPTION des objets d'art qui composent la collection Debruge Dumenil précédée d'une introduction historique par Jules Labarte. *Paris, Victor Didron*, 1847, in-8, dos et coins mar. brun, dos orné (*Petit*).

Peinture, émaux, orfèvrerie, céramique, verrerie, bijouterie, art du lapidaire, sculpture, mobilier, etc.

137. DIDOT (Ambroise-Firmin). Recueil des œuvres choisies de Jean Cousin. Peinture, sculpture, vitraux, miniatures, gravures à l'eau-forte et sur bois reproduites en fac-simile par MM. Adam et H. Pilinski, Aug. Racinet, Lemaire, Durand et Dujardin, et publiées avec une introduction par Ambroise Firmin-Didot. *Paris, Firmin-Didot frères*, 1873, in-fol., dos et coins mar. grenat jans., tête dor., non rog. (*Champs*).

41 planches, dont 4 en couleurs.
On y a joint : Etude sur Jean Cousin, suivie de notices sur Jean Leclerc et Pierre Woeiriot, par A. Firmin-Didot. *Paris*, 1872, in-8, dos et coins mar. bleu, tête dor., non rogné (*Pierson*).

138. DIDOT (Ambroise-Firmin). Les Drevet (Pierre, Pierre-Imbert et Claude). Catalogue raisonné de leur œuvre précédé d'une introduction. Orné d'un portrait inédit de P. Drevet, d'après Rigaud, gravé à l'eau-forte par P. Le Rat. *Paris, Firmin Didot et Cie*, 1876, in-8, cartonn. souple en mar. grenat, à recouv., fil., tête dor., non rogné (*Pierson*).

139. DOBSON (Austin). William Hogarth. Avec une introduction sur l'art de Hogarth par Sir William Armstrong, traduit par B.-H. Gausseron. *Paris, Hachette et Cie*, 1904, in-4, planches, cartonn. toile rouge des éditeurs, tête dor., non rogné.

Nombreuses illustrations en héliogravure et en phototypie, fac-similés de dessins et de gravures.

140. DOCUMENTS classés de l'art dans les Pays-Bas, du xe au xviiie siècle, recueillis et reproduits par J. J. Van Yssendick, architecte. *S. l.*, 1880-1881, 4 vol. in-fol. montés sur onglets, dos et coins mar. grenat, tête dor., non rog. (*Champs*).

Recueil de 428 reproductions en phototypie.

141. DREYFOUS (Maurice). Dalou, sa vie et son œuvre. Nombreuses illustrations dans le texte et hors texte. *Paris, Laurens*, 1903, gr. in-8, demi-rel. mar. vert foncé, tête dor., non rog., couvert. (*Pierson*).

142. DUFOUR (Mlle Augustine). L'Art de peindre les fleurs à l'aquarelle, précédé d'un traité de botanique élémentaire, et orné d'un choix des plus belles fleurs, gravées d'après les dessins de Mlle Augustine Dufour, élève de M. Redouté. *Paris, F. Lequien*, 1837, in-4, dos et coins mar. rouge, dos orné en long, non rog. (*Rel. de l'époque*).

36 belles planches gravées en couleurs ou peintes avec soin.
On y a joint : Loir-Mongazon. Fleurs et peinture de fleurs. *Paris, Perrin*, 1885, in-12, toile brune.

143. DUPLESSIS (Georges). Histoire de la gravure en Italie, en Espagne, dans les Pays-Bas, en Angleterre et en France, suivie d'indications pour former une collection d'estampes. Contenant 73 reproductions de gravures anciennes exécutées pour la plupart par le procédé de M. Amand Durand. *Paris, Hachette et Cie*, 1880, in-4, dos et coins mar. olive, fil., dos orné, tête dor., non rogné (*Champs*).

Un des 50 exemplaires (n° 46) imprimés sur PAPIER WHATMAN.

144. DURAND (Georges). Monographie de l'Église Notre-Dame cathédrale d'Amiens. *Amiens et Paris, A. Picard et fils*, 1901-1903, 2 vol. in-4, en feuilles dans des cartons.

Nombreuses figures dans le texte et 111 planches hors texte en héliogravure.

145. DURER (Albert) à Venise et dans les Pays-Bas. Autobiographie, lettres, journal des voyages, papiers divers. Traduits de l'allemand avec des notes et une introduction par Charles Narrey. *Paris, Vve Renouard*, 1866, gr. in-8, papier vergé, dos et coins mar. bleu, tête dor., non rog. (*Tinot*).

27 gravures hors texte tirées sur Chine.

146. DURET (Théodore). Histoire d'Édouard Manet et de son œuvre. Avec un catalogue des peintures et des pastels. *Paris, H. Floury*, 1902, pet. in-4, demi-rel. mar. gren., fil., dos orné à petits fers, tête dor., non rogné, couverture illustrée (*Pierson*).

Orné de 23 planches hors texte dont plusieurs en couleurs par les procédés les plus modernes et de nombreuses reproductions dans le texte.
Un des 50 exemplaires (n° 20) imprimés sur PAPIER DU JAPON, contenant des planches en noir hors texte en deux états : sur Chine ou sur Japon et sur vélin.

147. DURET (Théodore). Histoire de J. Mc N. Whistler et de son œuvre. *Paris, H. Floury*, 1904, pet. in-4, nombreuses reproductions dans le texte et hors texte, demi-rel. mar. vert, fil., dos orné, tête dor., non rogné, couverture illust. (*Pierson*).

Un des 50 exemplaires (n° 21) imprimés sur PAPIER DU JAPON, contenant une double suite des gravures hors texte.

148. DURET (Théodore). Histoire des peintres impressionnistes. Pissaro, Claude Monet, Sisley, Renoir, Berthe Morisot, Cézanne, Guillaumin. *Paris, H. Floury*, 1906, pet. in-4, nombreuses reproductions dans le texte et hors texte, en noir et en couleurs, broché (*Couvert.*).

Un des 100 exemplaires (n° 35) imprimés sur PAPIER DU JAPON, avec double suite des gravures hors texte.

149. EARL (Maud). British hounds and gun-dogs. 24 photogravures of the finest quality after original paintings. *London, Berlin photographic C°*, in-fol., planches montées sur onglets, demi-rel. mar. vert jans., tête dor., non rogné (*Pierson*).

Ouvrage imprimé sur papier de Hollande et tiré à 500 exemplaires (n° 88) signés de l'auteur.

150. EAUX-FORTES ET GRAVURES des maîtres anciens, tirées des collections les plus célèbres et publiées avec le concours de Édouard Lièvre. Notes par Georges Duplessis. *Paris, Amand Durand, Goupil*, 1872-1878, 10 vol. in-fol., dos et coins mar. brun, plats toile, tête dor., non rog. (*Allô*).

400 reproductions en héliogravure sur papier vergé teinté; chaque planche est montée à charnière sur bristol.

151. ÉMAUX DE PETITOT (Les) du Musée impérial du Louvre. Portraits de personnages historiques et de femmes célèbres du siècle de Louis XIV, gravés au burin par M. L. Céroni. *Paris, Blaisot*, 1862-1864, 2 vol. in-4, dos et coins chag. rouge, dos orné, tr. jasp.

50 portraits hors texte sur papier vélin blanc.

152. EMMANUEL (Maurice). La Danse grecque antique d'après les monuments figurés. Analyses chronophotographiques obtenues avec les appareils de M. le Docteur Marcy, dessins de A. Collombar et de l'auteur. *Paris, Hachette et Cie*, 1896, in-8, cartonn. demi-mar. olive, tête dor., non rogné, couverture (*Pierson*).

Nombreuses illustrations.

153. ENAULT (Louis). Paris Salon, 1880 à 1886, 1889, 1892 et 1893. *Paris, E. Bernard et Cie*, 1880-1893, 11 vol. in-8, cartonn. illust. de l'éditeur ou dos et coins de mar.

Nombreuses reproductions hors texte.
L'année 1880 est avec le texte en anglais.

154. ENGLISH ART in the public Galleries of London. *London, Paris, Boussod, Valadon and C°, Ludovic Baschet, éditeur*, 1888, in-fol., 131 reproductions dans le texte et hors texte, procédé Goupil, dos et coins mar. gren., fil., dos orné, tête dor., non rogné (*Champs*).

Publié sous la direction de MM. Thomas Humphry Ward, Walter Armstrong, G.-H. Boughton, A.-R.-A. Austin Dobson, A.-W. Hunt, W.-B. Richmond, F. Mabel Robinson, Frances Sitwell, and T. Woolner.
Un des 100 exemplaires imprimés sur PAPIER DU JAPON.

155. EPHRUSSI (Charles). Notes biographiques sur Jacopo de Barbary dit le maître au caducée, peintre-graveur vénitien de la fin du XVe siècle. Avec sept gravures tirées hors texte. *Paris, D. Jouaust*, 1876, in-4, dos et coins mar. grenat, fil., dos orné, tête dor., non rogné (*Champs*).

156. EPHRUSSI (Charles). Albert Dürer et ses dessins. *Paris, A. Quantin*, 1882, très gr. in-8, mar. olive, fil., chiffre sur les plats, dos orné, dent. int., tête dor., non rog. (*Allô*).

Un des 10 exemplaires (n° 1) imprimés sur PAPIER DU JAPON contenant les 32 planches hors texte en deux états.

157. EPHRUSSI (Charles). Paul Baudry. Sa vie et son œuvre. *Paris, Baschet,*

1887, gr. in-8, portrait et 10 héliogravures hors texte, mar. rouge, fil., dos orné, dent. int., tête dor., non rog. (*Pierson*).

Un des 20 exemplaires (n° 3) imprimés sur PAPIER DU JAPON.

158. ESTHÉTIQUE de la photographie. *Paris, Photo-Club de Paris,* 1900, in-4, demi-rel., mar. gren., tête dor., non rogné, couverture (*Pierson*).

Avant-propos par R. de La Sizeranne. Articles de E. Wallon, C. Puyo, F. Coste, Bucquet, Demachy, E. Mathieu, L. Vidal.
Orné de 14 illustrations hors texte et de nombreuses figures dans le texte en phototypie.

159. EXPOSITION MEISSONIER. *Paris, Georges Petit,* mars 1893, in-4, demi-rel. mar. fauve, fil., dos orné et mosaïqué, tête dor., non rogné (*Pierson*).

Étude de M. Alexandre Dumas. L'atelier Meissonier et les collections par M. L. Roger-Milès. Les gravures et les illustrations par M. Henri Béraldi.
Eaux-fortes gravées par *Abot, Alassonière, Boulard, Champollion, Courtry, Faivre, Focillon, Kratké, Lalauze, Leterrier, de Los-Rios, Manchon, Manesse, Mignon, Mordant, Teysonnières, Toussaint, Waltner.*
Exemplaire imprimé sur PAPIER DU JAPON.

160. EXTRAITS de la « Revue de l'Art ancien et moderne », 4 broch. in-4, contenant de nombreuses reproductions.

FIERENS-GEVAERT (H.). L'Hôtel de ville de Paris. — HOMOLLE (Th.). Le Temple d'Athena Pronaia. — BÉNÉDITE (Léonce). Alexandre Falguière. — BÉNÉDITE (Léonce). Félix Buhot.

161. EYRIÈS (Gustave). Les Châteaux historiques de la France. Accompagné d'eaux-fortes, tirées à part et dans le texte et gravées par nos principaux aquafortistes sous la direction de M. Eugène Sadoux. *Paris, H. Oudin frères,* 1877-1879, 2 vol. in-4, dos et coins, mar. vert olive, fil., dos orné, tête dor., non rognés (*Champs*).

Les illustrations hors texte et dans le texte sont tirées sur papier de Chine.

162. FLAT (Paul). Le Musée Gustave Moreau. L'Artiste, son influence. 18 héliogravures hors texte. *Paris, Société d'Édition artistique, s. d.*, in-4, demi-rel. mar. grenat, fil., dos orné, tête dor., non rogné, couverture (*Pierson*).

Exemplaire imprimé sur PAPIER DU JAPON.

163. FLAT (Paul). Les premiers Vénitiens. Préface de M. Maurice Barrès. Illustrations par MM. Alinari. *Paris, Henri Laurens,* 1899, in-4, demi-rel. mar. vert, fil., dos orné, tête dor., non rogné, couverture (*Pierson*).

Orné de 55 reproductions dans le texte et de 16 figures hors texte.

164. FLEURY (comte). Le Palais de Saint-Cloud. Ses origines, ses hôtes, ses fastes, ses ruines. Illustrations hors texte et dans le texte. *Laurens, s. d.*, gr. in-8. — VACHON (Marius). Le Château de Saint-Cloud. Son incendie en 1870. Inventaire des œuvres d'art détruites ou sauvées. *Quantin,* 1880. Ens. 2 vol., demi-rel., mar., et dos et coins mar., tête dor., non rognés (*Pierson* et *Champs*).

165. FLEURY (Gabriel). Etudes sur les portails imagés du XIIe siècle, leur iconographie et leur symbolisme. *Mamers, G. Fleury et A. Dangin*, 1904, in-4, demi-rel. mar., mar. grenat, tête dor., non rogné, couverture (*Pierson*).

Nombreuses illustrations.

166. FOGELBERG (L'Œuvre de) publié par Casimir Leconte et dédié à S. M. Oscar Ier, roi de Suède et Norwège. *Paris, Hauser*, 1856, in-fol., monté sur onglets, dos et coins mar. rouge, tête dor., couvert. (*Champs-Stroobants*).

1 frontispice, 1 portrait de Fogelberg et 27 planches gravées au burin d'après les sculptures du maître.

167. FORMENTIN (Ch.). E. Meissonier. Sa vie. Son œuvre. Vingt gravures nouvelles hors texte et une eau-forte dans le texte d'après les principaux tableaux du maître. *Paris, Ch. Soccard*, 1901, in-fol,. demi-rel. mar. vert, fil., dos orné, tête dor., non rogné (*Pierson*).

20 planches en héliogravures, tirées sur Chine.

168. FOSSEY (Abbé Jules). Monographie de la cathédrale d'Évreux. Illustrations de M. Paulin Carbonnier. Ouvrage honoré du prix Lucien Fouché, au concours archéologique ouvert par la Société libre de l'Eure, en 1893. *Evreux, Imprimerie de l'Eure*, 1898, in-4, demi-rel. mar. noir, tête dor., non rogné, couverture (*Pierson*).

169. FOUCQUET (Jehan). Œuvre de Jehan Foucquet. Heures de maistre Estienne Chevalier. Texte restitué par M. l'abbé Delaunay. *Paris, Curmer*, 1866-1867, 2 vol. gr. in-8, mar. La Vall., fleurons aux angles, chiffres sur les plats, dos orné, dent. int., gardes de moire verte, tr. dor. (*Tinot*).

Reproduction en chromolithographie du manuscrit d'E. Chevalier.

170. FOURCAUD (L. de). François Rude, sculpteur, ses œuvres et son temps (1784-1855). *Paris, Librairie de l'art ancien et moderne*, 1904, in-8, fig., demi-rel. mar. brun, tête dor., non rogné, couverture (*Pierson*).

171. FOURNIER-SARLOVEZE. Artistes oubliés. Claude Lulier, Sofonisba Anguissola, Pierre de Franqueville, etc., etc. *Paris, Ollendorff*, 1901, in-4, nombreuses reproductions hors texte et dans le texte, demi-rel. mar. grenat, tête dor., non rog., couvert. (*Pierson*).

172. FRAIPONT (G.). L'Art de composer et de peindre l'éventail, l'écran, le paravent. *Paris, H. Laurens, s. d.* (1895), pet. in-4, figures dans le texte et hors texte, dos et coins mar. bleu, fil., dos orné et mosaïqué, tête dor., non rogné, couverture (*Champs*).

Ouvrage orné de 16 aquarelles et 112 dessins de l'auteur.

173. FROMENTIN. Vingt-cinq dessins de Eugène Fromentin reproduits à l'eau-forte par E.-L. Montefiore. Texte biographique et critique par Ph. Burty. Avec fac-simile d'après des croquis du maître. *Paris, Londres, se trouve à la librairie*

de l'Art, 1877, in-fol., monté sur onglets, dos et coins mar. rouge, fil., dos orné, tête dor., non rogné (*Allô*).

Les eaux-fortes sont tirées sur papier de Chine.

174. GALERIE DE DRESDE (Les principaux tableaux de la). Reproductions photographiées avec explications historiques et artistiques par Fr. Hansfstaengl. *Munich, Dresde et Paris,* 1864, 3 vol. in-fol., mar. rouge, encad. de fil. et dent., chiffre sur les plats, dos orné, mosaïqué, gardes de moire verte, dent. int., tr. dor. (*Tinot*).

Recueil de 180 photographies montées sur bristol.

175. GALERIE DE RUBENS dite du Luxembourg (Musée du Louvre). Composée de 24 tableaux gravés sur acier par les premiers artistes avec un beau portrait de Rubens, dessiné par Le Clère, gravé par Benoist, accompagné de l'explication allégorique de chaque sujet et d'un résumé de la vie de Rubens. *Paris, Léon Willem,* 1877, in-fol., monté sur onglets, dos et coins mar. La Vall., jans., tête dor., non rog. (*Champs*).

Edition de luxe sur papier de Chine véritable, imprimée à 100 exemplaires numérotés (n° 8).

176. GALERIE DES TABLEAUX DE L'ERMITAGE impérial à Saint-Pétersbourg. *Paris, Société photographique, s. d.,* très gr. in-fol., mar. grenat, encad. de fil. à froid., chiffre sur les plats, fil. et dent. int., tête dor., non rog., couvert. (*Champs*).

84 héliogravures, montées sur onglets.

177. GALERIE ÉLECTORALE DE DUSSELDORFF, ou catalogue raisonné et figuré de ses tableaux dans lequel on donne une connoissance exacte de cette fameuse collection, et de son local par des descriptions détaillées et par une suite de 30 planches, contenant 365 petites estampes rédigées et gravées d'après ces mêmes tableaux par Chrétien de Méchel. Ouvrage composé dans un goût nouveau par Nicolas de Pigage. *A Basle, chez Chrétien de Méchel,* 1778, 2 vol. in-4, oblong., cart., non rog.

Premier tirage. Ouvrage offrant d'autant plus d'intérêt que la Galerie de Dusseldorff a été détruite par un incendie.

178. GALLERIA SCIARRA (Dieci quadri della). Fototipie a cura di Francesco Paolo Michetti con cenni storici e critici raccolti da Leone Vicchi. *Roma,* 1889, in-fol., demi-rel. mar. vert jans., tête dor., non rog. (*Pierson*).

10 reproductions hors texte en phototypie.

179. GARNIER (Charles). Le nouvel opéra de Paris. *Paris, Ducher et Cie,* 1878-1881, 2 vol. gr. in-8 de texte et 2 atlas, gr. in-fol., dos et coins mar. rouge, tête dor., non rog. (*Champs*).

100 planches en chromolithographie ou gravées sur acier, etc.

180. GAUTIER (Théophile). Trésors d'art de la Russie ancienne et moderne. *Paris, Gide,* 3 livraisons gr. in-fol. en feuilles, dans des cartons.

Cet ouvrage qui devait comprendre 200 planches, n'a pas été terminé ; 5 livraisons seulement ont paru. La Bibliothèque nationale ne possède que les 3 premières que nous avons : I. Saint Isaac, 12 planches. II. Palais impérial de Tsarskoé-Selo, 15 planches. III. Arsenal de Tsarskoé-Selo, 14 planches.

181. GAYET (Al.). Antinoë et les sépulcres de Thaïs et Sérapion. *Paris, Société française d'éditions d'art,* 1902, pet. in-4, dos et coins mar. olive, fil., dos orné, tête dor., non rogné, couverture illustrée (*Pierson*).

Orné de 4 gravures hors texte, dont 2 en couleurs, et de 23 gravures dans le texte.

182. GAZETTE ARCHÉOLOGIQUE, recueil de monuments pour servir à la connaissance et à l'histoire de l'art antique, publié par les soins de J. de Witte et François Lenormant. *Paris, A. Lévy,* 1875-1887, 12 vol. in-4, nombreuses planches, dos et coins mar. vert, tête dor.

Ces douze premières années renferment 428 planches hors texte : gravures, eaux-fortes, héliogravures, etc.

183. GEBHART (Émile). Sandro Botticelli et son époque. *Paris, Manzi, Joyant et Cie*, 1907, in-4, héliogravures en bistre et en couleurs, en feuilles dans un carton.

Un des 50 exemplaires (n° 36) imprimés sur PAPIER DU JAPON, accompagnés d'une suite supplémentaire des planches tirées sur papier teinté.

184. GEFFROY (Gustave). L'Œuvre de E. Carrière. Texte de Gustave Geffroy. *Paris, Piazza et Cie, s. d.,* in-fol., demi-rel. mar. La Vall., planches montées sur onglets, tête dor., non rog., couvert. (*Pierson*).

Exemplaire imprimé sur PAPIER DU JAPON (n° 8). Avec les planches hors texte en deux états.

185. GEFFROY (Gustave). Constantin Guys, l'historien du second Empire. Gravures sur bois de Tony et Jacques Beltrand, d'après les aquarelles et dessins de l'artiste. Publié par les soins de Paul Gallimard. *Paris,* 1904, in-4, demi-rel. mar. vert, fil., dos orné, tête dor., non rogné, couverture (*Pierson*).

Publié par les soins de M. Paul Gallimard.
Un des 16 exemplaiaes (n° 9) imprimés sur PAPIER DU JAPON.

186. GEMMES ET JOYAUX DE LA COURONNE (Les) au Musée du Louvre, expliqués par M. Barbet de Jouy. Dessinés et gravés à l'eau-forte d'après les originaux par Jules Jacquemart. Introduction par M. Alfred Darcel. *Paris, Léon Techener,* 1886, 2 vol. gr. in-fol., montés sur onglets, demi-rel. mar. La Vall., fil., dos orné, tête dor., non rognés (*Pierson*).

Un des 5 exemplaires imprimés sur PARCHEMIN, contenant les 60 eaux-fortes en 3 états : sur parchemin, sur Japon et sur Hollande.

187. GENEVAY (A.). Le Style Louis XIV. Charles Le Brun, décorateur. Ses œuvres, son influence, ses collaborateurs et son temps. *Paris, Librairie de l'Art,*

J. Rouam, 1886, in-4, dos et coins mar. gren., fil., dos orné, tête dor., non rogné (*Allô*).

Orné de 101 gravures.

188. GEYMÜLLER (Le Bon Henry de). Les Du Cerceau. Leur vie et leur œuvre, d'après de nouvelles recherches. Ouvrage accompagné de 137 gravures dans le texte et de 4 planches hors texte pour la majeure partie inédites. *Paris, Rouam*, 1887, in-4, dos et coins mar. rouge, tête dor., non rog., couverture (*Allô*).

189. GIACOMELLI (H.). Raffet, son œuvre lithographique et ses eaux-fortes, suivi de la bibliographie complète des ouvrages illustrés de vignettes d'après ses dessins. Orné d'eaux-fortes inédites par Raffet et de son portrait par M.-J. Bracquemond. *Paris, Bureaux de la Gazette des Beaux-Arts*, 1862, in-8, cartonn. toile grenat, tête dor., non rogné, couverture (*Pierson*).

190. GIRAUD (J.-B.). Les Arts du métal. Recueil descriptif et raisonné des principaux objets ayant figuré à l'Exposition de 1880 de l'Union centrale des Beaux-Arts. *Paris, A. Quantin*, 1881, in-fol., monté sur onglets, dos et coins mar. vert, fil., dos orné, tête dor., non rogné (*Champs*).

50 planches en héliogravure hors texte et illustrations dans le texte.

191. GŒTSCHY (Gustave). Les jeunes peintres militaires. De Neuville, Detaille, Dupray. Préface de E. Bergerat. *Paris, Baschet*, 1878, in-fol., 35 planches hors texte et figures dans le texte, dos et coins mar. rouge, tête dor., non rog.

Un des 50 exemplaires (n° 1) imprimés sur PAPIER DE HOLLANDE.

192. GONCOURT (Edm. et J. de). Gavarni. L'homme et l'œuvre. Ouvrage enrichi du portrait de Gavarni gravé à l'eau-forte par Flameng, et d'un fac-similé d'autographe. *Paris, Plon*, 1873, in-8, dos et coins mar. La Vall., tête dor., non rog.

193. GONCOURT (Edm. et J. de). L'Art du Dix-huitième siècle. Troisième édition, revue et augmentée de planches hors texte. *Paris, Quantin*, 1880, 2 vol. in-4, en fascicules.

Un des 100 exemplaires (n° 8) imprimés sur PAPIER WHATMAN, contenant les planches en deux états.

194. GONCOURT (Edmond de). La Maison d'un artiste. *Paris, G. Charpentier*, 1881, 2 vol. in-12, dos et coins mar. vert, tête dor., non rognés (*Pierson*).

195. GONSE (Louis). L'Art gothique, l'architecture, la peinture, la sculpture, le décor. *Paris, A. Quantin, s. d.*, in-4, cartonn. de l'éditeur.

Ouvrage contenant 29 planches hors texte et environ 300 figures dans le texte.

196. GONSE (Louis). L'Art japonais. *Paris, A. Quantin*, 1883, 2 vol. in-4, figures, cartonn. en satin de l'éditeur.

Contenant 64 planches hors texte en noir et en couleurs et de nombreuses illustrations dans le texte.

197. GONSE (Louis). La Sculpture française depuis le XIVe siècle. *Paris, Quantin*, 1895, in-4, cartonn. toile de l'éditeur, tête dor., non rog.

32 planches hors texte en héliogravure et nombreuses reproductions dans le texte.

198. GONSE (Louis). Les Chefs-d'œuvre des Musées en France. Sculpture, dessins, objets d'art. *Paris, Librairie de l'art ancien et moderne*, 1904, gr. in-4, br. (*Couvert. illust.*).

Nombreuses illustrations dont 30 planches hors texte en héliogravure.

199. GOSSE (Edmund). Peintres et graveurs anglais du XVIIIe siècle (de Kneller à Reynolds). *Paris, Goupil et Cie, Manzi, Joyant et Cie*, 1906, 2 vol. in-4, dos et coins mar. brun, fil., dos orné, tête dor., non rognés (*Champs-Stroobants*).

95 reproductions.
Un des 50 exemplaires (n° 22) imprimés sur PAPIER DU JAPON contenant 4 planches en fac-simile et UNE SUITE SUPPLÉMENTAIRE des planches tirée sur papier à la cuve, de Rives.

200. GOWER (lord Ronald Suntherland). F. S. A. Sir Thomas Lawrence with a catalogue of the artist's exhibited and engraved works compiled by Algernon Graves, F. S. A. *London, J. Boussod, Manzi, Joyant et Co, Paris, New-York*, 1900, gr. in-4, 66 reproductions dans le texte et hors texte, demi-rel. mar. vert, fil., dos orné et mosaïqué, tête dor., non rogné, couverture (*Pierson*).

Tiré à 200 exemplaires (n° 119) sur papier vélin, contenant les illustrations en deux états.

201. GRAND CARTERET (J.). Les Mœurs et la Caricature en France. *Paris, Librairie illustrée, s. d.* — Les Mœurs et la caricature en Allemagne, en Autriche, en Suisse. *Paris, Westhauser*, 1885. — Ens. 2 vol. gr. in-8, dos et coins mar. rouge et bleu, dos orné, tête dor., non rog. (*Allô*).

Nombreuses illustrations hors texte et dans le texte, en noir et en couleurs.

202. GRANGES DE SURGÈRES (Marquis de) et BOURCARD (Gustave). Les Françaises du XVIIIe siècle, portraits gravés. Avec une préface de M. le baron Roger Portalis. Ouvrage orné de douze portraits d'après les originaux. *Paris, E. Dentu*, 1887, in-8, demi-rel., mar. bleu, tête dor., non rogné, couverture (*Pierson*).

203. GRASSET (Eugène). La Plante et ses applications ornementales, sous la direction de M. Eugène Grasset. *Paris, E. Lévy, s. d.*, in-fol. monté sur onglets, dos et coins mar. brun, tête dor., non rogné (*Champs*).

72 planches coloriées.

204. GRÉARD (M. O.). Jean-Louis-Ernest Meissonier, ses souvenirs, ses entretiens, précédés d'une étude sur sa vie et son œuvre. *Paris, Hachette et Cie*, 1897, grand in-8, dos et coins mar. La Vall. clair, fil., dos orné et mosaïqué, tête dor., non rogné, couvert. illust. (*Pierson*).

205. GRUYER (F. A.). La Peinture au château de Chantilly. Écoles française et

étrangères. *Paris, E. Plon, Nourrit et Cie*, 1896-1898, 2 vol. pet. in-4, dont 1 rel. en demi-mar. bleu, tête dor., non rogné, couverture (*Pierson*).

Ornés de 80 héliogravures.
Un des 50 exemplaires (n° 12) imprimés sur PAPIER DE CUVE des papeteries du Marais ; il est au nom de M. le comte Werlé.
L'*École française* est brochée.

206. GRUYER (F. A.). La Peinture au château de Chantilly. École française. *Paris, Plon, Nourrit et Cie*, 1898, pet. in-4, broché, couvert.

40 héliogravures.
Un des 50 exemplaires (n° 31) imprimés sur PAPIER DE CUVE.

207. GRUYER (F. A.). Chantilly. Les Portraits de Carmontelle. *Paris, Plon, Nourrit et Cie*, 1902, pet. in-4, dos et coins mar. bleu, fil., dos orné, tête dor. non rogné, couverture (*Pierson*).

Orné de 40 héliogravures hors texte.
Ouvrage tiré à 275 exemplaires (n° 36) sur PAPIER DE CUVE des Papeteries du Marais.

208. GUICHARD (E.). Les Tissus anciens reconstitués à l'aide du costume, des miniatures et de documents inédits. Dédié à nos maîtres et à nos amis. *Paris, A. Le Vasseur*, 1878, gr. in-4, dos et coins mar. olive, fil,, tête dor., non rogné (*Champs*).

50 planches en phototypie.

209. GUIFFREY (Jules). Les Caffiéri, sculpteurs et fondeurs-ciseleurs. Etude sur l'art de bronze en France au XVIIe et au XVIIIe siècle. Avec sept gravures à l'eau-forte par Maurice Leloir et plusieurs fac-simile d'autographes. *Paris, Damascème Morgand et Charles Fatout*, 1877, in-8, pap. de Holl., demi-rel. mar. La Vall., tête dor., non rogné, couverture (*Pierson*).

210. GUIFFREY (Jean) et MARCEL (Pierre). Archives des musées nationaux et de l'école du Louvre. Inventaire général des dessins du Musée du Louvre et du Musée de Versailles. École française, 427 illustrations. *Paris, Librairie centrale d'art et d'architecture, s. d.*, pet. in-4, br. (*Couvert.*).

Nombreuses illustrations.
Tome premier.

211. GUSMAN (Pierre). Pompei, la ville, les mœurs, les arts, préface de M. Max-Collignon. Ouvrage orné de 600 dessins dans le texte et 32 aquarelles de l'auteur. *Paris, S. Henry May, s. d.*, in-4, demi-rel. mar. grenat, fil., dos orné, tête dor., non rogné, couvert. illust. (*Pierson*).

212. HAMILTON PALACE COLLECTION (the). Illustrated priced catalogue. *Paris, Librairie de l'Art, London, Remington*, 1882, in-4, nombreuses illustrations, cartonn. toile verte, non rogné.

213. HARRISSE (Henry). L. L. Boilly, peintre, dessinateur et lithographe. Sa vie et son œuvre 1761-1845. Etude suivie d'une description de treize cent soixante

tableaux, portraits, dessins et lithographies de cet artiste. *Paris, Société de propagation des livres d'art*, 1898, gr. in-8, demi-rel., mar. brun, fil., dos orné, tête dor., non rogné, couverture (*Pierson*).

Orné de 30 gravures hors texte.

214. HAVARD (Henry). Un Peintre de chats. Madame Henriette Ronner. *Paris, Boussod, Valadon et Cie, s. d.*, in-fol., monté sur onglets, dos et coins mar. grenat, fil., dos orné, tête dor., non rogné (*Pierson*).

Portrait et 12 planches, hors texte, en photogravure tirés sur Chine.

215. HAVARD (Henry). Histoire de l'orfèvrerie française. *Paris, Quantin, Librairies-imprimeries réunies*, 1896, in-4, demi-rel. mar. vert foncé, tête dor., non rogné, couverture (*Pierson*).

Nombreuses illustrations en noir et en couleurs.

216. HAVARD (Henry). Histoire et philosophie des styles (architecture, ameublement, décoration). *Paris, Ch. Schmid*, 1900, 2 vol. pet. in-fol. en cartons.

Ouvrage orné de 40 planches hors texte : eaux-fortes, chromolithog., héliogravures, etc. de plus de 400 gravures d'après les dessins de *Yperman, Mangonot, Boudier*, etc. et de nombreuses reproductions de documents originaux.

217. HEFNER-ALTENECK (I. H. de). Serrurerie ou les ouvrages en fer forgé du Moyen âge et de la Renaissance. 84 planches gravées en taille-douce. Édition française publiée par M. Edwin Tross. Texte traduit par M. Daniel Ramée. *Paris, Tross*, 1870, in-4, mar. brun, compart. de fil à froid et de fers dorés, chiffre sur les plats, dos orné, dent. int., tête dor., non rogné (*Tinot*).

Première partie, seule publiée.
La reliure est défraîchie.

218. HELLEU. Catalogue des pointes-sèches d'Helleu. *Paris, Imp. Lemercier*, 1897, in-4, 60 pl. en héliogravure, br., couvert.

Un des 25 exemplaires (n° 7) imprimés sur PAPIER DU JAPON orné d'un IMPORTANT DESSIN (3 têtes) ORIGINAL aux deux crayons par HELLEU.

219. HERCULANUM ET POMPÉI. Recueil général des peintures, bronzes, mosaïques, etc., découverts jusqu'à ce jour et reproduits d'après le Antichita di Ercolano, il Museo borbonico, et tous les ouvrages analogues, augmenté de sujets inédits gravés au trait sur cuivre par H. Roux aîné et accompagné d'un texte explicatif par M. L. Barré. *Paris, Firmin Didot frères, fils et Cie*, 1840-1862, 8 vol. in-8, planches, cartonn. des éditeurs.

Ouvrage contenant 576 planches gravées au trait.
Le huitième volume renferme le *Musée secret*.

220. HIS (Édouard). Dessins d'ornements de Hans Holbein. Fac-simile en photogravure. *Paris, Boussod, Valadon et Cie*, 1886, in-fol., en feuilles dans le carton des éditeurs.

Exemplaire imprimé sur PAPIER DE HOLLANDE ; 51 photogravures hors texte.

221. HOFDIJK (W.-J.). École Hollandaise en oléographie. Chefs-d'œuvre des peintres anciens et modernes exécutés à l'imprimerie royale et artistique de M. G. Amand. Texte polyglotte de M. W.-J. Hofdijk. Introduction par M. Charles Blanc. *Amsterdam et Paris, Renouard, s. d.*, gr. in-fol., dos et coins mar. grenat jans., tête dor., non rog. (*Champs*).

Recueil de 12 reproductions en couleurs, soigneusement montées sur papier Whatman fort.

222. ICONOGRAPHIE de la Reine Marie-Antoinette. Catalogue descriptif et raisonné de la Collection de portraits, pièces historiques et allégoriques, caricatures, etc., formée par lord Ronald Gower, précédé d'une lettre par M. Georges Duplessis. Ouvrage orné de nombreuses reproductions en noir et en couleurs d'après les originaux faisant partie de la collection. *Paris, A. Quantin,* 1883, gr. in-8, dos et coins mar. bleu, fil., dos orné, tête dor., non rogné (*Allô*).

223. JACQUEMART (Albert). Histoire du mobilier. Recherches et notes sur les objets d'art qui peuvent composer l'ameublement et les collections de l'homme du monde et du curieux. Avec une notice sur l'auteur par M. H. Barbet de Jouy. Ouvrage contenant plus de 200 eaux-fortes typographiques, procédé Gillot, par Jules Jacquemart. *Paris, Hachette et Cie*, 1876, gr. in-8, figures dans le texte et hors texte, dos et coins mar. brun, fil., dos orné, tête dor., non rogné (*Champs*).

224. JOSZ (Virgile). Antoine Watteau. Avec une introduction de Leonce Bénédite. *Paris, H. Piazza et Cie, s. d.*, in-fol., cartonn. des éditeurs, tête dor., non rogné.

Édition de grand luxe ornée de nombreuses héliogravures et d'un frontispice en couleurs. Un des 25 exemplaires (n° 9) imprimés sur PAPIER DU JAPON.

225. JOUIN (Henry). Ancien Hôtel de Rohan affecté à l'Imprimerie nationale. Historique et description. *Paris, Imprimerie nationale,* 1889, in-fol., demi-rel. mar. bleu, fil., dos orné, tête dor., non rogné, couverture (*Pierson*).

Nombreuses planches en phototypie. Encadrement à chaque page.

226. JOUIN (Henry). Conférences de l'Académie royale de peinture et de sculpture, recueillies, annotées et précédées d'une étude sur les artistes écrivains par M. Henry Jouin. *Paris, A. Quantin,* 1883, in-8, demi-rel. mar. bleu, tête dor., non rogné (*Pierson*).

227. JOURDAIN (Frantz). Exposition universelle de 1889. Constructions élevées au Champ de Mars par M. Ch. Garnier pour servir à l'histoire de l'habitation humaine. *Paris, Librairie générale des Beaux-Arts, s. d.*, in-fol. monté sur onglets, illustrations hors texte et dans le texte, dos et coins mar. vert, tête dor., non rogné (*Champs*).

Ouvrage contenant 23 planches hors texte gravées à l'eau-forte.

228. JOUSSE, de la Flèche (Mathurin). La fidelle ouverture de l'art de serrurier

où l'on void les principaulx préceptes, desseings et figures touchant les expériences et opérations manuelles du dict art. Ensemble un petit traicté de diverses trempes. Le tout faict et composé par Mathurin Jousse, de la Flèche. *A La Flèche, chez Georges Griveau,* 1627, pet. in-fol. mar. vert, jans., dent. int., tr. dor. (*Belz-Niédrée*).

Réimpression par A. Durand d'un livre rare. 27 planches de clefs, serrures, grilles, heurtoirs, etc.
Exemplaire imprimé sur PEAU DE VÉLIN.

229. LABARTE (Jules). Histoire des Arts industriels au Moyen âge et à l'époque de la Renaissance. *Paris, A. Morel et Cie*, 1864-1865, 4 vol. in-8 de texte, et 2 albums in-4 montés sur onglets, dos et coins mar. rouge, fil., dos orné et mosaïqué de mar. vert, tête dor., non rognés.

Bel exemplaire de cet ouvrage contenant 148 planches en noir et en couleurs.

230. LABAT (Gustave). Gustave de Galard. Sa vie et son œuvre (1779-1841). *Bordeaux et Paris,* 1896, pet. in-4, dos et coins mar. La Vall., tête dor., non rog., couvert. (*Champs*).

Nombreuses reproductions hors texte en phototypie.

231. LABITTE (Alphonse). Les Manuscrits et l'art de les orner. Ouvrage historique et pratique, illustré de 300 reproductions de miniatures, bordures et lettres ornées. *Paris, Charles Mendel,* 1893, gr. in-8, demi-rel. mar. brun, tête dor., non rogné, couverture (*Pierson*).

232. LABORDE (Alexandre de). Description des nouveaux jardins de la France et de ses anciens châteaux mêlée d'observations sur la vie de la campagne et la composition des jardins. Les dessins par Ct Bourgeois. *Paris, de l'Imprimerie de Delance,* 1808, in-fol., dos et coins mar. rouge, n. r. (*Rel. de l'époque*).

1 titre gravé, 1 carte, 2 plans et 92 planches hors texte, dont 89 pour la description des jardins contenant 122 sujets et 3 planches pour les observations, dont 1 de coupes de terrains et 2 contenant 8 sujets avec pièces mobiles.

233. LAFENESTRE (Georges). La Vie et l'œuvre de Titien. *Paris, Quantin, s. d.,* in-fol., dos et coins mar. grenat, fil., dos orné, tête dor., non rogné (*Champs*).

Un des 5 exemplaires (n° 12) imprimés sur PAPIER WHATMAN ; contenant les planches, hors texte, en 3 états.

234. LAFENESTRE (Georges). Le Livre d'or du Salon de peinture. Catalogue descriptif des œuvres récompensées et des principales œuvres hors concours. Années 1879 (première année) à 1881 et 1885. *Paris, Librairie des bibliophiles,* 1879-1885, 4 vol. gr. in-8, dos et coins mar. de diverses couleurs, tête dor., non rog. (*Champs* et *Allô*).

Imprimés sur PAPIER WHATMAN et contenant deux états des eaux-fortes. L'année 1880 est sur papier ordinaire, et l'année 1881 est reliée en plein mar. par Allô.
Nombreuses reproductions gravées à l'eau-forte par *Boilvin, Charpentier, Courtry, Le Rat,* etc., sous la direction d'*Hédouin*.

235. LAFENESTRE (Georges). L'Exposition des Primitifs français. *Paris, Gazette des Beaux-Arts*, 1904, gr. in-8, demi-rel. mar. vert, tête dor., non rogné, couverture (*Henry-Joseph*).

82 reproductions dans le texte et hors texte.

236. LAFOND (Paul). Goya. Étude biographique et critique, suivie des catalogues complets, publiés pour la première fois : de l'œuvre peint et dessiné, de l'œuvre gravé, de l'œuvre lithographié. *Paris, L'Art ancien et moderne, s. d.*, gr. in-8, figures, demi-rel. mar. olive, fil., dos orné, tête dor., non rogné, couverture (*Pierson*).

Orné de 70 gravures dans le texte et de 14 planches hors texte, dont 10 eaux-fortes signées des premiers artistes, une eau-forte originale et inédite de Goya, 2 héliogravures et 1 lithographie.

237. LAFOND (Paul). L'Art décoratif et le mobilier sous la République et l'Empire. *Paris, Librairie Renouard, H. Laurens*, 1900, in-4, demi-rel. mar. La Vall., dos orné, tête dor., non rog. (*Pierson*).

17 eaux-fortes originales de l'auteur et 89 dessins par *Maurice Magniant*.
Un des 15 exemplaires imprimés sur PAPIER DE CHINE (n° XI) contenant 2 états des planches hors texte, dont un sur Chine volant.

238. LAFOND (Paul). L'Art décoratif et le mobilier sous la République et l'Empire. *Paris, Librairie Renouard, H. Laurens*, 1900, in-4, demi-rel. mar. noir, tête dor., non rogné, couverture (*Pierson*).

Exemplaire (n° 118) imprimé sur papier vélin.

239. L'ALCUM. Les Maîtres de la caricature. Aquarelles et dessins inédits de Alb. Guillaume, F. Bac, Ch. Huard, H. Gerbault, Caran d'Ache, C. Léandre, Job, B. Rabier, Abel Faivre, A. Robida, Steinlen, Hermann Paul, Balluriau, Forain, Lucien Métivet, A. Willette, etc. *Paris, Librairie illustrée, J. Taillandier, s. d.*, 18 albums en 3 vol. in-4, cartonn., dos et coins toile orange, tête dor., non rognés (*Couvertures des livraisons*).

240. LAMI (Stanislas). Dictionnaire des sculpteurs de l'école française du moyen âge au règne de Louis XIV. Préface de Gustave Larroumet. *Paris, Honoré Champion*, 1898, gr. in-8, cartonn., toile verte, tête dor., non rogné (*Pierson*).

241. LANDON (C.-P.). Annales du Musée et de l'École moderne des Beaux-Arts, recueil de gravures au trait, d'après les principaux ouvrages de peinture ou projets d'architecture, etc. *Paris, C.-P. Landon*, 1803-1809, 17 vol. — Paysages et tableaux de genre. *Paris, id.*, 1805, 4 vol. — Ens. 21 vol. in-8, cartonn. toile verte, tête dor., non rognés (*Pierson*).

Ouvrage contenant 1512 planches gravées au trait.
On y a joint la *Galerie Guistiani*. Paris, 1812, in-8, 73 pl., cartonné.

242. LANG (Mrs. A.). Sir Frederick Leighton. His life and work. — ARMSTRONG (Walter). Sir John E. Millais. His life and work. *London*, 1884-1885, 2 parties en 1 vol. in-4, carton. des éditeurs en toile, fers spéciaux, tr. dor.

Nombreuses illustrations et héliogravures.

243. CARLIER DE LANTSHEERE (A.). Les Dentelles à la main. Dentelles aux fuseaux, dentelles à l'aiguille, dentelles à points mélangés. 135 planches accompagnées de légendes et précédées de descriptions détaillées des différents points. Publié sous le patronage du Gouvernement belge. *Paris, A. Calavas, s. d.*, in-4, en feuilles dans un carton.

244. LAPAUZE (Henry). Les Pastels de M. Q. de La Tour à Saint-Quentin. *Paris, Imp. Nationale, s. d.*, 2 vol. in-fol., demi-rel. mar. La Vall., jans., tête dor., non rog., couvert. (*Pierson*).

Le second volume renferme 82 reproductions des pastels de La Tour, montées sur onglets. Tirage à 300 exemplaires (n° 209).

245. LAPAUZE (Henry). Les Portraits dessinés de J.-A.-D. Ingres. *Paris, Imp. nationale*, 1903, in-fol., demi-rel. mar. vert, dos orné, tête dor., non rog. (*Pierson*).

Recueil de 100 portraits reproduits au charbon et soigneusement montés sur bristol. Tirage à 100 exemplaires (n° 44).

246. LAPAUZE (Henry). La Tour et son œuvre au Musée de Saint-Quentin. *Paris, Goupil et Cie, Manzi, Joyant et Cie*, 1905, 1 tome en 2 vol. in-4, demi-rel. mar. vert, fil., dos orné, tête dor., non rognés (*Pierson*).

Édition imprimée sur papier de Hollande à 500 exemplaires.

247. L'ART. Revue hebdomadaire illustrée. De l'origine 1875 à 1894 inclus. *Paris, Librairie de l'Art*, 1875-1894, 58 vol. in-fol., dos et coins mar. grenat et brun, tête dor., non rog. (*Champs*).

Bel exemplaire de cette importante publication, ornée d'un très grand nombre de gravures dans le texte et de planches hors texte : eaux-fortes, lithographies, chromolithographies, etc. Les tomes 56, 57 et 58 (1894) sont de format in-4, même reliure.

248. L'ART ANCIEN à l'exposition nationale belge, publié sous la direction de M. Camille de Roddaz. *Bruxelles, Rozez et Paris, Firmin Didot et Cie*, 1882, in-4, nombreuses illustrations dans le texte, chromolithographies et eaux-fortes hors texte, mar. rouge, compart. de 11 fil. dor., chiffre sur les plats, dos orné, dent. int., tête dor., non rogné (*Allô*).

Exemplaire imprimé sur PAPIER DU JAPON pour M. le comte A. Werlé.

249. L'ART ET LA COULEUR. Les Maîtres contemporains. Années 1904 à 1907 inclus. *Paris, Laurens*, 1904-1907, illustrations en couleurs, 4 années en fascicules.

Le n° 1 de 1904 manque.

250. L'ART FRANÇAIS. Publication officielle de la Commission des Beaux-Arts sous la direction de Antonin Proust. *Paris, Ludovic Baschet, s. d.*, très gr. in-8, dos et coins mar. olive, fil., dos orné, tête dor., non rogné, couvert. illust. (*Champs*).

Eaux-fortes, photogravures, gravures sur bois hors texte et nombreuses illustrations dans le texte.

251. LA TREMBLAYE (Le R. P. Dom M. de). Solesmes. Les sculptures de l'Église abbatiale, 1496-1553. Reproductions, état de la question d'origine. *Solesmes, Imprimerie Saint-Pierre,* 1892, in-fol., papier vergé, demi-rel. mar. vert foncé, jans., tête dor., non rog. (*Pierson*).

36 planches hors texte en héliogravure, et figures dans le texte.

252. L'EAU-FORTE. Édition de l'atelier d'art. Cinquante planches gravées sur cuivre. Eau-forte. Aqua-teinte. Vernis mou. Burin. Manière noire. Pointe sèche. *Paris, l'Atelier d'Art, Librairie H. Floury,* in-4, demi-rel. mar. gren., fil., dos orné, tête dor., non rogné, couverture (*Pierson*).

Eaux-fortes par ou d'après *Corot, Courbet, Daumier, Decamps, Delacroix, Falguière, Gavarni, Ingres, Manet, Millet, Monet, H. Monnier, Puvis de Chavanne, H. Vernet, D. Vierge, Whistler.*

253. LAVALLEY (Gaston). Le Peintre Robert Lefèvre. Sa vie, son œuvre. Portrait et 8 phototypies. *Caen, Jouan ; s. d.,* gr. in-8. — MAILLARD (Léon). L'œuvre de Auguste Boulard. *Paris, Floury,* 1896, gr. in-8, 8 planches hors texte. — DELÉCLUZE (E.-J.). Notice sur la vie et les ouvrages de Léopold Robert. *Paris, Goupil,* 1838, in-8, portrait et 4 planches. — Ens. 3 vol. cartonn. toile et demi-toile, tête dor., non rog.

254. LECHAT (Henri). Epidaure. Restauration et description des principaux monuments du sanctuaire d'Asclépios. Relevés et restaurations par Alphonse Defrasse. *Paris, Librairies-imprimeries réunies,* 1895, in-fol., figures, cartonn. toile, non rogné.

Orné de 13 planches hors texte et de 78 gravures dans le texte.

255. LEGRAND (Aug.). Galeries des antiques, ou esquisses des statues, bustes et bas-reliefs, fruit des conquêtes de l'Armée d'Italie. *A Paris, chez Ant.-Aug. Renouard,* an XI (1803), in-8, veau racine, pet. dent., dos orné, dent. int., tr. dor. (*Rel. anc.*).

Portrait, dédicace gravée et 92 planches gravées au trait représentant 167 sujets.

256. LEMONNIER (Camille). Constantin Meunier, sculpteur et peintre. *Paris, H. Floury,* 1904, pet. in-4, figures dans le texte et hors texte, demi-rel. mar. gren., fil., dos orné, tête dor., non rogné, couverture illustrée (*Pierson*).

Édition de luxe.
Un des 50 exemplaires (n° 24) imprimés sur PAPIER DU JAPON, contenant une double suite des gravures hors texte.

257. LENOIR (Alexandre). Musée des Monumens français ou description historique et chronologique des statues en marbre et en bronze, bas-reliefs et tombeaux des hommes et des femmes célèbres ; pour servir à l'histoire de France et à celle de l'art. *A Paris, de l'Imp. de Guilleminet,* an IX-an XII (1800-1803), 6 vol. in-8, dos et coins mar. vert, tête dor., non rog. (*Allô*).

268 planches gravées au trait. Le 6e volume contient la *peinture sur verre.*

258. LES ARTS. Revue mensuelle des musées, collections, expositions. De l'origine 1902, 1903, 1905 et 1906 inclus. *Paris, Manzi, Joyant et Cie*, 1902-1906, 4 vol. in-4, dont 2 en demi-rel. mar. La Vall., tête dor., non rog., et 2 en fasc.

On y a joint les 7 premiers fascicules de 1904 et les 5 premiers de 1907.

259. LES LETTRES ET LES ARTS. Revue illustrée. *Paris, Boussod, Valadon et Cie*, 1886-1889, 16 vol. in-4, dos et coins mar. brun, tête dor., non rog.

Importante publication illustrée de nombreuses héliogravures hors texte et dans le texte, en noir et en couleurs. Collection complète.

260. LES LETTRES ET LES ARTS. Revue illustrée. *Paris, Boussod, Valadon et Cie*, 1886-1889, 16 vol. in-4, dos et coins mar. rouge, fil., dos orné, tête dor., non rognés.

Même collection.

261. LES PLUS BEAUX TYPES DE L'ARCHITECTURE en Europe. Vingt-chefs-d'œuvre. *Paris, Renouard, Ad. Braun et Cie, s. d.*, in-fol. monté sur onglets, figures, demi-rel. mar. noir, fil., dos orné, tête dor., non rogné, couverture (*Pierson*).

Texte de MM. L. Magne, A. de Calonne, L. Paté, R. Peyre, P. Rouaix, Em. Biais, L. de Fourcaud, M. Doumic, L. Lavedan, H. Jouin, etc.
20 héliogravures hors texte, tirées sur Chine.

262. LIÈVRE (Edouard) Musée Impérial du Louvre. Collection Sauvageot, dessinée et gravée à l'eau-forte par Edouard Lièvre, accompagnée d'un texte historique et descriptif par A. Sauzay. *Paris, Noblet et Baudry*, 1863, 2 vol. in-fol., dos et coins mar. rouge, fil., tête dor., non rognés.

120 eaux-fortes hors texte, tirées sur Chine.

263. LIÈVRE (Edouard). Les Collections célèbres d'œuvres d'art dessinées et gravées d'après les originaux. Textes historiques et descriptifs par MM. F. de Saulcy, A. de Longpérier, Cte M. de Vogué, etc., etc. *Paris, Goupil et Cie*. 1866, in-fol., dos et coins mar. La Vall., tête dor., non rog.

100 planches hors texte, gravées à l'eau-forte par *Edouard Lièvre*.

264. LIÈVRE (Edouard). Le Musée universel. *Paris, Goupil et Cie*, 1868, in-4, demi-rel., chag. rouge, plats toile.

Nombreuses reproductions hors texte ; eaux-fortes, lithographies, etc., par *J. Jacquemart, Feyen Perrin, Greux, Courtry, Bracquemond, Vernier*, etc.

265. L'IMAGE, revue littéraire et artistique, ornée de figures sur bois. Direction littéraire : Roger Marx et Jules Rais. Direction artistique : Tony Beltrand, Auguste Lepère et Léon Ruffe. *Paris, Floury*, décembre 1896-décembre 1897, en 1 vol. in-4, nombreuses illustrations gravées sur bois, demi-rel., mar. vert., fil., dos orné, tête dor., non rogné, couvertures illustrées des livraisons (*Pierson*).

266. MACON (Gustave). Les Arts dans la maison de Condé. *Paris, Librairie de l'art ancien et moderne,* 1903, in-4, nombreuses illustrations, demi-rel., mar. bleu, tête dor., non rogné, couverture (*Henry-Joseph*).

267. MAGNE (Lucien) Le Palais de Justice de Poitiers, étude sur l'art français au XIVe et au XVe siècles. *Paris, Librairie centrale des Beaux-Arts,* 1904, in-4, demi-rel., mar. brun, tête dor., non rogné, couvert. illust. (*Pierson*).

36 planches hors texte en héliogravure.

268. MAILLARD (Léon). Henri Boutet, graveur et pastelliste. *Paris, Dentu,* 1894, portrait de H. Boutet gravé à l'eau-forte par *Courtry,* 16 pointes sèches, 2 eaux-fortes et une lithographie et 200 illustrations marginales. — Henri Boutet, graveur et pastelliste. Catalogue raisonné. *Paris, Floury,* 1895, 35 pointes sèches, lithographies, gravures, etc. Ens. 2 vol., pet. in-4, dos et coins mar. La Vall., tête dor, non rog., couvert. (*Champs* et *Pierson*).

269. MAILLARD (Léon). Auguste Rodin, statuaire. *Paris, H. Floury,* 1899, pet. in-4, 67 gravures de texte et 22 hors texte, demi-rel., mar. vert, fil., dos plat orné, tête dor., non rogné, couverture illustrée (*Pierson*),

Un des 60 exemplaires imprimés sur PAPIER DU JAPON, contenant une double suite de toutes les gravures.

270. MAITRES DE LA CARICATURE FRANÇAISE (Les) au XIXe siècle ; 115 fac-similés de grandes caricatures en noir, 5 fac-similés de lithographies en couleurs. Notice de M. Armand Dayot, illustrée de vignettes originales. *Paris, Quantin, s. d.,* gr. in-8, demi-rel., mar. vert, tête dor., non rogné, couvert. illust. (*Pierson*).

Exemplaire (n° 1) imprimé sur PAPIER DU JAPON.

271. MAITRES DE L'ART CHRÉTIEN (Les). Vingt chefs-d'œuvre de la peinture *Paris, Renouard, A. Braun et Cie, s. d.,* in-fol., demi-rel., mar. bleu foncé, dos orné, tête dor., non rog., couvert. (*Pierson*).

Ouvrage imprimé à 100 exemplaires (n° 97) orné de 20 reproductions hors texte en héliogravure.

272. MAITRES DU PORTRAIT (Les). Vingt chefs-d'œuvre de la peinture. *Paris, H. Laurens, s. d.,* in-fol., planches hors texte, demi-rel., mar. noir., fil., dos orné, tête dor., non rogné, couverture (*Pierson*).

Un des 100 exemplaires numérotés contenant les 20 portraits en héliogravure tirés sur papier de Chine.

273. MAITRES MODERNES. Le Salon de 1885, Etude par O. Mirbeau. Publié sous la direction de F. G. Dumas. *Paris, L. Baschet. s. d.,* in-fol., cartonn. demi mar. bleu foncé à long grains, tête dor., non rogné (*Champs-Stroobants*).

Orné d'illustrations dans le texte et de 20 héliogravures hors texte.

274. MALE (Emile). L'Art religieux du XIIIe siècle en France. Etude sur l'icono-

graphie du Moyen Âge et sur ses sources d'inspiration. Nouvelle édition, revue et corrigée, illustrée de 127 gravures. *Paris, A. Colin*, 1902, pet. in-4, demi-rel. mar. viol., fil., dos orné, tête dor., non rogné, couvert. (*Pierson*).

275. MANDACH (C. de). Saint Antoine de Padoue et l'art italien. Préface de M. Eugène Muntz. *Paris, Laurens*, 1899, gr. in-8, nombreuses reproductions hors texte et dans le texte, demi-rel., mar. violet foncé, tête dor., non rog., couvert. (*Pierson*).

276. MANTZ (Paul). Les Chefs-d'œuvre de la peinture italienne. Ouvrage contenant 20 planches chromolithographiques exécutées par F. Kellerhoven et 30 planches gravées sur bois. *Paris, Firmin-Didot et Cie*, 1870, pet. in-fol., cartonn. des éditeurs en toile verte, fers spéciaux, non rog.

Un des 270 exemplaires imprimés sur PAPIER A LA FORME.

277. MANTZ (Paul). Hans Holbein. Dessins et gravures sous la direction de Édouard Lièvre. *Paris, A. Quantin*, 1879, gr. in-fol., en feuilles dans le carton de l'éditeur.

Un des 5 exemplaires (n° 3 au nom de M. le Cte Werlé) imprimés sur PAPIER DU JAPON ; contenant les planches en 3 états.

278. MANTZ (Paul). François Boucher, Lemoyne et Natoire. *Paris, A. Quantin*, 1880, in-fol., planches, dos et coins mar. bleu, fil., dos orné, tête dor., non rogné (*Champs*).

Un des 20 exemplaires imprimés sur PAPIER WHATMAN contenant les planches hors texte en 3 états.

279. MANTZ (Paul). Antoine Watteau. *Paris, Librairie illustrée*, 1892, gr. in-8, dos et coins mar. mauve, tête dor., non rogné, couvert. illust. (*Pierson*).

Nombreuses illustrations dans le texte et hors texte.

280. MARIONNEAU (Charles). Brascassat. Sa vie et son œuvre. Avec un portrait gravé par Bertinot et des fac-simile d'un dessin et d'un autographe. *Paris, Vve Jules Renouard*, 1872, in-8, dos et coins mar. vert, tête dor., non rog. (*Pierson*).

Un des 25 exemplaires imprimés sur PAPIER DE HOLLANDE.

281. MARMOTTAN (Paul). Les Arts en Toscane sous Napoléon. La princesse Élisa. *Paris, H. Champion*, 1901, pet. in-4, dos et coins, mar. bleu, fil., dos orné, tête dor., non rogné, couverture (*Champs*).

Ouvrage orné de 11 gravures.

282. MARTHOLD (Jules de). Daniel Vierge. Sa vie, son œuvre. *Paris, H. Floury, s. d.*, pet. in-4, dos et coins mar. rouge, tête dor., non rog., couvert. (*Champs-Stroobants*).

Un des 50 exemplaires (n° 35) imprimés sur PAPIER DU JAPON contenant les planches hors texte en deux états.

283. MARTIGNY (L'abbé). Dictionnaire des antiquités chrétiennes, contenant le résumé de tout ce qui est essentiel de connaître sur les origines chrétiennes jusqu'au moyen âge exclusivement... Nouvelle édition revue, modifiée, considérablement augmentée et enrichie de 675 gravures dans le texte. *Paris, Hachette et Cie*, 1877, gr. in-8, fig. dans le texte, demi-rel., chag. grenat.

284. MARTIN (Arthur) et CAHIER (Charles). Monographie de la Cathédrale de Bourges. Première partie : Vitraux du XIIIe siècle. *A Paris, chez Poussielgue-Rusand*, 1841-1844, très gr. in-fol., dos et coins mar. rouge, non rog.

Un des exemplaires, dit « *Exemplaire d'étude* », contenant en tout 74 planches et un plan : les 33 planches de l'ouvrage, 20 planches d'études, 13 planches de mosaïques, bordures, etc., 7 planches de grisailles et 1 planche d'usages civils.

285. MARTINOW (Alexis). Anciens monuments des environs de Moscou. Dessins de Nicolas Martinow. *Moscou*, 1889, in-4, en feuilles dans un carton.

24 planches en chromolithographie.

286. MARX (Roger). Les Médailleurs français contemporains. Recueil de 442 médailles modernes. *Paris, H. Laurens, s. d.*, 32 planches. — Les Médailleurs modernes à l'Exposition universelle de 1900. Recueil de 327 médailles françaises et étrangères. *Id.*, 1901, 32 planches. — Ens. 2 vol. in-4, demi-rel. mar. vert, tête dor., non rognés (*Pierson*).

Tirage à 500 exemplaires numérotés.

287. MASSALOFF (N.). Les Rembrandt de l'Ermitage impérial de Saint-Pétersbourg. Quarante planches gravées à l'eau-forte par N. Massaloff. *Leipzig, W. Drugulin*, 1872, in-fol. monté sur onglets, demi-rel. mar. grenat, fil., dos orné, tête dor., non rogné.

Imprimé à 250 exemplaires ; eaux-fortes sur papier de Chine.

288. MAUCLAIR (Camille). Jean-Baptiste Greuze. Introduction de Henry Marcel, administrateur général de la Bibliothèque nationale. *Paris, H. Piazza et Cie, s. d.*, in-fol., cartonn. de l'éditeur, tête dor., non rogné.

Exemplaire imprimé sur papier vélin vergé ; publication de grand luxe ornée de nombreuses planches en héliogravure en noir, et en couleurs.

289. MAZE-SENCIER (Alph.) Le Livre des collectionneurs. Les ébénistes, les ciseleurs-bronziers, les peintres en miniature, les éventails, les autographes, les timbres-poste, etc., etc. *Paris, Renouard*, 1885, in-8, illustrations dans le texte, dos et coins mar. brun, fil., dos orné, tête dor., non rogné (*Afferni*).

290. MÉNARD (René). Histoire des Beaux-Arts, illustrée de 414 gravures représentant les chefs-d'œuvre de l'art à toutes les époques. *Paris, Imprimerie générale, Écho de la Sorbonne*, 1875, gr. in-8, figures, demi-rel. chagr. vert, tête dor., non rogné (*Champs*).

291. MÉNARD (René). Entretiens sur la peinture. Avec cinquante eaux-fortes.

Paris, Hippolyte Heymann, 1875, in-4, dos et coins mar. vert, tête dor., non rogné (*Champs*).

Eaux-fortes de *J. Jacquemart, Le Rat, Courtry, Greux, Gaucherel, Martial*, etc.

292. MICHEL (Émile). Rubens. Sa vie, son œuvre et son temps. *Paris, Hachette et Cie*, 1900, gr. in-8, demi-rel. mar. beige, fil., dos orné et mosaïqué, tête dor., non rogné (*Couvert.*).

Ouvrage orné de 354 reproductions directes d'après les œuvres du maître.

293. MICHIELS (Alfred). Van Dyck et ses élèves. Avec huit eaux-fortes du maître reproduites en fac-simile par l'héliogravure et seize autres gravures dont douze hors texte. *Paris, Renouard, H. Loones succ.*, 1882, gr. in-8, demi-rel. mar. La Vall., fil., dos orné, tête dor., non rogné (*Pierson*).

294. **MIGEON** (Gaston). L'Exposition rétrospective de l'art décoratif français (1900). Avec une introduction par M. Émile Molinier. *Paris, Goupil, Manzi, Joyant et Cie, s. d.*, 2 vol. in-fol. montés sur onglets, mar. grenat., encad. de 5 gros fil., chiffre sur les plats, dos orné, fil. et dent. int., tête dor., non rog. (*Champs*).

Belle publication, tirée à 200 exemplaires numérotés et ornée de nombreuses planches en héliogravure et en couleurs.

295. MOLINIER (Émile) et MARCOU (Frantz). Exposition rétrospective de l'art français, des origines à 1800. *Paris, Librairie centrale des Beaux-Arts, Émile Lévy, s. d.*, gr. in-4, demi-rel. mar. vert, fil., dos orné, tête dor., non rogné (*Pierson*).

112 gravures insérées dans le texte et 100 héliogravures hors texte.

296. MOLINIER (Émile). Musée du Louvre. Le Mobilier français du XVIIe et du XVIIIe siècle. *Paris, Émile Lévy, s. d.*, 2 vol. gr. in-4, demi-rel. mar. vert, fil., tête dor., non rogné (*Pierson*).

100 planches en héliogravure, en noir et en couleurs.

297. MOLINIER (Émile). Venise, ses arts décoratifs, ses musées et ses collections. *Paris, Librairie de l'Art*, 1889, in-4, dos et coins mar. bleu, fil., dos orné, tête dor., non rogné, couverture (*Champs*).

Ouvrage orné de 207 gravures dans le texte et de plusieurs eaux-fortes.

298. **MOLINIER** (Émile). Le Mobilier royal français aux XVIIe et XVIIIe siècles. Histoire et description. *Paris, Goupil, Manzi, Joyant et Cie*, 1902, 3 vol. in-fol., planches montées sur onglets, demi-rel. mar. bleu, dos orné, tête dor., non rog. (*Pierson*).

Imprimé à 200 exemplaires (no 163) sur papier de Hollande; 162 reproductions hors texte tirées en différents tons.

299. MOLINIER (Émile). Musée national du Louvre. Donation de M. le baron Adolphe de Rothschild. Catalogue par Émile Molinier. Précédé d'un avant-propos par Henry Roujon. *Paris, Librairie centrale des Beaux-Arts, Émile Lévy*, 1902, gr. in-4, demi-rel. mar. fauve, fil., dos orné et mosaïqué, tête dor., non rogné (*Pierson*).

37 grandes planches hors texte en héliogravure, en noir et en couleurs.

300. MONTROSIER (Eugène). Les Artistes modernes. Les peintres de genre, les peintres militaires et les peintres de nu. Les peintres d'histoire, paysagistes, portraitistes et sculpteurs, peintres divers. *Paris, Launette*, 1880-1884, 4 vol. gr. in-8, dos et coins mar. La Vall., tête dor., non rog. (*Afferni*).

Tirage à 650 exemplaires sur papier vélin.
160 photogravures hors texte et nombreux dessins et croquis par *G. Fraipont*. La reliure du 4e vol. est en demi-mar. rouge (*Champs*).

301. MONTROSIER (Eugène). Peintres modernes. Ingres, H. Flandrin, Robert Fleury. Photogravures par Goupil et Cie. *Paris, Ludovic Baschet*, 1882, gr. in-8, dos et coins mar. rouge, fil., dos orné, tête dor., non rogné (*Champs*).

Un des 10 exemplaires (n° 1) imprimé sur PAPIER DU JAPON, contenant toutes les gravures hors texte AVANT la lettre sur papier du Japon.

302. MONTROSIER (Eugène). Salon des Aquarellistes français. Texte de Eugène Montrosier. Première et deuxième années. *Paris, H. Launette et Cie*, 1887-1888, 2 vol. gr. in-8, dos et coins mar. rouge et bleu, tête dor., non rog., couvert. (*Allô*).

Nombreuses planches hors texte et dans le texte en héliogravure ou gravées à l'eau-forte.
On a joint : Catalogue de la Société des aquarellistes français. Expositions de 1879, 1884 à 1886, 1888, 1891 à 1893. *Paris*, 1879-1893, 8 vol. gr. in-8, gravures, cartonn. toile, tête dor., non rog., couvert.

303. MOREAU-VAUTHIER (Ch.). Les Portraits de l'enfant. *Paris, Hachette et Cie, s. d.*, gr, in-8, demi-rel. mar. bleu, fil., dos orné et mosaïqué, tête dor., non rogné, couverture (*Pierson*).

Orné de 20 héliogravures hors texte et de 327 gravures.

304. MORTIER (Le P. D.-A.). Saint-Pierre de Rome. Histoire de la basilique vaticane et du culte du tombeau de Saint-Pierre. *Tours, A. Mame et fils*, 1900, gr. in-8, demi-rel. mar. gren., tête dor., non rogné, couverture (*Pierson*).

Nombreuses illustrations dans le texte et hors texte.

305. MUNTZ (Eugène). La Renaissance en Italie et en France à l'époque de Charles VIII. Ouvrage publié sous la direction et avec le concours de M. Paul d'Albert de Luynes et de Chevreuse, duc de Chaulnes. Illustré de 300 gravures dans le texte et de 38 planches tirées à part. *Paris, Firmin Didot et Cie*, 1885, in-4, dos et coins mar. La Vall., fil., dos orné, tête dor., non rogné (*Pierson*).

Ouvrage épuisé et recherché.

306. MUNTZ (Eugène). Léonard de Vinci, l'artiste, le penseur, le savant. Ouvrage contenant 238 reproductions dans le texte, 20 planches en taille-douce et 28 planches en couleurs ou en noir, d'après les œuvres du maître. *Paris, Hachette et Cie*, 1899, gr. in-8, demi-rel. mar. gren., fil., dos orné, tête dor., non rogné, couverture (*Pierson*).

307. MUNTZ (Eugène). Florence et la Toscane. Paysages et monuments, mœurs et souvenirs historiques. Nouvelle édition entièrement refondue. *Paris, Hachette et Cie*, 1901, gr. in-8, dos et coins mar. olive, fil., dos orné, tête dor., non rogné, couverture (*Champs*).

Nombreuses illustrations.

308. MUSÉE D'ANVERS (Le). Collection de quarante tableaux principaux photographiés par E. Fierlants et accompagnés d'un texte descriptif par W. Bürger. *Bruxelles, C. Muquardt, Paris, V. Didron, s. d.*, gr. in-fol., dos et coins mar. vert, tête dor., non rog. (*Champs-Stroobants*).

Recueil de 40 photographies soigneusement montées sur bristol.

309. MUSÉE D'ART (Le). Galerie des chefs-d'œuvre et précis de l'histoire de l'art depuis les origines jusqu'au XIXe siècle (900 gravures, 50 planches hors texte). Ouvrage publié sous la direction de M. Eugène Müntz. Avec le concours de MM. J. Bainville, Em. Berteaux, Ch. Diehl, L. Dunier, E. Durand-Gréville, L. Gonse, H. Havard, etc., etc. *Paris, Larousse*, in-4, mar. brun, tête dor., non rogné, couverture (*Pierson*).

310. MUSÉE DU LOUVRE (Le). Modèles d'art décoratif d'après les dessins originaux des maîtres anciens. Notices par M. Victor Champier. *Paris, A. Quantin*, 1882, in-fol., monté sur onglets, dos et coins mar. La Vall., fil., dos orné, tête dor., non rogné (*Allô*).

50 planches hors texte en héliogravure Dujardin.

311. **MUSÉE DU LOUVRE.** Les Maîtres de la peinture. *Paris, Goupil et Cie*, 1899-1900, 2 vol. in-fol., mar. grenat, encad. de 10 fil., chiffre sur les plats, large dent. int., tête dor., non rognés (*Champs*).

Cet ouvrage de luxe n'a été tiré qu'à 150 exemplaires, dont 100 souscrits en Europe. Ils sont ornés de 24 fac-similés en couleurs, de 72 photogravures hors texte, de 47 phototypies également hors texte et de 150 photogravures dans le texte.

312. MUSÉE DU LUXEMBOURG. 26 chefs-d'œuvre de l'école française contemporaine. *Paris, Société photographique, s. d.*, très gr. in-fol., dos et coins mar. rouge, tête dor., non rogné (*Champs-Stroobants*).

26 planches en héliogravure, tirées sur Chine.

313. **MUSÉE NATIONAL DU LOUVRE**, Galerie d'Apollon. Le Trésor artistique de la France. Publié sous la direction de M. Paul Dalloz avec la collaboration pour le texte de MM. Maxime Du Camp, Georges Berger, Paul Mantz, etc. Les planches sont exécutées sous la direction et par les procédés de M. Léon

Vidal dans les ateliers photochromiques du Moniteur universel. *Paris, Librairie du Moniteur universel, s. d.*, 2 vol. gr. in-fol., montés sur onglets, mar. rouge, encad. de 5 fil., chiffre mosaïqué sur les plats, milieux ornés de fil. droits et courbes et de fers azurés, dos orné, doublés de mar. bleu, orné d'une large dent., gardes d'étoffe brochée, tête dor., non rognés (*Allô*).

Ouvrage orné de 28 planches en couleurs, montées sur bristol.

314. MUSÉES D'EUROPE (Ouvrages relatifs aux). 5 vol., in-8 et in-12, cartonn. toile et dos et coins mar., tête dor., non rog. (*Afferni*).

Burger (W). Musées de la Hollande, Trésors d'art en Angleterre. *Renouard*, 1858-1865, 3 vol. — Lafenestre et Richtenberger. La Peinture en Europe. La Belgique. 100 reproductions photographiques. *Quantin, s. d.* — Poulgoet (E. de). Les Musées de Rome. Guide-memento. *Renouard*, 1867.

315. NAIT (Antoine de). Les Eaux-fortes de Francisco Goya *los Caprichos*. Gravures en fac-similé de M. Segui y Riera. Notice biographique et étude critique accompagnées de pièces justificatives par Antoine de Nait. *Paris, Boussod, Valadon et Cie*, 1888, in-4, planches montées sur onglets, cart. demi-toile grise, tête dor., non rog.

80 eaux-fortes hors texte.

316. NOLHAC (Pierre de). La Création de Versailles d'après les sources inédites. Étude sur les origines et les premières transformations du château et des jardins. *Versailles, L. Bernard*, 1901, in-fol., demi-rel. mar. grenat, tête dor., non rog. (*Pierson*).

Illustré de 110 documents contemporains : estampes, dessins et plans manuscrits du service des bâtiments du roi.

317. NOLHAC (Pierre de). Les Jardins de Versailles. *Paris, Goupil et Cie*, 1906, gr. in-4, figures, cartonn. des éditeurs en toile grise avec fers spéciaux.

Nombreuses illustrations en phototypie.

318. NOLHAC (Pierre de). J.-H. Fragonard, 1732-1806. *Paris, Goupil et Cie, Manzi, Joyant et Cie*, 1906, in-4, br. dans un carton.

Un des 100 exemplaires (n° 34) imprimés sur papier du Japon, contenant une double suite des planches.

319. NOTOR (G.). La Femme dans l'antiquité grecque. Texte et dessins de G. Notor. Préface de M. Eugène Müntz. Trente-trois reproductions en couleurs et 320 dessins en noir d'après les documents des musées et collections particulières. *Paris, Henri Laurens*, 1901, in-4, demi-rel. mar. La Vall., tête dor., non rogné, couvert. illust. (*Pierson*).

320. OSVALDO (Pietro Paoletti). L'Architettura e la scultura del Rinascimento in Venezia. Ricerche storico-artistiche. *Venezia, Ongania-Naya*, 1893, 2 parties en 1 vol. in fol. à 2 col., dos et coins mar. brun, tête dor., non rogné (*Champs*).

73 planches hors texte, montées sur onglets, en noir et en couleurs et nombreuses figures dans le texte.

321. PEINTRES. 3 vol., in-8 et in-12, cartonn. toile et demi-toile grise et bleue, tête dor., non rog.

BELINA (A. M. de). Nos peintres dessinés par eux-mêmes. Notes humoristiques et esquisses biographiques, *Bernard*, 1883, portraits. — BRETON (Jules). Nos peintres du siècle. *S. d.* — WIZEWA (Teodor de). Peintres de jadis et d'aujourd'hui. *Perrin*, 1903, nombreuses gravures.

322. PEINTRES DE GENRE (Les) et de figure. Vingt chefs-d'œuvre. *Paris, Laurens, Braun et Cie, s. d.*, in-fol., planches montées sur onglets, demi-rel., mar. grenat, dos orné, tête dor., non rog., couvert. (*Pierson*).

Tirage à 100 exemplaires numérotés (n° 87), héliogravures sur Chine.

323. PEINTRES FRANÇAIS. 5 vol. in-4 et in-8, demi-rel., mar. ou cartonn., couvert. (*Pierson*).

CAZALIS (Henri). Henri Regnault, sa vie et son œuvre, 1872. — LABORDE (le vicomte Henri de). Ingres, sa vie, ses travaux, sa doctrine d'après les notes manuscrites et les lettres du maître. Ouvrage orné d'un portrait gravé par Morse et du fac-similé d'un autographe, 1870. — LAFENESTRE (Georges). Jehan Fouquet, 1905. — MARMOTTAN (Paul). Notice historique et critique sur les peintres Louis et François Watteau, dits : Watteau de Lille, 1889. — MOREAU (Adolphe). E. Delacroix et son œuvre avec des gravures en fac-similé des planches originales les plus rares, 1873.

324. PEINTURE et aux peintres (Ouvrages relatifs à la). 7 vol. in-4, in-8 et in-12, cart. toile, demi-toile et dos et coins mar., tête dor., non rognés.

Alexandre (Arsène). Histoire de la peinture militaire en France. *Laurens, s. d.*, 71 gravures. — GEFFROY (G.). La Peinture au Louvre. *Per Lamm, s. d.*, nombreuses illustrations. — GIGOUX (Jean). Causeries sur les artistes de mon temps. *Lévy*, 1885. — MARMOTTAN (Paul). L'École française de peinture (1789-1830). *Laurens*, 1886. — MAROLLES (Michel de). Le Livre des peintres et graveurs. *Jannet*, 1855. — STEVENS (Alfred). Impressions sur la peinture. *Jouaust*, 1886. — Une Famille de peintres parisiens aux XIVe et XVe siècles. *Willem*, 1877.

325. PERCIER (Ch.). Palais, maisons et autres édifices modernes, dessinés à Rome; publiés à Paris (par Percier, Fontaine et Bernier). *Paris, de l'Imp. de Baudouin, s. d.*, (1798), in-fol., cartonn.

100 planches gravées au trait.

326. PERCIER (Charles) et FONTAINE (P. F. L.). Choix des plus célèbres maisons de plaisance de Rome et de ses environs, mesurées et dessinées par Charles Percier et P. F. L. Fontaine, *Paris, de l'Imprimerie de Didot l'aîné*, 1809, in-fol., demi-rel., mar. rouge, tête dor., non rog.

76 planches gravées à l'eau-forte d'après *Percier* et *Fontaine*, par *Bonnard, Pillement, Lacour*, etc., ou terminées par *Haina, Lacour, Duparc, Niquet*, etc.
Bel exemplaire.

327. PERKINS (Charles). Ghiberti et son école. *Paris, Librairie de l'Art, Jules Rouam*, 1886, in-4, figures, dos et coins mar. gren., fil., dos orné, tête dor., non rogné (*Allô*).

Édition tirée à 500 exemplaires.

328. PFNOR (Rodolphe). Monographie du château de Heidelberg, dessinée et gravée par Rodolphe Pfnor, accompagnée d'un texte historique et descriptif

par Daniel Ramée. *Paris, A. Morel et Cie*, 1859, in-fol. monté sur onglets, demi-rel., chag. vert, plats toile.

24 planches gravées en taille-douce.

329. PHILOSTRATE l'ancien. Une Galerie antique de soixante-quatre tableaux. Introduction, traduction et commentaire, par A. Bougot. *Paris, Librairie Renouard, H. Loones, succr*, 1881, in-8, figures dans le texte et hors texte, dos et coins mar. brun, fil., dos orné, tête dor., non rogné (*Allô*).

330. PINEAU (Les), sculpteurs, dessinateurs des bâtiments du Roy, graveurs, architectes (1652-1886), d'après les documents inédits contenant des renseignemetns nouveaux sur J. Hardouin-Mansard, les Prault, imprimeurs-libraires des fermes du Roy, Jean-Michel Moreau le jeune, les Feuillet, sculpteur et bibliothécaire, les Vernet, etc., etc. Publié par la Société des bibliophiles françois. *Paris, Morgand*, 1892, in-4, demi-rel. mar. La Vall., fil., dos orné, tête dor., non rogné, couverture (*Pierson*).

Nombreuses illustrations.

331. PINSET (Raphaël) et D'AURIAC (Jules). Histoire du portrait en France. Ouvrage couronné par la Société des Etudes historiques et publié par les soins de la Société d'encouragement pour la propagation des livres d'art. *Paris, A. Quantin*, 1889, in-8, dos et coins mar. grenat, fil., dos orné, tête dor., non rogné (*Reymann*).

9 portraits hors texte en héliogravure et 30 portraits dans le texte.

332 PLON (Eugène). Benvenuto Cellini, orfèvre, médailleur, sculpteur ; recherches sur sa vie, sur son œuvre et sur les pièces qui lui sont attribuées. Eaux-fortes de Paul Le Rat. *Paris, E. Plon et Cie*, 1883, in-4, mar. vert foncé, fil., dos orné, dent. int., tête dor., non rogné, couvert. (*Pierson*).

Ouvrage contenant 82 planches hors texte.

333. PLON (Eugène). Les Maîtres italiens au service de la maison d'Autriche. Leone Leoni, sculpteur de Charles-Quint et Pompeo Leoni, sculpteur de Philippe II. *Paris, Plon*, 1887, gr. in-8, mar. rouge, 11 filets, chiffres sur les plats, dos orné de fil., dent. int., tête dor., non rog. (*Allô*).

Orné de 7 eaux-fortes et 15 dessins de *Paul Le Rat*, 18 héliogravures, 16 héliotypies et 3 facsimile d'autographes.

Un des 100 exemplaires d'artistes (n° 1) contenant 3 états des planches : en sanguine, en noir sur Chine, et avec la lettre.

334. POMPEI dipinti murali scelti. Opera premiata con X decorazioni cavalleresche. — Nuovi Scavi di Pompei. Casa Dei Vettii. Appendice ai dipinti murali. *Napoli, Richter et Co., s. d.*, 2 vol. gr. in-fol., montés sur onglets, dos et coins mar. grenat, jans., tête dor., non rog., couvert. (*Champs*).

28 belles planches en chromolithographie.

335. PORTALIS (Bon Roger) et BERALDI (Henri). Charles-Étienne Gaucher, graveur. Notice et catalogue. *Paris, Morgand*, 1879, in-8, dos et coins mar. vert, tête dor., non rog.

336. PORTFOLIO (The), an artistic periodical edited by Philip Gilbert Hamerton. De 1885 à 1898 inclus. *London, Seeley and Co.*, 1885-1898, 16 vol. in-4 dos et coins mar. rouge, tête dor., non rognés, cartonn. toile bleue, tête dor., non rog. et en livraisons.

Nombreuses gravures dans le texte et hors texte.
Les livraisons de juillet 1887, mars 1889, janvier 1891, manquent.

337. PRIMITIFS (Ouvrages relatifs aux). Catalogue de l'Exposition des Primitifs français au Palais du Louvre et à la Bibliothèque Nationale, 1904. Nombreuses reproductions. — Lafenestre (Georges). Les Primitifs à Bruges et à Paris, 1900-1902-1904. Vieux maîtres de France et des Pays-Bas, 1904. — Lafenestre (G.). L'Exposition des primitifs français, 1904. Nombreuses reproductions. — Les Primitifs français. Album de 25 planches, 1904. — Bouchot (Henri). Les Primitifs français, 1292-1500, 1904. — 5 vol. in-8, brochés et cartonn. toile, tête dor., non rognés, couvert. (*Pierson*).

338. PRISSE D'AVENNES. L'Art arabe d'après les monuments du Caire, depuis le VIIe siècle jusqu'à la fin du XVIIIe. *Paris, J. Savoye et Cie*, 1877, 1 vol. in-4 de texte et 3 albums gr. in-fol., montés sur onglets, dos et coins mar. rouge, tête dor., non rognés.

200 planches en chromolithographie.

339. RACINET. L'Ornement polychrome. Cent planches : en couleurs, or et argent, contenant environ 2 000 motifs de tous les styles art ancien et asiatique, Moyen âge, Renaissance, XVIIe et XVIIIe siècles. Recueil historique et pratique publié sous la direction de M. A. Racinet avec des notes explicatives et une introduction générale. *Paris, Firmin Didot frères, fils et Cie, s. d.*, in-fol., cartonn., demi-chag. vert, plats toile, tr. dor. (*Rel. des éditeurs*).

340. RADET (Edmond). La Renaisssance française au prieuré de Bouche-d'Aigre (Eure-et-Loir). *Paris, Plon*, 1902, in-4, 8 planches en héliogravure, cart. toile orange, tête dor., non rogné, couvert. (*Pierson*).

341. RAMBERT (E.). Alexandre Calame, sa vie et son œuvre d'après les sources originales. Avec un portrait gravé par L. Boisson. *Paris, Fischbacher*, 1884, in-8, demi-rel. mar. brun, tête dor., non rogné (*Pierson*).

342. RAMÉE (Daniel). Meubles religieux et civils conservés dans les principaux monuments et musées de l'Europe ou choix de reproductions des plus remarquables spécimens exécutés pendant le cours du Moyen âge, de la Renaissance et des règnes de Louis XIII, Louis XIV, Louis XV et Louis XVI. Dessins par Asselineau. *Paris, Librairie d'Architecture de A. Lévy*, 1874, 2 vol. in-fol., montés sur onglets, dos et coins mar. grenat, fil., tête dor. (*Champs*).

Ouvrage contenant 151 lithographies tirées sur papier de Chine.

343. RAMIRO (Erasthène). Félicien Rops. *Paris, G. Pellet et H. Floury*, 1905,

pet. in-4, illustrations dans le texte et hors texte, dos et coins mar. olive, fil., dos orné, tête dor., non rogné (*Champs-Stroobants*).

Un des 100 exemplaires (n° 56) imprimés sur PAPIER DU JAPON à la forme, avec une double suite de toutes les illustrations et une épreuve en couleurs de la planche « *Eritis similes Deo !* »

344. RECUEIL de 54 photographies de tableaux des grands maîtres : Rubens, Michel-Ange, Raphaël, Titien, Murillo, Bellangé, F. Gérard, Jenkins, O'Neil, etc., en un vol. in-4 oblong, dos et coins mar. rouge, tr. dor. (*Champs*).

345. REINACH (Salomon). Antiquités du Bosphore Cimmérien (1854) rééditées avec un commentaire nouveau et un index général des comptes rendus. *Paris, Firmin-Didot et C°*, 1892, gr. in-8, figures sur bois dans le texte et nombreuses cartes, plans ou planches hors texte, demi-rel. mar. brun, jans., tête dor., non rogné (*Pierson*).

346. RÉVEIL. Musée de peinture et de sculpture ou recueil des principaux tableaux, statues et bas-reliefs des collections publiques et particulières de l'Europe, dessiné et gravé à l'eau-forte par Réveil, avec des notices descriptives, critiques et historiques par Duchesne aîné. *Paris, Audot*, 1829-1834, 16 vol. in-12, dos et coins chag. rouge, fil., tête dor., non rognés.

École italienne, 5 vol. — École espagnole, 1 vol. — École flamande, 2 vol. — École hollandaise, 1 vol. — École française, 3 vol. — Sculpture antique, 1 vol. — Sculpture moderne, 1 vol. — Notices historiques, 2 vol.

347. RIAT (Georges). Les Maîtres de l'art moderne. Gustave Courbet, peintre. *Paris, H. Floury*, 1906, pet. in-4, 18 figures hors texte, et 86 dans le texte, dos et coins chag. bleu, fil., dos orné, tête dor., non rogné, couverture illustrée (*Champs-Strobants*).

Édition de luxe.
Un des 50 exemplaires (n° 17) imprimés sur PAPIER DU JAPON, avec double suite des gravures hors texte.

348. RICCI (Corrado). Pintoricchio (Bernardino di Betto de Perouse), sa vie, son œuvre et son temps. Ouvrage illustré de quinze planches en couleur, de six planches en taille-douce et de 95 gravures tirées dans le texte. *Paris, Hachette et Cie*, 1903, in-4, cartonn. toile rouge des éditeurs, tête dor., non rogné.

349. RICHER (Dr Paul). Anatomie artistique. Description des formes extérieures du corps humain au repos et dans les principaux mouvements, avec 110 planches renfermant plus de 300 figures dessinées par l'auteur. *Paris, Plon*, 1890, in-4, demi-rel. mar. vert foncé, tête dor., non rogné (*Pierson*).

On y a joint : RICHER (Dr Paul). Introduction à l'étude de la figure humaine. *Paris, Gaultier Magnier, s. d.*, in-8, cartonn. toile grise des éditeurs.

350. RIS-PAQUOT. Dictionnaire encyclopédique des marques et monogrammes, chiffres, lettres initiales, signes figuratifs, etc., etc., contenant 12 156 marques concernant les aquafortistes, architectes, armuriers, bibliophiles, célébrités lit-

téraires, etc., etc. *Paris, Laurens, s. d.*, 2 vol. — Dictionnaire des poinçons, symboles, signes figuratifs, marques et monogrames des orfèvres français et étrangers. *Ibid. Id.* 1890, 1 vol. — Ens. 3 vol. in-4 et in-12, cart. toile, tête dor., non rognés.

351. **ROBAUT** (Alfred). L'Œuvre de Corot. Catalogue raisonné et illustré précédé de l'histoire de Corot et de ses œuvres par Étienne Moreau-Nélaton ornée de dessins et croquis originaux du maître. *Paris, Floury*, 1905, 4 vol. gr. in-4, plus 1 vol. pour la table, brochés, couvert.

Un des 25 exemplaires (n° 7) imprimés sur PAPIER DU JAPON SHIZUOKA premier choix de Perrigot-Mazure, contenant 10 dessins originaux sur verre par Corot, et un portrait photographique inédit.

352. ROCHAS (Albert de). Les Sentiments, la Musique et le Geste. *Grenoble, H. Falque et Félix Perrin*, 1900, pet. in-4, demi-rel. mar. violet, fil., dos orné, tête dor., non rogné, couverture illust. (*Pierson*). — FRAPPA (José). Les Expressions de la physionomie humaine. *Paris, Schmid, s. d.*, in-4, cartonn. demi-mar. brun (*Pierson*). — Ens. 2 vol.

Nombreuses illustrations.

353. RODOCANACHI (E.). Le Capitole romain antique et moderne. La Citadelle. Les Temples. Le Palais sénatorial. Le Palais des conservateurs. Le Musée. *Paris, Hachette et Cie*, 1904, in-4, nombr. illust., demi-rel. mar. vert, tête dor., non rogné, couverture illustrée (*Pierson*).

354. REGENT Y PEDROSA. Cathédrale de Barcelone. Description artistico-archéologique. Précédée d'un aperçu historique par l'abbé Gaetan Soler. Illustrée de 70 planches phototypie et grand nombre d'autotypies de J. Furnells. Traduction de l'espagnol par A. Bertal. *Barcelone, Parera et Cie*, 1898, in-fol. en feuilles dans le carton de l'éditeur.

355. ROGER-BALLU. Les Dessins du siècle. *Paris, Ludovic Baschet, s. d.*, gr. in-4, demi-rel. mar. vert, tête dor., non rogné (*Pierson*).

356. ROGER-MILÈS (L.). Alfred Roll. *Paris, Lahure*, 1904, in-4, demi-rel. mar. vert, dos orné, tête dor., non rogné (*Pierson*).

Exemplaire orné sur le faux-titre d'un DESSIN ORIGINAL à la mine de plomb de A. ROLL. — Livre illustré de nombreuses figures dans le texte et de reproductions hors texte en héliogravure, en couleurs et en sanguine.

357. ROLLER (Théophile). Les Catacombes de Rome, histoire de l'art et des croyances religieuses pendant le premier siècle du Christianisme. *Paris, Vve A Morel et Cie, s. d.*, 2 vol. gr. in-4, dos et coins mar. grenat, fil., dos orné, tête dor., non rognés (*Champs*).

Ouvrage contenant 100 planches hors texte.

358. ROOSES (Max). Les Peintres néerlandais du XIXe siècle. Édité sous la direction de Max Rooses. Traduction de Georges Eckhoud. *Paris, L. Henry May*,

s. d., in-4, nombreuses reproductions hors texte et dans le texte, demi-rel. mar. brun, tête dor., non rogné, couvert. (*Pierson*).

359. ROOSES (Max). Rubens, sa vie et ses œuvres, traduit du néerlandais par Louis Van Keymeulen avec 280 gravures dans le texte et 65 photogravures et autotypies hors texte. *Paris, Ernest Flammarion, s. d.*, in-4, cartonn. de l'éditeur en vélin.

360. ROOSES (Max). Antoine Van Dyck. Reproductions en héliogravure de cinquante chefs-d'œuvre. *Paris, Hachette et Cie*, 1902, in-4, cartonn. toile rouge des éditeurs, tête dor., non rogné.

361. ROME, d'après le Dr Reinhold Schoener. Avec 290 illustrations originales de Aleardo et Amadeo Terzi, G. Bacarisas, M. Barbasan, O. Brioschi, E. Fuchs, F. de Lenbach, F. Lionne, S. Macchiati, M. Pagani. Sculptures d'après Alinari. Publié par Émile M. Engel. *Paris, Librairie Nilsson, Per Lamm, succ.* in-4. — Berteaux (Émile). Rome, de l'ère des catacombes à l'avènement de Jules II. *Paris, Renouard*, 1905, in-8, 113 gravures. — Ens. 2 vol.

362. ROOSEVELT (Blanche). La Vie et les Œuvres de Gustave Doré d'après les souvenirs de sa famille, de ses amis et de l'auteur Blanche Roosevelt. Ouvrage traduit de l'anglais par M. du Seigneux. Préface par Arsène Houssaye. Très nombreux dessins inédits de Gustave Doré. *Paris, Librairie Illustrée, s. d.*, in-8, dos et coins mar. olive, tête dor., non rogné (*Pierson*).

363. ROPS. Félicien Rops et son œuvre, par Arsène Alexandre, E. Bailly, F. Champsaur, Edmond Haraucourt, J.-M. de Heredia, J.-K. Huysmans, Camille Lemonnier, Léon Maillard, Octave Mirbeau, J. Péladan, Vittorio Pica, E. Rodrigues, Octave Uzanne, Émile Verhaeren, etc. *A Bruxelles, chez Edmond Deman*, 1897, in-8, figures, demi-rel. mar. olive, fil., dos orné, tête dor., non rogné, couverture (*Pierson*).

Tirage à part des articles parus dans *la Plume*; 186 reproductions de l'œuvre de Rops. Un des 50 exemplaires (n° 42) imprimés sur papier de Chine.

364. ROUSSEAU (Th.). Études et croquis de Th. Rousseau reproduits et publiés par Amand-Durand avec le concours de Alfred Sensier. *Paris, Amand-Durand, Goupil et Cie*, 1876, gr. in-fol., dos et coins mar. rouge (*Champs*).

24 planches sur Chine collé sur bristol. Texte sur Hollande.

365. ROVINSKI (D.). Tschémessoff, graveur russe, élève de G.-F. Schmidt. Son œuvre, reproduit par le procédé de G. Scamoni. Publié et annoté par D. Rovinski. *Saint-Pétersbourg*, 1878, in-fol., demi-rel. mar. olive, fil., dos orné, tête dor., non rogné (*Pierson*).

Fac-simile et 13 portraits dont 4 sont répétés deux fois, avec légende différente.

366. ROVINSKY (D.). Portraits authentiques des tzars Jean III, Basile son fils et Jean IV le Terrible et cinq ambassades de leur époque, reproduits d'après des

gravures contemporaines, par D. Rovinsky. *Saint-Pétersbourg*, 1882, in-fol., monté sur onglets, demi-rel. mar. La Vall., fil., dos orné, tête dor., non rogné, couverture (*Pierson*).

Ouvrage orné de 45 beaux fac-similés, de gravures sur bois et en taille-douce, de bois pris dans divers ouvrages, de portraits coloriés, etc.

367. SALONS. 9 vol. in-8 et in-12, dos et coins mar., demi-rel. mar. bleu et vert, et cartonn. toile et demi-toile, tête dor., non rognés.

About (Ed.). Le Décameron du Salon de peinture pour l'année 1881. — Bournand (F.). Paris-Salon 1887. 55 gravures et vignettes. *Bernard*, 1887. — Champfleury. Salons 1846-1851. *Lemerre*, 1894. — Ducros (Emmanuel). Une Cigale au Salon de 1882. *Baschet*, 1882, nombreuses gravures. — Enault. Paris-Salon 1882. *Bernard*, 1882, nombreuses gravures. — Gyp. Bob au Salon de 1889. *Lévy*, 1889, nombreuses gravures. — Roger-Ballu. La peinture au Salon de 1880. *Quantin*, 1880. — Sta (H. de). Comic Salon 1882, précédée de notes du célèbre Timoléon, 1882. — Stop. Salon humoristique illustré, 1888.

368. SALONS. Catalogues illustrés : Société des Artistes français : de 1879 à 1906 (moins 1880, 1881, 1902, 1903). *Paris, Baschet*, 1879-1906, 28 vol. — Société Nationale des Beaux-Arts : de 1890 à 1905 (moins 1892, 1894, 1900, 1901, 1903). *Paris, Lemercier et Bernard*, 1890-1905, 11 vol. — Ens. 39 vol. in-8, dos et coins mar., demi-rel. mar., et cartonn. toile de diverses couleurs, tête dor., non rognés.

On y a joint : Exposition de 1889. Catalogue illustré des Beaux-Arts. *Lille et Paris*, 1889. — Annuaire illustré des Beaux-Arts et catalogue illustré de l'exposition nationale. *Paris, Baschet*, 1883. — Ens. 2 vol. in-8 cartonn. toile.

369. SALONS BASCHET. Texte par Burty, Dayot, Olmer, Montrosier, P. Mantz, O. Merson, etc. De 1881 (deuxième année) à 1895 inclus (moins 1890, 1891 et 1894). *Paris, Baschet*, 1881-1895, 12 vol. gr. in-8, demi-rel. mar. de diverses couleurs, tête dor., non rognés (*Pierson, Allô, Champs*).

Nombreuses reproductions hors texte et dans le texte, à l'eau-forte et en photogravure. — Les années 1883 et 1884 sont en plein mar. rouge (*rel. de Afferni*).

370. SALONS GOUPIL. Texte par Henry Houssaye, Lafenestre, Dayot, Larroumet, Roger-Milès, etc., etc. De 1888 à 1907 inclus (moins les années 1897-1898 et 1904). *Paris, Boussod, Valadon et C*[ie], 1888-1906, 17 vol. gr. in-8, dos et coins mar. de diverses couleurs, tête dor., non rognés (*Champs* et *Pierson*).

Nombreuses reproductions hors texte et dans le texte, à l'eau-forte et en photogravure. — Les années 1901, 1905, 1906 et 1907 sont en fascicules.

371. SALON DE PARIS (Le) illustré, 1884-1885. Ornés de 260 photogravures tirées en noir et en couleur. Texte par Maurice du Seigneur. *Paris, Jules Lemonnyer*, 1884-1885, 2 vol. in-fol., dos et coins mar. grenat et brun, tête dor., non rognés (*Allô* et *Champs*).

On y a joint : Le Salon-Artiste. Album de dessins originaux d'après les œuvres exposées. Première et deuxième années. *Paris*, 1885-8186, 2 vol. gr. in-8, gravures, dos et coins mar. rouge, tête dor., non rog. (*Allô* et *Reymann*).

372. SCHLIEMANN (Henri). Ilios ville et pays des Troyens. Résultat des fouilles

sur l'emplacement de Troie et des explorations faites en Troade de 1871 à 1882. Avec une autobiographie de l'auteur, 2 cartes, 8 plans et environ 2 000 gravures sur bois. Traduit de l'anglais par Madame E. Egger. *Paris, Firmin-Didot et Cie*, 1885, gr. in-8, demi-rel. mar. bleu, tête dor., non rogné (*Pierson*).

373. SCULPTEURS FRANÇAIS CONTEMPORAINS (Les). Recueil de 104 œuvres choisies précédé d'une introduction par Leonce Bénédite. *Paris, Henri Laurens, s. d.*, in-4, planches en phototypie, demi-rel. mar. bleu foncé, tête dor., non rogné (*Pierson*).

374. SÉAILLES (Gabriel). Eugène Carrière, l'homme et l'artiste. Compositions et croquis de E. Carrière, gravés par Mathieu. *Paris, Édouard Pelletan*, 1901, in-8, dos et coins mar. olive, fil., dos orné, tête dor., non rogné, couverture (*Pierson*).

Exemplaire (n° 10) imprimé sur PAPIER DE CHINE, contenant une DOUBLE SUITE, en noir, sur papier du Japon, de toutes les illustrations.

375. SEGUIN (L.-G.). Rural England. Loiterings along the Lanes, the Common-sides, and the Meadow-paths, with Peeps into the Halls, Farms, and Cottages. With illustrations from designs by J.-E. Millais, W. Small, J. Pettie, J. Wolf, etc. *London, Alexander Strahn, publisher*, 1885, in-4, cartonn. toile bleue de l'éditeur, tr. dor.

Nombreuses illustrations gravées sur bois dans le texte et hors texte.

376. SEIDEL (Dr Paul). Friedrich der Grosse und die französische Malerei seiner Zeit. *Berlin, Albert Frisch, s. d.*, in-fol., monté sur onglets, cartonn. toile grenat, fers spéciaux de l'éditeur, tr. dor.

60 planches hors texte, dont 12 en couleurs d'après des tableaux de *Lancret, Watteau, Boucher, Pater, Chardin, Van Loo*, etc. Nombreuses illustrations dans le texte.

377. SELWYN BRINTON. The Renaissance : its Art and Life. Florence (1450-1550). *Paris, Londres, Goupil et Cie, Manzi, Joyant et Cie*, 1908, in-4, broché (*Couvert.*).

Ouvrage imprimé à 400 exemplaires orné de nombreuses héliogravures, dont plusieurs en couleurs, d'après les documents contemporains.

378. SENSIER (Alfred). Étude sur Georges Michel. *Paris, Alphonse Lemerre*, 1873, in-8, figures hors texte, dos et coins mar. vert, fil., dos orné, tête dor., non rogné (*Champs*).

379. SENSIER (Alfred). La Vie et l'œuvre de J.-F. Millet. Manuscrit publié par Paul Mantz, avec de nombreuses illustrations. *Paris, A. Quantin*, 1881, gr. in-8, dos et coins mar. bleu, tête dor., non rogné (*Pierson*).

Exemplaire imprimé sur PAPIER DE HOLLANDE, contenant 2 états de toutes les planches hors texte, dont un sur papier du Japon.

On y a joint. FREMINE (Charles). Au Pays de J.-F. Millet. *Paris, Lemerre, s. d.*, in-8 de 23 pag., fig., demi-toile.

380. SILVESTRE (Armand). Le Nu au Salon : de 1888 à 1896 (moins 1891). *Paris, Bernard,* 1888-1896, 9 vol. in-8, dos et coins mar. et cartonn. toile, tête dor., non rognés.

L'année 1896 comprend les 2 Salons (Champ-de-Mars et Champs-Élysées).
On y a joint : Le Nu au Louvre et le Nu dans les métamorphoses d'Ovide. *Paris, Bernard,* 1891, 2 vol. in-8, cartonn. toile, tête dor., non rog.

381. SOLVAY (Lucien). L'Art espagnol, précédé d'une introduction sur l'Espagne et les Espagnols. *Librairie de l'Art, Paris, J. Rouam, Londres, Gilbert Wood et Cie,* 1887, in-4, figures, dos et coins mar. orange, fil., dos orné, tête dor., non rogné, couverture (*Allô*).

Ouvrage illustré de 72 gravures d'après les œuvres des maîtres et des croquis originaux.

382. SOULLIÉ (Louis). Les grands peintres aux ventes publiques. Peintures, aquarelles, pastels, dessins de Jean-François Millet relevés dans les catalogues de ventes de 1849 à 1900. Précédé d'une notice biographique par Paul Mantz. *Paris, P. Soullié, juillet* 1900, gr. in-8, dos et coins mar. bleu, fil., dos orné et mosaïqué, tête dor., non rogné, couverture (*Champs*).

383. STAR (Maria). Ames de Chefs-d'œuvre. *Paris, Delagrave, s. d.,* in-4, demi-rel. mar. violet, dos orné, tête dor., non rogné, couvert. (*Pierson*).

Un des 300 exemplaires (n° 125) imprimés sur papier vélin de cuve du Marais.
Ouvrage orné de 51 reproductions, hors texte, en héliogravure.

384. STEENGRACHT VAN OOSTKAPELLE (J.). Les principaux tableaux du Musée Royal à La Haye, gravés au trait avec leur description. *La Haye, de l'Imp. du Gouvernement,* 1826-1830, 4 vol. in-8, papier vergé, dos et coins mar. brun, tête dor., non rognés.

100 reproductions gravées au trait.

385. STRŒHLIN (Ernest). Jean Petitot et Jacques Bordier, deux artistes huguenots du XVIIe siècle. Avec 21 planches hors texte. *Genève, Henry Kundig,* 1905, in-8, demi-rel. mar. grenat, fil., dos orné, tête dor., non rogné, couvert. (*Pierson*).

386. STUDIO (The). Numéros spéciaux publiés par Charles Holme. *Paris, Ollendorff,* 1904-1906, 6 vol. gr. in-8, nombreuses reproductions en noir et en couleurs, cartonn. toile grise, tête dor., non rognés et brochés, couvert.

Modern pen drawings : European and American. — Modern British domestic architecture and decoration. — Modern etching and engraving european and american. — Masters of english landscape painting. J.-S. Cotman, David, Cox, Peter de Wint. — Daumier and Gavarni. With critical and biographical notes by Henri Frantz and Octave Uzanne. — The Royal Academy, from Reynolds to Millais.

387. THIRION (H.). Les Adam et Clodion. *Paris, A. Quantin,* 1885, très gr. in-8, mar. rouge, encad. de 11 fil. et chiffre sur les plats, dos orné, large dent. int., tête dor., non rogné (*Allô*).

Un des 50 exemplaires (n° 10) imprimés sur PAPIER WHATMAN contenant une double suite sur papier du Japon AVANT la lettre de toutes les illustrations hors texte.

388. TOUDOUZE (Georges). Henri Rivière, peintre et imagier. *Paris, Henri Floury*, 1907, pet. in-4, broché (*Couverture illustrée*).

Orné de 145 reproductions dont 42 planches hors texte, en noir et en couleurs ; les illustrations du texte sont tirées en camaïeu.
Un des 100 exemplaires (n° 12) imprimés sur PAPIER GRAND VÉLIN de Rives, contenant une eau-forte originale de Rivière et la plupart des figures hors texte en deux états.

389. VACHON (Marius). Les Arts et les industries du papier en France, 1871-1894. *Paris, Librairies-imprimeries réunies, May et Motteroz, s. d.*, in-4, nombreuses illustrations dans le texte et hors texte, demi-rel. mar. vert, tête dor., non rogné, couverture (*Pierson*).

390. VACHON (Marius). L'Ancien hôtel de ville de Paris, 1533-1871. *Paris, A. Quantin*, 1882, in-4, dos et coins mar. vert foncé, tête dor., non rogné, couvert. (*Champs*).

124 gravures, dont 23 hors texte.

391. VACHON (Marius). La Vie et l'œuvre de Pierre Vaneau, sculpteur français du XVIIe siècle et le monument de Jean Sobieski. *Paris, Charavay*, 1882, in-4, figures, cartonn. demi-mar. brun, tête dor., non rogné, couverture illustrée (*Champs*).

Orné de quatre photogravures, dix-neuf dessins et d'une restitution du monument par Édouard Corroyer.

392. VACHON (Marius). La Femme dans l'art. Les protectrices des arts. Les femmes artistes. *Paris, J. Rouam et Cie*, 1893, gr. in-8, dos et coins mar. vert, fil., dos orné, tête dor., non rogné, couverture illustrée (*Pierson*).

Ouvrage orné de 400 gravures.

393. VACHON (Marius). Puvis de Chavannes. *Paris, Braun, Clément et Cie, A. Lahure*, 1895, gr. in-8, dos et coins mar. gren., fil., dos orné, tête dor., non rogné (*Pierson*).

Exemplaire numéroté (n° 56).
Nombreuses héliogravures et phototypies hors texte et dans le texte.

394. VACHON (Marius). Jules Breton. *Paris, A. Lahure*, 1899, in-4, mar. grenat., encad. de 5 fil., angles et dos ornés de feuillages, dent. int., tête dor., non rogné (*Pierson*).

Exemplaire (n° 10) imprimé sur PAPIER VÉLIN ; contenant les dessins et croquis hors texte et dans le texte en deux états et un DESSIN ORIGINAL de J. BRETON à la mine de plomb.

395. VACHON (Marius). W. Bouguereau. *Paris, A. Lahure*, 1900, in-4, figures, dos et coins mar. olive, fil., dos orné, tête dor., non rogné (*Pierson*).

Orné de 106 gravures dans le texte et hors texte et de 21 héliogravures tirées sur papier de Chine.
Exemplaire numéroté (n° 25), contenant plusieurs gravures hors texte en deux états, le tirage à part d'un grand nombre des illustrations du texte et un PETIT DESSIN ORIGINAL de BOUGUEREAU à la mine de plomb.

396. VASARI (Giorgio). Les Vies des plus excellents peintres, sculpteurs et architectes. Traduction nouvelle par Charles Weiss. *Paris, A. Foulard,* gr. in-8, fac-simile, cartonn. demi-rel. toile bleue, tête dor., non rogné, couverture (*Pierson*).

397. VELAZQUEZ (Diego). Cinquante planches d'après ses œuvres les plus célèbres. Introduction par Paul Lafond. *Paris, Goupil et Cie,* 1906, in-fol., demi-rel. mar. rouge, fil., dos orné, tête dor., non rogné.

Tirage à 500 exemplaires imprimés sur PAPIER DU JAPON.

398. VENTURI (A.). La Madone. Représentations de la Vierge dans l'art italien. Traduit de l'italien. *Paris, Gaultier, Magnier et Cie, s. d.,* gr. in-8, nombreuses illust. dans le texte et hors texte, demi-rel. mar. bleu, tête dor., non rogné, couverture (*Pierson*).

399. VIOLLET-LE-DUC (E.). Habitations modernes recueillies par E. Viollet-le-Duc, avec le concours des membres du comité de rédaction de l'Encyclopédie d'architecture et la collaboration de Félix Narjoux. *Paris, Vve A. Morel et Cie,* 1875-1877, 2 vol. pet. in-fol. en feuilles dans des cartons de toile rouge.

Ouvrage contenant 200 planches hors texte, gravées sur acier.

400. VITRUVE. Les dix livres d'architecture, corrigez et traduits nouvellement en françois, avec des notes et des figures. Seconde édition reveuë, corrigée et augmentée par M. Perrault, *A Paris, chez J.-B. Coignard,* 1684, in-fol., veau brun, dos orné, tr. rouges (*Rel. anc.*).

Édition estimée, ornée d'un frontispice par *S. Le Clerc,* gravé par *Scotin* et de 68 planches gravées par *Seb. Le Clerc, Lepautre, Tournier,* etc.

401. WATTEAU. Dessins de A. Watteau. *Paris, H. Piazza et Cie, s. d.,* in-fol., en feuilles dans un carton.

Édition tirée à 300 exemplaires. Recueil de dessins de Watteau reproduits d'après les originaux conservés dans les musées de Chantilly, Londres, Paris et Vienne, Introduction de Georges Lafenestre.

402. WERESTCHAGIN (W.). Napoléon Ier en Russie. *Paris, Société photographique, s. d.,* gr. in-fol., monté sur onglets, portrait et 14 planches, demi-rel. mar. vert, dos orné, tête dor., non rogné (*Pierson*).

14 photogravures, sur Chine, d'après les tableaux de Werestchagin.

402 *bis*. WILLEMIN (N. X.) et POTTIER (André). Monuments français inédits pour servir à l'histoire des arts depuis le VIe siècle jusqu'au commencement du XVIIe. Choix de costumes civils et militaires, d'armes, armures, instruments de musique, meubles de toute espèce, et de décorations intérieures et extérieures des maisons, dessinés, gravés et coloriés d'après les originaux par N. X. Villemin, classés chronologiquement et accompagnés d'un texte historique et descriptif

par André Pottier. *A Paris, chez Mlle Willemin,* 1839, 2 vol. in-fol., demi-rel. chag. rouge, ébarbés.

Bel exemplaire d'un ouvrage important, orné de 300 planches, dont un grand nombre coloriées à l'aquarelle par Mlle Willemin, fille de l'auteur.

403. WOLFF (Albert). Cent Chefs-d'œuvre des collections parisiennes. *Paris, Georges Petit, Ludovic Baschet, s. d.*, in-fol., mar. brun, encad. de 7 fil., dos orné, large dent. int., chiffre mosaïqué aux angles, tête dor., non rogné, 2 couvert. illust., dont une sur satin (*Champs-Stroobants*).

Un des 25 exemplaires (nº 4 au nom de M. le Cte Werlé) imprimés sur PAPIER DU JAPON, contenant les eaux-fortes hors texte sur PARCHEMIN avant la lettre,

404. YRIARTE (Charles). Matteo Civitali, sa vie et son œuvre. *Paris, J. Rothschild,* 1886, in-4, figures dans le texte et hors texte, mar. olive, encad. de 9 fil. dor., chiffre sur les plats, dos orné, dent. int., tête dor., non rogné (*Allô*).

Un des 200 exemplaires (nº 176) imprimés sur PAPIER DU JAPON.

405. **COLLECTION SPITZER** (La). *Paris, Quantin, Librairie Centrale des Beaux-Arts,* 1890-1892, 6 vol. in-fol., en feuilles dans des cartons.

Un des 25 exemplaires (nº 21) imprimés sur PAPIER DU JAPON.
344 planches hors texte en héliogravure et en couleurs et nombreuses figures dans le texte.

TAPISSERIE. — CÉRAMIQUE. — MÉDAILLES ET MONNAIES

406. DARCEL (Alfred). Les Tapisseries décoratives du garde-meuble (mobilier national). Choix des plus beaux motifs par Ed. Guichard. Texte par Alfred Darcel. *Paris, Baudry, s. d.* (1881), in-fol., dos et coins mar. La Vall., tête dor., non rogné (*Allô*).

100 planches en héliogravure et en chromolithographie.

407. GERSPACH (E.). Répertoire détaillé des tapisseries des Gobelins exécutées de 1662 à 1892. *Paris, Levasseur,* 1893. — SOIL (Eugène). Les Tapisseries de Tournai. Les Tapissiers et les hautelisseurs de cette ville. *Tournai,* 1892. — Ens. 2 vol. in-8, cartonn. toile, tête dor., non rognés (*Pierson*).

408. GUIFFREY (Jules). Les Amours de Gombaut et de Macée. Étude sur une tapisserie française du Musée de Saint-Lo, avec cinq héliogravures et neuf fac-simile d'estampes anciennes. *Paris, Charavay frères,* 1882, in-4, cartonn. demi-mar. La Vall., tête dor., non rogné, couverture (*Champs*).

409. GUIFFREY (Jules). Histoire de la tapisserie depuis le Moyen Age jusqu'à

nos jours. *Tours, A. Mame et fils*, 1886, gr. in-8, nombreuses illustrations dans le texte et hors texte, mar. gren., fil., dos orné, chiffre sur les plats, dent. int., tête dor., non rognés (*Allô*).

Un des 20 exemplaires (n° 12) imprimés sur PAPIER DU JAPON.

410. HAVARD (Henry) et VACHON (Marius). Les Manufactures nationales. Les Gobelins, la Savonnerie, Sèvres, Beauvais. *Paris, Georges Decaux*, 1889, gr. in-8, dos et coins mar. rouge, tête dor., non rogné (*Pierson*).

Nombreuses planches hors texte et figures dans le texte.

411. HISTOIRE DE LA TAPISSERIE. 1° dans les Flandres par M. Alexandre Pinchart. 2° en France par M. Jules Guiffrey. 3° en Italie, en Allemagne, en Angleterre, en Espagne, en Danemark, en Hongrie, en Pologne, en Russie et en Turquie par M. Eugène Müntz. *Paris, Société anonyme de publications périodiques*, 1878-1884, 3 vol. in-fol., montés sur onglets, dos et coins, mar. grenat, tête dor., non rogné (*Champs*).

Ouvrage orné de 101 photographies montées sur bristol et tirées en diverses teintes.

412. MUNTZ (Eugène). Les Tapisseries de Raphaël au Vatican et dans les principaux musées ou collections de l'Europe, étude historique et critique accompagnée de neuf eaux-fortes ou planches sur cuivre et de 125 illustrations reproduites directement d'après les dessins, cartons ou tentures de haute lisse. *Paris, J. Rothschild*, 1897, pet. in-fol., papier teinté, cartonn. illust. de l'éditeur.

Imprimé à 330 exemplaires.

---

413. ARNAVON (L.). Une Collection de faïences provençales. Notes d'un amateur marseillais. *Plon*, 1902. — DECOMBE (Lucien). Les anciennes faïenceries rennaises. *Rennes*, 1900, fac-simile et planches. — JACQUEMART (A). Les Merveilles de la Céramique. 1re partie : Orient. *Hachette*, 1866. — Ens. 3 vol., in-4, in-8 et in-12, rel. et broch.

414. AUDSLEY (G. A.) et BOWES (James L.). La Céramique japonaise. Edition française publiée sous la direction de M. Racinet, traduction de M. P. Louisy. *Paris, Firmin-Didot et Cie*, 1880, 2 vol. in-4, vélin blanc, avec titre sur les plats, tête dor., non rognés (*Champs*).

Ouvrage contenant 68 planches hors texte, en noir et en couleurs.

415. BAUMGART (E.). La Manufacture nationale de Sèvres à l'exposition universelle de 1900. *Paris, Librairie centrale des Beaux-Arts, s. d.*, in-fol., demi-rel., mar. bleu, fil., dos orné, tête dor., non rogné (*Pierson*).

50 planches en héliogravure dont plusieurs en couleurs, figures dans le texte.

416. CARTAULT (A.). Terres cuites grecques photographiées d'après les origi-

naux des collections privées de France et des musées d'Athènes. *Paris, A. Colin et Cie, s. d.*, in-4, dos et coins mar. brun, tête dor., non rog., couverture. (*Pierson*).

29 planches hors texte en phototypie.

417. **DELANGE.** Recueil de toutes les pièces connues jusqu'à ce jour de la faïence française dite de Henri II et Diane de Poitiers dessinées par Carle Delange et publiées par Henri et Carle Delange. *Paris*, 1861. — Monographie de l'œuvre de Bernard Palissy suivie d'un choix de ses continuateurs ou imitateurs dessinée par Carle Delange et C. Borneman et accompagnée d'un texte par M. Sauzay et Henri Delange. *Paris*, 1862. Ens. 2 vol. in-fol., montés sur onglets, mar. bleu, encad. de fil. et dent., milieux et angles ornés, semis de fleurs de lys, dos orné, dent. int., tr. dor. (*Petit, succ. de Simier*).

Le premier ouvrage n'a été tiré qu'à 150 exemplaires; il est orné d'un frontispice et de 51 planches lithographiées en couleurs. La planche *Biberon* (collection du prince Galitzin à Moscou) ne se trouve pas dans cet exemplaire ; elle manque d'ailleurs à presque tous les exemplaires, le dessin n'ayant pu être obtenu par l'éditeur avant la publication de l'ouvrage.
Le second ouvrage n'a été tiré qu'à 300 exemplaires : il est orné de 100 planches lithographiées en couleur.
Riche reliure.

418. DEMMIN (Auguste). Histoire de la Céramique, en planches phototypiques inaltérables. L'Asie, l'Amérique, l'Afrique et l'Europe, poteries opaques (faïences, etc.) et kaoliniques (porcelaines), peintures sur lave, émaux sur métaux, vitraux et verreries mosaïques. *Paris, Renouard*, 1875, 2 vol. in-fol. montés sur onglets, dos et coins chag. rouge, dos orné, tr. jasp.

250 planches.

419. FILLON (Benjamin). L'Art de terre chez les Poitevins suivi d'une étude sur l'ancienneté de la fabrication du verre en Poitou. *Niort, L. Clouzot*, 1864, in-4, eaux-fortes de Rochebrune et fig., demi-mar. grenat, tête dor., non rogné (*Champs*).

420. GARNIER (Edouard). La Porcelaine tendre de Sèvres. 50 planches reproduisant 250 motifs en aquarelle d'après les originaux. Avec une notice historique. *Paris, Quantin, s. d.*, in-fol., monté sur onglets, mar. rouge, fil., dos orné, dent. int., tête dor., non rogné (*Pierson*).

Belle publication ornée de 50 planches en couleurs.

421. GARNIER (Édouard). Histoire de la céramique. Poteries, faïences et porcelaines, chez tous les peuples depuis les temps anciens jusqu'à nos jours. *Tours, A. Mame et fils*, 1882, in-8, nombreuses illustrations hors et dans le texte, cartonn. demi-bas., ébarbé (*Champs*).

Un des 100 exemplaires imprimés sur PAPIER VERGÉ (n° 90).

422. GARNIER (Édouard). Histoire de la verrerie et de l'émaillerie. Illustrations d'après les dessins de l'auteur. *Tours, Mame*, 1886, gr. in-8, mar. bleu, fil., chiffre sur les plats, dos orné, dent. int., tête dor., non rogné (*Allô*).

Un des 20 exemplaires (n° 19) imprimés sur PAPIER DU JAPON.

423. HAVARD (Henry). Histoire de la faïence de Delft. Ouvrage enrichi de vingt-cinq planches hors texte et de plus de quatre cents dessins, fac-similé, chiffres, etc., dans le texte par Léopold Flameng et Charles Goutzwiller, chromolithographies par Lemercier. *Paris, E. Plon et Cie*, 1878, 2 vol., gr. in-8, dos et coins mar. grenat, tête dor., non rognés (*Champs*).

Exemplaire n° 1 imprimé sur papier de Hollande contenant les chromolithographies en 2 états et les eaux-fortes, en 3.

424. JACQUEMART (Albert). Histoire de la Céramique. Étude descriptive et raisonnée des poteries de tous les temps et de tous les peuples. *Paris, Hachette et Cie*, 1873, in-8, demi-rel. chag. rouge, plats toile avec fers spéciaux, tr. dor. (*Rel. des éditeurs*).

Premier tirage ; orné de 200 figures sur bois par *Catenacci* et *J. Jacquemart*, 12 eaux-fortes et 1 000 marques et monogrammes.

425. MARX (Roger). Auguste Rodin, céramiste. Héliotypies de Léon Marotte. *Paris, Société de propagation des Livres d'Art*, 1907, gr. in-8, broché (*Couvert.*).

Imprimé à 600 exemplaires sur papier de Hollande.

426. PICCOLPASSI (Cyprian). Les Troys libvres de l'art du potier esquels se traicte non seulement de la practique, mais briefvement de tous les secretz de ceste chouse qui iouxte mes huy a estée tousiours tenue célée. Translatés de l'Italien en langue françoise par maistre Claudius Popelyn. *Paris, Librairie internationale*, 1861, in-4, demi-rel. chag. grenat, tête dor., non rogné (*Champs*).

Les 40 planches de ce volume sont, suivant l'éditeur, la reproduction de celles d'une édition originale de 1560 que Brunet n'avait pas vue.

427. POTTIER (André). Histoire de la faïence de Rouen. Ouvrage posthume publié par les soins de MM. l'abbé Colas, Gustave Gouellain et Raymond Bordeaux. Orné de 60 planches imprimées en couleurs et de vignettes, d'après les dessins de Mlle Émilie Pottier. *Rouen, Le Brument*, 1870, in-4, papier vergé, mar. rouge, fil., et large dent. XVIIIe siècle, à petits fers, chiffre sur les plats, dos orné, dent. int., tête dor., non rogné (*Tinot, rel. à Reims*).

Exemplaire richement relié.

428. RAYET (Olivier) et COLLIGNON (Maxime). Histoire de la Céramique grecque. *Paris, Georges Decaux*, 1888, gr. in-8, nombreuses illustrations, mar. grenat, chiffre sur les plats, dent. int., tête dor., non rogné (*Allô*).

Ouvrage contenant 16 planches hors texte en couleurs et de nombreuses figures dans le texte.

429. RIS PAQUOT. Histoire générale de la faïence ancienne, française et étrangère, considérée dans son histoire, sa nature, ses formes et sa décoration. 200 planches en couleur retouchées à la main, 1 400 marques et monogrammes.

Paris, A. Raphaël Simon, 1874-1876, 2 vol. in-fol., dont un album, dos et coins mar. noir, fil., tête dor., non rognés (*Champs*).

Publication importante, tirée à petit nombre.

430. RIS PAQUOT. La Céramique musicale et instrumentale. *Paris, A. Lévy*, 1889. in-4, dos et coins mar. bleu, fil., dos orné, tête dor., non rogné (*Champs*).

48 planches hors texte en chromolithographie.

---

431. BOURLIER, baron D'AILLY (Pierre Philippe). Recherches sur la monnaie romaine depuis son origine jusqu'à la mort d'Auguste. *Lyon, Scheuring*, 1864-1869, 2 tomes en 4 vol. in-4, cartonn., non rognés.

Ouvrage imprimé sur papier vergé, accompagné de 113 planches de monnaies.

432. COHEN (Henry). Description générale des monnaies de la république romaine communément appelées médailles consulaires. *Paris, Rollin, Londres, Curt*, 1857, pet. in-4, dos et coins mar. vert jans., tête dor., non rogné.

75 planches de médailles.

433. COHEN (Henry). Description historique des monnaies frappées sous l'empire romain, communément appelées médailles impériales. *Paris, Rollin*, 1859-1868, 7 vol., in-8, dos et coins mar. vert, tête dor., non rognés.

Bel exemplaire de cet ouvrage important, contenant le *Supplément*.
Nombreuses planches de médailles.

434. FRŒHNER (W.). Numismatique antique. Les Médaillons de l'Empire romain depuis le règne d'Auguste jusqu'à Priscus Attale. Ouvrage orné de 1310 vignettes. *Paris, J. Rothschild*, 1878, pet. in-4, veau fauve, fil., dos orné, dent. int., tête dor., non rogné (*Pierson*).

435. HEISS (Aloïss). Les Médailleurs de la Renaissance, Vittore Pisano. *Paris, Rothschild*, 1881, gr. in-4, dos et coins mar. rouge, tête dor., non rogné (*Champs*).

Ouvrage tiré à 200 exemplaires, orné de 11 photographies inaltérables hors texte et de 63 vignettes dans le texte.

LIVRES ILLUSTRÉS

A. — DU XVIe SIÈCLE AU COMMENCEMENT DU XIXe

436. HEURES. Les p̄sentes heures à l'usaige de Amiēs ; tout || au lōg sans req̄re *ont este faictes pour Simō vo || stre Libraire : demourant à Paris, a la rue neuve || Nostre Dame a l'ēseigne sainct Jehan leuangeliste* || (marque et nom de Philippe Pigouchet sur le titre ; au verso almanach pour XX ans, 1502-1520), in-8 goth. de 138 ff., mar. La Vall., jans., tr. dor., (*Thibaron-Joly*).

Ces heures, à l'usage d'Amiens, sont ornées de 20 grandes figures et de 30 petites, toutes enluminées avec soin. Encadrements à chaque page dont les sujets sont tirés de l'histoire de la Bible, des histoires de Joseph et de Suzanne, ou représentent les Sybilles, les vertus théologales et une Danse des Morts en 66 sujets, sur fond criblé. Cette danse des morts, dont la série est répétée plusieurs fois, occupe 70 bordures à trois figures par bordure.

Exemplaire IMPRIMÉ SUR VÉLIN. Incomplet des feuillets F 4 et F 5.

Paul Lacombe. *Livres d'heures imprimés au* XVe *et* XVIe *siècles*, n° 122.

437. BILLON. Le Fort inexpvgnable de l'honnevr dv sexe féminin, construit par Françoys de Billon secretaire. *On les vend à Paris, chez Ian d'Allyer*, 1555, in-4, figures sur bois, veau fauve, dos orné, tr. rouges (*Rel. anc.*).

Sur le titre, le portrait de l'auteur répété au v° du feuillet 117. Le volume est orné de 2 figures et d'un encadrement gravés sur bois, répétés plusieurs fois.

Le titre et le faux-titre sont fortement mouillés. Légères mouillures dans la marge de quelques feuillets.

438. OVIDE. Les XV livres de la Metamorphose d'Ovide, poete tres elegant, contenants l'Olympe des hystoires, traduictz de latin en françois. *Paris, Jean Ruelle*, 1558, in-16, de 361 pag. et 6 ff. non chiff., figures sur bois, mar. bleu, fil., dos orné, dent. int., tr. dor. (*Meuthey*).

Petits raccommodages au titre et aux deux premiers feuillets, petites taches.

439. GOLTZ (Hubert). Fastos magistratuum et triumphorum romanorum ab urbe condita ad Augusti obitum ex antiquis tam numismatum quam marmorum monumentis restitutos... *Brugis Flandrorum, excudebat Hubertus Goltzius*, 1566, in-fol., vélin blanc à recouv., tr. dor. et ciselées (*Rel. anc.*).

Édition originale contenant le premier tirage des planches.

440. VERSTEGAN (Rich.). Theatrum crudelitatum haereticorum nostri Temporis (auctore Rich. Verstegan). *Antverpiae, apud Adrianum Huberti*, 1587, in-4, demi-rel. veau brun.

Édition originale estimée. Titre gravé et 39 figures dans le texte. Trois figures sont tirées à l'envers

441. STRADAN. Venationes ferarum, avium, piscium, pugnae bestiariorum : et mutuae bestiarum, depictae a Joanne Stradano : Editae a Philippo Gallaeo : Carnine illustratae A. C. Kiliano Dufflae. *S. l. n. d.*, in-fol. oblong., veau brun, dos orné (*Rel. anc.*).

Recueil de 83 pièces dont un titre et 56 (sur 103) planches dessinées par *Stradan*, gravées par *Collaert* et *Ph. de Galle* représentant des sujets de chasse et de pêche. — 18 pièces diverses (emblèmes et sujets de chasse), gravées par *Sadeler* et *Mérian* — 3 pièces (les Mois), gravées par *Johan, Samedam* et 6 pièces par *Crispin de Passe* représentant l'enfance, la jeunesse, l'adolescence, la virilité, la vieillesse et la mort. Chaque pièce est montée sur papier ancien.

442. HEURES Nostre Dame à l'usage de Rouen, toutes au long sans rien requérir. Avec plusieurs belles suffrages et oraisons des saints et saintes de tous les douze mois de l'an. Enrichies de plusieurs hystoires et quatrains, avec le Kalendrier réformé. *A Rouen, chez Henry le Mareschal, s. d.*, in-8 goth., figures sur bois, de 132 ff., 88 ff. chif., 90 ff. non chiff. et 88 ff. chif., veau blanc, fil., coins ornés, semis de marguerites, milieux ornés de la crucifixion, dos orné, tr. dor. (*Rel. du* XVIe *siècle fatiguée*).

La première partie (132 ff. chiff.) de ces *Heures*, dont le titre est en lettres rondes, est ornée de 56 figures gravées sur bois signées des lettres N V : douze de ces figures ornent le calendrier qui va de 1593 à 1613. Quatre vers français se trouvent au-dessous de chaque figure.

La seconde partie (88 ff. chif.) est ornée de petites figures gravées sur bois; elle contient les Heures de la Trinité, du sacrement de l'autel, des différentes fêtes de l'année, etc., en latin. — Le chapelet de Jésus et de la Vierge Marie, et diverses oraisons en vers français.

La troisième portie (90 ff. non chif.) est également ornée de petites figures et porte le titre suivant: *Les grans suffrages z Oraisõs* || *contenans les graces* | *fruits* | *zlouenges du* || *tressacrezdigne sacrement de l'autel, extraits de plusieurs saints docteurs, recueillis par feu de bonne memoire maistre Francoys Picart docteur en theologie à Paris : augmentés de plusieurs oraisons...* — Cette partie est terminée par les pièces suivantes : *Chanson en forme de complainte* | *faicte par dialogue* | *par Jehan Debuz* | *estant en son lict de la mort*, de *La Vie de Madame saincte Marguerite vierge et martyre*, des *Quinze effusions de sang de nostre Sauueur et Rédempteur Jesus Christ*, et de *Cest icy la mesure de la Playe du coste de nostre Seigneur Jesus Christ.*

Enfin, la quatrième partie (88 ff. chif.) a pour titre : *La vie, mort, passion et resurrection de notre Sauveur et Rédempteur Jésus-Christ.* Cette partie est imprimée en lettres rondes.

Le calendrier est incomplet de 2 feuillets (second feuillet du mois d'Août et premier de septembre).

Quelques cassures et raccommodages. Le dos de la reliure est ornée de fleurs de lis, de petits soleils, de têtes d'anges et de fleurs et de trois chiffres formés des lettres C. G. et M. répétées.

443. BOISSARD. Theatrum vitae humanae a J. J. Boissardo vesuntino conscriptum, et a Theodoro Bryio artificiosissimis historiis illustratum : (A la fin.) *Excussum typis Abrahami Fabri, civitatis mediomatricorum Typographi, impensis Theodori Bryi Leodiensis sculptoris, Francfurdiani civis*, 1596, in-4, de 8 ff. non chif. et 266 pp. vélin blanc (*Rel. anc.*).

Volume peu commun orné d'un titre gravé, du portrait de Boissard et de 60 figures dans le texte, gravées en taille-douce et tirées dans le texte.

444. DANFRIE. Déclaration de l'usage du graphomètre par la pratique duquel l'on peut mesurer toutes distances des choses de remarque qui se pourront voir et discerner du lieu où il sera posé : et pour arpenter terres, bois, prés et faire plans de villes et forteresses, cartes géographiques et généralement toutes mesures visibles : et ce sans reigle d'Arithmétique inventé nouvellement et mis en

lumière par Philippe Danfrie. A la fin de ceste declaration est adjousté par le dict Danfrie un traicté de l'usage du trigometre qui est un autre instrument ayant presque pareil usage, aussi sans reigle d'Arithemetique (*sic*). *A Paris, chez le dict Danfrie,* 1597, in-8, de 91 et 34 pag. plus 1 f. pour le privilège, figures, vélin (*Rel. anc.*).

Ouvrage curieux, imprimé en caractères cursifs, orné de 18 jolies figures tirées dans le texte et gravées sur cuivre ou sur bois.

445. VITA S. NORBERTI canonicorum Praemonstratensium patriarchae Antverpiae Apostoli Archiepisc. Magdeburg, ac totius Germaniae primatis. Concinnabat et elogiis illustrabat R. P. F. Jo. Chrysostomus Vander Sterre. *Antverpiae, Ioannes Galleus excudit, s. d.,* pet. in-4, dos et coins mar. rouge, tr. dor.

Titre gravé, portrait de St-Norbert et 34 planches gravées en taille-douce représentant les principaux épisodes de la vie du saint.

446. TYPOTIUS (Jac.). Symbola divina et humana pontificum, imperatorum, regum, et symbola varia diversorum principum, ex musaeo Octavii de Strada cum Isagoge Iac. Typotii ad tomos I et II, et Ans. de Boodt ad tertium. *Egidius Sadeler exc. Pragae,* 1601-1603, 3 parties en 1 vol. in-fol., veau brun (*Rel. anc.*).

Livre recherché pour les nombreuses figures d'emblèmes qu'il contient. Reliure fatiguée. Édition publiée à Francfort en 1642.

447. MONTEMAYOR (Georges de). La Diane de Georges Montemayor nouvellement traduite en françois. Dédiée à Mademoiselle de Villemontee, Philippe de la Barre. *A Paris, chez Robert Foüet, s. d.,* in-8, mar. rouge, fil., dos orné, dent. int., tr. dor. (*Rel. anc.*).

Livre recherché pour les figures de *Crispin de Passe* dont il est orné.
Les tranches sont redorées et les gardes sont modernes.

448. BARLEUS (Gaspar). Marie de Médicis entrant dans Amsterdam : ou histoire de la réception faicte à la Reyne mère du Roy très-chrestien, par les bourgmaistres et bourgeoisie de la ville d'Amsterdam. Traduicte du latin de Gaspar Barleus. *A Amsterdam, chez Jean et Corneille Blaeu,* 1638, in-fol., dos et coins mar. La Vall., tête dor. (*Pierson*).

Portrait de Marie de Médicis et 16 planches dessinées par *L. Mayaert, S. de Vlieger,* et *Martsen de Jonge,* gravées à l'eau-forte par *S. Savry.*
Mouillures.

449. DAN (Le R. P. F. Pierre). Le Trésor des merveilles de la maison royale de Fontainebleau, contenant la description de son antiquité, de sa fondation, de ses bastimens, de ses rares peintures, tableaux, emblèmes et devises : de ses jardins, de ses fontaines, et autres singularitez qui s'y voyent. Ensemble les traictez de paix, les assemblées, les conférences, les entrées royales, etc., etc. *A Paris, chez Sébastien Cramoisy,* 1642, in-fol., veau brun, dos orné, tr. rouges (*Rel. anc.*).

Ouvrage curieux, orné de 9 planches gravées par *Mich. Lasne* et *A. Bosse.* — Les 3 derniers feuillets sont réparés et le haut de 11 feuillets ont des mouillures. Notes marginales d'une écriture ancienne.

Sur le titre : ex dono de l'auteur.

450. HEINCE ET BIGNON. Les Portraits des hommes illustres français qui sont peints dans la gallerie du palais cardinal de Richelieu, avec leurs principales actions, armes, devises, éloges latins : desseignez et gravez par les sieurs Heince et Bignon... Ensemble les abregez historiques de leurs vies composez par M. de Wlson, sieur de la Colombière. *A Paris, chez Henry Sara-Jean Pasle et Charles de Sercy*, 1650, in-fol., veau brun, fil., dos orné (*Rel. anc. fatiguée*).

Beau volume composé d'un frontispice et de 24 portraits bien gravés, entourés d'un encadrement dans lequel se trouvent de petites vignettes allégoriques en médaillon et les principaux épisodes de la vie des personnages représentés.

451. OVIDE. Les Métamorphoses traduites en prose françoise (par Nic. Renouard), et de nouveau soigneusement reveues, corrigées en infinis endroits, et enrichies de figures à chaque fable : avec XV discours contenans l'explication morale et historique... *A Paris, chez Augustin Courbé*, 1651, in-fol., cartonné.

Frontispice par *Chauveau*, titre gravé et nombreuses figures dans le texte par *Briot, Matheus*, etc., très bien gravées.

Cartonnage fatigué, mouillures.

452. RELATION en forme de journal du voyage et séjour que le Serenissime et Très-Puissant Charles II, roi de la Grand'Bretagne, etc. a fait en Hollande, depuis le 25 may jusques au 2 juin 1660. *A La Haye, chez Adrian Vlacq*, 1660, in-fol., cartonn.

Portrait de Charles II et 6 grandes planches gravées à l'eau-forte par *Matham, Philippe*.

453. BÉRIGNY (Godard de). Abrégé de l'histoire de France en vers. *A Paris, chez Estienne Loyson*, 1679, in-12, veau fauve, fil., dos orné, dent. int., tr. dor. (*Niédrée*).

Livre orné de 11 planches hors texte représentant 65 portraits des rois de France finement gravés. — On y remarque un abrégé des conquestes de Louis le Grand depuis sa naissance jusqu'à la paix de 1678, également en vers, précédé d'un sujet allégorique très bien gravé.

454. BULLART (Isaac). Académie des sciences et des arts, contenant les vies, et les éloges historiques des hommes illustres, qui ont excellé en ces professions depuis environ quatre siècles parmy diverses nations de l'Europe : avec leurs pourtraits tirez sur des originaux au naturel, et plusieurs inscriptions funèbres, exactement recueillies de leurs tombeaux. *A Amsterdam, se vendent chez les héritiers de Daniel Elzévier*, 1682, 2 tomes en 1 vol. in-fol., vélin blanc, fil. et plaque à froid, tr. jasp. (*Rel. anc.*).

Livre recherché pour les nombreux portraits gravés par *de Boulonois, de Larmessin, Hollar*, dont il est orné.

Imprimé par Fr. Foppens de Bruxelles.

455. VAN HULLE. Pronkbeelden der Vorsten, en Vredehandelaars, dat is verbeeldingen van Alle de persoonaadjes, die het roemruchtige Munstersche en

Osnabrugse vrede-verbond hebben gesloten en uitgevoerd. *Te Rotterdam, by Pieter Vander Slaart,* 1697, in-fol., vélin blanc (*Rel. anc.*).

Collection de 131 beaux portraits gravés par *P. de Jode, Corn. et P. Galle, Waumans,* etc., avec légendes en latin.

456. HEURES présentées à Madame la Dauphine par Théodore de Hansy. *Paris, de Hansy, s. d.,* in-8, figures, mar. rouge, fil. et dent. à petits fers, dos orné, dent. int., tr. dor. (*Rel. anc.*).

Heures gravées par *Sénault* en premier tirage.

457. HISTOIRE D'ANGLETERRE, d'Écosse et d'Irlande. *A Rotterdam, chez Reinier Leers, s. d.,* in-fol., parchemin vert (*Rel. anc.*).

Recueil d'un titre gravé et de 50 portraits dessinés par *Adr. Van der Werff,* gravés par *Gunst, Vermeulen, G. Valck* et *Pitaut.*

Ces portraits ont été montés dans un registre ancien.

458. MÉDAILLES sur les principaux événements du règne de Louis le Grand, avec des explications historiques (par Charpentier, Tallement, Racine, Boileau, etc.). *A Paris, de l'Imp. Royale,* 1702, in-fol., mar. citron, fil., dos orné du chiffre de Louis XIV, dent, int., tr. dor. (*Rel. anc.*),

Les armes de Louis XIV qui avaient été frappées sur cet exemplaire ont été découpées et remplacées par une pièce de maroquin portant au milieu une petite fleur.

Frontispice contenant le portrait de Louis XIV par *Coypel.* Texte encadré d'un bel ornement par *Simonneau,* vignettes par *Leclerc* et 289 planches de médailles par *Cochin père.*

459. WEIGEL (Christ.). Historiae celebriores veteris (et novi) Testamenti iconibus repraesentatae et ad excitandas bonas meditationes selectis epigrammatibus exornatae. *Norimbergae, s. d.* (1708), 2 parties en un vol. in-fol., peau de truie estampée (*Rel. anc.*).

2 titres gravés et 251 planches par *Luyken* et autres.

460. REINZER (R. P. Francisco). Meteorologia philosophico-politica, in duodecim dissertationes per quaestiones meteorologicas et conclusiones politicas divisa, appositisque symbolis illustrata. *Augustae Vindelicorum,* DCCIX, in-fol. veau brun, dos orné, tr. marb.(*Rel. anc.*).

Livre curieux sur la météorologie et la morale. Il est orné d'un beau frontispice par *A. M. Wolffgang* et de 83 figures dans le texte par *Muller, Stridbeck,* etc., gravées à l'eau-forte.

461. LA MOTTE (de). Fables nouvelles avec un discours sur la fable. *Paris, chez Grégoire Dupuis,* 1719, in-4, veau brun, dos orné, tr. rouges (*Rel. anc.*).

Frontispice par *Coypel,* gravé par *Tardieu* et 100 vignettes par *Coypel, Gillot, Edelinck,* etc., gravées par *Cochin, B. Picart, Tardieu,* etc.

462. PICARD (Bernard). Cérémonies religieuses de tous les peuples du monde représentées par des figures dessinées de la main de Bernard Picart avec une explication historique et quelques dissertations curieuses. *A Amsterdam, chez J.-F. Bernard,* 1723-1743, 8 tomes en 9 vol. in-fol. — Superstitions anciennes et modernes : préjugées vulgaires qui ont induit les peuples à des usages

et à des pratiques contraires à la religion. Avec des figures qui représentent ces pratiques. *A Amsterdam, chez J.-F. Bernard*, 1733-1736, 2 vol. — Ens. 11 vol. in-fol., veau fauve, fil., dos orné, dent. int., tr. rouges (*Rel. anc.*).

Bel exemplaire dans une reliure bien conservée. Les 2 vol. des « *Superstitions* » sont plus courts de marges.

463. PICARD (Bernard). Le Temple des Muses, orné de LX tableaux où sont représentés les événements les plus remarquables de l'antiquité fabuleuse, dessinés et gravés par B. Picart le Romain et autres habiles maîtres ; et accompagnés d'explications et de remarques qui découvrent le vrai sens des fables, et le fondement qu'elles ont dans l'histoire. *A Amsterdam, chez Zacharie Châtelain*, 1733, in-fol., demi-rel. veau, tr. rouges (*Rel. anc.*).

Titre gravé et 60 belles planches.

464. KRÓNUNGS-GESCHICHTE oder Amstandliche Beschreibung des Solennen Linzugs und der hohen Salbung und Krónung Jhro Kayserl. Majest. der Ullerdurchlauchtigsten, Grossmachtigsten Furstin und Grossen Fraun Elizabeth Petrowna Kayserin und Gelbstherrscherin aller Reussen..... die jener den 28 februarii, und diese den 25ten Aprill 1742 in der Kayserl. Residenz stadt Moscou vollzogen worden. *St. Petersbugh*, 1745, in-fol., veau marb., fil.

Exemplaire au chiffre d'Élizabeth I de Russie.
Orné d'un portrait gravé à la manière noire d'Élisabeth, d'une vignette, d'un cul-de-lampe et de 49 grandes planches gravées sur cuivre représentant des cortèges, habits et bijoux.

465. LA FONTAINE. Fables choisies, mises en vers. *A Paris, chez Desaint et Saillant*, 1755-1759, 4 vol. in-fol., veau écaille, fil., dos orné, tr. dor. (*Rel. anc.*).

1 portrait d'Oudry gravé par *Tardieu* d'après *N. de Largillière* et 275 gravures par *Oudry*, gravées par *Aveline, Aubert, Baquoy, Cochin, Tardieu*, etc. Le frontispice manque et la planche du *Singe et du Léopard* est avec la légende.

466. PIRANESI (Giambattista). Vedute di Roma..... *S. l., n. d.*, très gr. in-fol. oblong, dos et coins mar. rouge, tête dor., non rog. (*Champs*).

Important recueil de 62 vues, dont 1 titre, gravés d'une manière remarquable, parmi lesquelles nous citerons : Saint-Pierre et le Vatican, le Temple de Bacchus, le Colisée, l'Arc de Septime Sévère, le Temple de Marcel, le Panthéon d'Agrippa, le Quirinal, la colonne Trajane, etc., etc. La plupart des planches sont à toutes marges, quelques-unes sont remontées.

467. MONTFAUCON (Bernard de). L'Antiquité expliquée et représentée en figures. *Paris, Delaulne*, 1722, 10 vol. in-fol. — Supplément au livre de l'antiquité expliquée et représentée en figures. *Paris, Giffart*, 1757, 5 vol. in-fol. — Ens. 15 vol. in-fol., veau marb., fil., dos orné, tr. marb. (*Rel. anc.*).

Bel exemplaire dans une bonne reliure. Second tirage.

468. BRIÈVE ET FIDÈLE EXPOSITION de l'origine, de la doctrine, des constitutions, usages et cérémonies ecclésiastiques de l'église de l'unité des frères connus sous le nom de frères de Bohême et de Moravie, tirée de leurs actes et titres authentiques par un auteur impartial, ami de la vérité. Avec 16 planches

gravées en taille-douce, où le tout est représenté au naturel. *S. l.*, 1758, in-8, cartonn. demi-toile grise.

16 planches, la dernière est coloriée.

469. THOMPSON. Les Saisons, poème traduit de l'anglois. *A Paris, chez Chaubert et Hérissant,* 1759, in-8, veau marb., fil., dos orné, tr. marb. (*Rel. anc.*).

1 titre gravé, 4 figures et 4 culs-de-lampe par *Eisen*, gravés par *Baquoy*.

470. RECUEIL de 54 portraits de peintres dessinés par Gio. Dom. Campiglia, Ferretti, Menabuoni, Bozzolini, etc., gravés à l'eau-forte par Pazzi, Corsi, Gregori, etc. En 1 vol. in-fol., demi-rel. veau fauve, dos orné (*Rel. anc.*).

Sur le dos du volume sont les armes et le chiffre de Louis-Philippe d'Orléans, et sur le titre, le cachet de la bibliothèque de Neuilly.

471. DORAT. Lettres en vers et œuvres mêlées. *Paris, Séb. Jorry*, 1767-1768, 2 vol. in-8, veau marb., dos orné, tr. rouges (*Rel. anc.*).

Lettres en vers, front., 6 figures, 9 vignettes et 9 culs-de-lampe par *Eisen*. — Les Tourterelles de Zelmis. 1 titre, 1 figure, 1 vignette et 1 cul-de-lampe par *Eisen*. — Épître à Catherine II, impératrice de Russie. 1 figure et 1 vignette par *Eisen*. — Le Pot-pourri, épître à qui on voudra. 1 vignette, 1 cul-de-lampe par *Eisen*. — Les Trois Frères et Combabus. 2 figures par *Eisen*. — Mes Fantaisies. 1 vignette, 1 fleuron sur le titre et 1 cul-de-lampe par *Eisen*. — La Déclamation théâtrale, poème didactique en quatre chants, précédé d'un discours, et de notions historiques sur la Danse. 1 front. et 4 figures par *Eisen*, gr. par *de Ghendt*.

On y joint : DORAT. La Déclamation théâtrale, poème didactique en quatre chants, précédé et suivi de quelques morceaux de prose. *Paris, Delalain*, 1771, in-8, front. et 4 figures par Eisen, gr. par de Ghendt, cartonn. toile grise, non rog.

472. LA BRUYÈRE. Les Caractères de Théophraste et de La Bruyère, avec des notes par M. Coste. *A Paris, chez Laurent Prault et Bailly*, 1769, 2 vol. in-12, dos et coins mar. orange, fil., tête dor., non rognés (*Champs*).

Portrait de La Bruyère par *de Saint-Jean*, gravé par *Savart*, 2 fleurons et 2 vignettes par *Gravelot*, gravés par *Fessard*.

473. ZACHARIE. Les quatre parties du jour, poème traduit de l'allemand de M. Zacharie (par Muller). *Paris, Musier*, 1769, gr. in-8, frontispice et 4 figures, 4 vignettes et 4 culs-de-lampe par Eisen, gravés par Baquoy, veau rac., dos orné (*Rel. anc.*).

474. VIRGILE. Les Géorgiques. Traduction nouvelle en vers françois, enrichies de notes et de figures, par M. Delille. *Paris, chez C. Bleuet*, 1770, gr. in-8, veau écaille, fil., fleurons aux angles, dos orné, dent. int., tr. dor. (*Rel. anc.*).

4 figures par *Eisen*, gravées par *de Longueil*. — Le frontispice manque.

475. BASAN. Cabinet Choiseul. Recueil d'estampes gravées d'après les tableaux du cabinet de Monseigneur le duc de Choiseul par les soins du Sr Basan. *Paris, chés l'auteur*, 1771, in-4, veau écaille, fil., dos orné, tr. dor. (*Rel. anc.*).

Premier tirage, avec les prix de vente ajoutés à l'encre sur les planches. Les armoiries qui se trouvaient au bas de chaque planche ont été grattées à l'époque de la Révolution ainsi que le mot duc (*duc* de Choiseul). On a ajouté une épreuve avant la lettre de la planche 123 représentant le tableau de Breemberg « Tobie conduit par l'ange ».

476. RESTOUT. Galerie françoise ou portraits des hommes et des femmes célèbres qui ont paru en France, gravés en taille-douce par les meilleurs artistes, sous la conduite de M. Restout. *A Paris, chez Hérissant le fils*, 1771, 2 parties en 1 vol. in-fol., veau marb., dos orné, tr. rouges (*Rel. anc.*).

Cet exemplaire contient 35 portraits.

477. LIVRES ILLUSTRÉS DU XVIIIe SIÈCLE. 3 vol. in-8, veau marb. (*Rel. anc.*).

Bernard. L'Art d'aimer et poésies diverses. *S. l., n. d.* (*Paris, Didot*), front. et 7 figures par *Martini* et *Eisen*. — Imbert. Le Jugement de Pâris, poème en IV chants. *Amsterdam* (*Paris*), 1772, titre gravé et 4 fig. par *Moreau*, etc., et 4 vignettes par *Choffard*. — Malfilatre. Narcisse dans l'île de Vénus, poème en quatre chants. *Paris, Lejay, s. d.* (1769). 1 titre par *Eisen* et 4 figures par *G. de Saint-Aubin*.

478. COLARDEAU. Le Temple de Gnide, mis en vers. *Paris, Le Jay, s. d.*, in-8, veau marb., dos orné, tr. rouges (*Rel. anc.*).

1 titre gravé et 7 figures par *Monnet*, gravées par *Baquoy, Delaunay*, etc.

479. CORNEILLE. Théâtre, avec des commentaires (par Voltaire), et autres morceaux intéressants. Nouvelle édition augmentée. *Genève* (*Berlin*), 1774, 8 vol. in-4, veau marb., fil., dos orné, tr. marb. (*Rel. anc.*).

Front. par *Pierre*, gravé par *Watelet* et 34 figures par *Gravelot*, gravées par *Bacquoy, Flipart, Lemire, Lempereur*, etc. Texte encadré.

480. SAINT-LAMBERT. Les Saisons, poème. Septième édition. *Amsterdam*, 1775, 5 figures par Moreau, gravées par Delaunay, Duclos, Prevost et Simonet, fleuron et 4 vignettes par Choffard. — Contes, poésies fugitives et fables orientales, 2 figures par Moreau gravées par Lebas et Prévost. Ens. 2 part. en 1 vol. gr. in-8, figures, veau écaille, fil., dos orné, tr. dor. (*Rel. anc.*).

481. HEDLINGER. Œuvre du Chevalier Hedlinger ou recueil des médailles de ce célèbre artiste gravées en taille-douce, accompagnées d'une explication historique et critique et précédées de la vie de l'auteur par Chrétien de Méchel. *A Basle*, 1776-1778, 2 parties en un vol. in-4, dos et coins mar. bleu, tête dor., non rogné.

1 titre et une dédicace gravés, 1 vignette tête de page et 40 planches de médailles finement gravées par Ch. de Méchel.

482. LAUJON (de). Les A propos de société ou chansons de M. L..., 2 vol. — Les A propos de la folie ou chansons grotesques, grivoises et annonces de parade. *S. l.* (*Paris*), 1776. — Ens. 3 vol. in-8, demi-rel. veau fauve, tr. rouges (*Rel. mod.*).

3 frontispices, 3 figures, 3 vignettes et 3 culs-de-lampe par *Moreau*, gravés par *Duclos, Martigny* et *de Launay*.
Musique notée.

483. RESTIF DE LA BRETONNE. La Vie de mon père par l'auteur du paysan

perverti. *A Neuchatel et se trouve à Paris, chez Humblot,* 1779, 2 parties en 1 vol. in-12, demi-rel. veau marb., tr. marb. (*Rel. anc.*).

2 frontispices, 1 portrait sur chaque titre et 12 figures non signées.

484. METASTASE. Opere del signor Abate Pietro Metastasio. *In Parigi, presso la vedova Herissant,* 1780-1782, 12 vol. in-4, veau marb., fil., dos orné, dent. int., tr. dor. (*Rel. anc.*).

Exemplaire sur GRAND PAPIER. Édition ornée d'un portrait par *Steiner,* gravé par *Gaucher* et de 35 figures par *Cipriani, Cochin, Martini* et *Moreau,* gravées par *Bartolozzi, Delvaux, Duclos,* etc.

485. RECUEIL des combats de Duguay-Trouin. *S. l., n. d.,* in-fol., cart. demi-rel. toile orange, non rogné.

Recueil rare, accompagné de 2 titres gravés, d'un joli portrait de Duguay-Trouin, de 13 planches de combats navals, dont 2 plans, et d'un texte gravé de 12 pp. ; le dernier feuillet donne l'explication des termes de marine. Le tout est gravé par *Ozanne.*

486. BASAN. Cabinet Poullain ou collection de cent-vingt estampes gravées d'après les tableaux et dessins qui composoient le cabinet de M. Poullain... précédée d'un abrégé historique de la vie des auteurs qui la composent, exécutées sous la direction du sieur Fr. Basan. Le sieur Moitte, peintre, en avoit fait les dessins, d'après les tableaux, avant la mort de ce célèbre amateur. *A Paris, chez Basan et Poignant,* 1781, in-4, cartonn., non rogné.

Bel exemplaire du premier tirage ; avec 3 planches avant la lettre : pl. 47, 68 et 105. On a ajouté à cet exemplaire la liste des prix d'adjudication avec les noms des acquéreurs.

487. NOUVEAU TESTAMENT (Le) en latin et en français, traduit par Sacy. Édition ornée de figures gravées sur les dessins de Moreau le Jeune. *Paris, Saugrain,* 1793, 4 vol. gr. in-8, mar. rouge à longs grains, encad. de fil. et dent., dos orné, dent. int., tr. dor. (*Motet*).

Exemplaire imprimé sur papier vélin. Jolie reliure très fraîche.
L'ouvrage contient 4 frontispices et 80 figures.

488. VERNET (Carle et Horace). Recueil de chevaux de tous genres, dessinés par Carle et Horace Vernet et gravés par Levachez. *Paris, s. d.* (1794), in-fol. oblong, dos et coins mar. vert, tête dor., non rogné. (*Champs*).

Ce recueil contient 36 planches (nos 1 à 36) coloriées et leur titre, répété deux fois.

489. LA FONTAINE. Les Amours de Psyché et de Cupidon, avec le poème d'Adonis. *A Paris, de l'Imp. de Didot le jeune,* an III (1795), in-4, demi-rel. chag. vert, tête dor., ébarbé.

Cet exemplaire imprimé sur papier vélin, ne contient pas la suite de Moreau, mais on y a intercalé la suite complète des 5 figures de *Gérard* en deux états : AVANT la lettre et réduite gravée au trait.

De plus, on y a ajouté 2 beaux portraits de La Fontaine, 2 figures de *Moreau,* dont une appartenant à cette édition, 1 figure de *Deveria,* tirée sur Chine, 1 figure de *Desenne* en deux états dont l'eau-forte pure et une jolie vignette sur Chine non signée.

490. LA FONTAINE. Les Amours de Psyché et de Cupidon, avec le poème

d'Adonis. Édition ornée de figures dessinées par Moreau le Jeune, et gravées sous sa direction. *A Paris, de l'Imp. de Didot le jeune,* an III (1795), in-4, en feuilles, non rogné.

Portrait d'après *Rigault,* gravé par *Audouin* et 8 figures par *Moreau,* gravées par *Dambrun, Duhamel, Dupréel, de Gendt, Halbou, Petit* et *Simonet.*

491. GESSNER (Salomon). Œuvres de Gesner. *Paris, Dufart, s. d.,* 2 vol. gr. in-8, mar. rouge, dent., comp. de filets en losange, dos orné, dent. int., tête dor. (*Rel. anc.*).

2 titres frontispices par *Marillier,* gravés par *Ponce,* 1 portrait gravé par *Delvaux* et 24 figures (au lieu de 25) par *Monnet,* gravées par *Dupréel, Giraud, Letellier* et *Macret.*
Bel exemplaire contenant les figures AVANT LA LETTRE.

492. GRAFFIGNY (Mme de). Lettres d'une Péruvienne traduites du français en italien par M. Deodati. *Paris, Imp. de Migneret,* 1797, in-8, demi-rel. chag. rouge, tr. marb. (*Rel. mod.*).

Portrait d'après *La Tour,* gravé par *Gaucher* et 6 figures par *Le Barbier,* gravées par *Choffard, Halbou, Patas, Gaucher* et *Lingée.*

493. MOREL DE VINDÉ. Primerose par M.. el de V.. dé. *A Paris, de l'Imp. de P. Didot l'aîné,* 1797, in-18, veau marb., fil., dos orné, dent. int., tr. dor.

1 frontispice et 5 jolies figures par *Lefèvre,* gravées par *Godefroy.*

494. CHODERLOS DE LACLOS. Les Liaisons dangereuses, ou lettres recueillies dans une société et publiées pour l'instruction de quelques autres, par C... de L... *A Genève,* 1801, 4 vol. in-18, figures, veau jaspé, fil. et dent., dos orné (*Rel. anc.*).

8 figures par *Le Barbier,* gravées par *Dambrun, Delignon, Halbou, Simonet* et *Thomas.*

495. MOREL DE VINDÉ. Zélomir. *A Paris, chez Bleuet jeune,* 1801, in-18, mar. bleu, fil., dos orné, dent. int., tr. dor. (*Silvestre*).

Exemplaire NON ROGNÉ contenant la suite des figures de *Lefèvre,* gravées par *Godefroy* en 2 états: AVANT et avec la lettre.
Deux figures, la 1re et la 6e sont accompagnées de l'EAU-FORTE PURE.
Les figures avant la lettre sont plus courtes de marges.

496. GRAVURES ANGLAISES. Recueil de 206 estampes, eaux-fortes, caricatures, costumes, etc., montées sur bristol et reliées en 3 vol. in-fol., dos et coins chag. grenat.

1 frontispice et 9 pièces non signées pour *Hudibras.*
1 pièce par Mynde d'après Coypel pour *Don Quichotte.*
2 pièces de Rowlandson : *La luxure, la misère.*
14 caricatures de F. Grosse.
39 pièces par Hogarth, *Rake's progress,* armoiries, pièces d'orfèvrerie, adresse de Ellis Gamble, orfèvre, *Industry et Idleness, The Stay Maker, Debates on Palmistry,* etc.
31 pièces d'après Bunbury : caricatures, costumes, estampes, etc. *New Market, the Village barber, Jollux, Goldsmith, Bergère de la Bourgogne, Fille d'Auberge, Morning or the Man of Taste, a Game of Chess,* etc.
Rowlandson, *it Brace of Blackguards,* gravé au lavis.
18 pièces par Cruikshank, caricatures diverses coloriées.
36 pièces diverses extraites pour la plupart du *Satirist.*

15 pièces de costumes tirées du « Theatro Belgico ».
10 caricatures sur les différentes sortes d'amours par Rowlandson.
12 pièces : *High Life below Stairs, the Morning news, New Market, A Sunday evening, Pot Fair Cambridge, Courier français,* gravés par Bretherton d'après Orde et Bunbury.
The Gardens of Carlisle house, gravé par Dickinkins, d'après Bunbury. Grande pièce en mauvais état, etc., etc.

497. LONGI. Pastorali a graece (ex recensione D. Coray). *Parisiis, P. Didot,* an XI (1802), gr. in-4, chag. brun, comp. de fil. à fr., fleurons aux angles, dent. int., tête dor., non rogné (*Smeers*).

9 figures d'après *Gérard* et *Prudhon*, gravées par *Roger* et *Godfroy*, sur Chine collé.

498. BERQUIN. Historiettes et petits contes à l'usage des jeunes enfans. *A Paris, chez Ant.-Aug. Renouard,* an XI-1803, pet. in-12, dos et coins mar. bleu, fil., tête dor., non rog. (*Pierson*).

Frontispice et 2 figures par *Borel*. On y a joint le DESSIN ORIGINAL à la sépia d'une figure, laquelle se trouve en 2 états, AVANT et avec la lettre.
On y joint : BERQUIN. Contes et historiettes tirés de l'Ami des Enfans. *Paris, Renouard,* an XI-1803, in-12, 12 figures par *Borel*, même reliure.

499. ILLUSTRATED (an) RECORD of important events in the annals of Europe, during the last four years ; comprising a series of views of the principal places, battles, etc., etc., etc., connected with those events. Together with a history of those momentous transactions, compiled from official and other authentic documents. *London, T. Bensley, printed for R. Bowyer,* 1816, in-fol., demi-rel. mar. rouge à longs grains, dos orné d'aigles et d'abeilles, non rogné.

2 planches de portraits-médaillons, 16 planches hors texte, en couleurs, contenant 18 sujets, 1 plan de Waterloo, 1 carte, fac-similé d'autographe. La grande vue de la bataille de Waterloo manque.
Bel exemplaire.

500. TABLEAUX HISTORIQUES DE LA RÉVOLUTION FRANÇAISE ou analyse des principaux événements qui ont eu lieu en France depuis la première assemblée des notables tenue à Versailles en 1787. *Paris, chez Arthus Bertrand,* 1817, 2 vol. in-fol., demi-rel. bas., ébarbés.

3 frontispices, 154 planches par *Duplessi-Bertaux, Prieur, Fragonard, Girardet, Meunier,* etc. et 66 beaux portraits-médaillons gravés par *Levachez,* au bas desquels se trouvent de charmantes vignettes dessinées et gravées à l'eau-forte par *Duplessi-Bertaux*.

501. JUBÉ (Général Auguste). Le Temple de la gloire ou les fastes militaires de la France depuis le règne de Louis XIV jusqu'à nos jours. *Paris, s. d.,* 2 vol. in-fol., demi-rel. veau rouge.

Cet ouvrage, qui n'a pas été terminé, est orné de 2 titres gravés et de 38 planches hors texte par *Martinet*, gravées par *Bovinet, Adam, Larcher, Ruhierre, Caron, Delignon, Massard, Cazenavé,* etc.

502. MARTINET. Suite de 9 dessins originaux à la sépia, pour illustrer la *Révolution et le Consulat.*

Chaque dessin mesure environ 0m,11 sur 0,16.
On y a joint les eaux-fortes de ces dessins, gravées par *Couché* et *Reville*.

503. OZANNE. Vues des principaux ports et rades du royaume de France et de ses colonies dessinées par Ozanne et gravées par Gouaz. Avec un texte descriptif, géographique et statistique, par N. Ponce. *Paris, Bance,* 1819, in-fol., dem-rel. chag. grenat.

75 jolies planches, gravées par *Le Gouaz.*

504. BOILEAU. Œuvres complètes, contenant ses poésies, ses écrits en prose, sa traduction de Longin, ses lettres à Racine, à Brossette et à diverses autres personnes. Avec les variantes, les textes d'Horace, de Juvénal, etc., imités par Boileau et des notes historiques et critiques. *Paris, Vve Dabo,* 1821, 3 vol. in-8, demi-rel. mar. bleu, tête dor., non rognés (*Pierson*).

Portrait de Boileau par *A. Saint-Aubin* et 6 figures de *Moreau* pour le *Lutrin,* publiés par Renouard, ajoutés.

505. ARNAULT (A.-V.). Vie politique et militaire de Napoléon. Ouvrage orné de planches lithographiées, d'après les dessins originaux des premiers peintres de l'École française, exécutées par les plus habiles artistes, et imprimées par C. Motte. *Paris, Émile Babeuf,* 1822-1826, 2 vol. gr. in-fol., dos et coins mar. rouge, tr. jaunes (*Rel. de l'époque*).

Frontispice, 2 portraits de Napoléon et 136 planches lithographiées d'après *Grenier, Champion, H. Vernet, Géricault, Adam,* etc.

506. CHAMBURE (Auguste de). Napoléon et ses contemporains. Suite de gravures représentant des traits d'héroïsme, de clémence, de générosité. *Paris, Bossange,* 1824, in-4, dos et coins chag. vert, dos plat orné en long, tr. dor. (*Rel. de l'époque*).

48 planches gravées sur acier, tirées sur Chine, d'après les dessins de *Charlet, Delorme, Desenne, Deveria, Coiny,* etc., etc.

507. DUBREUIL (Le Colonel). Souvenirs du Portugal. Galerie de portraits dessinés d'après nature aux lazarets de Valencia-d'Alcantara et d'Albuquerque en octobre 1833, par le Colonel Dubreuil. *S. l.* (*Paris*), 1834, in-4, demi-rel. veau vert, dos orné en long (*Rel. de l'époque*).

Recueil de 56 portraits lithographiés. On y a joint une table manuscrite des noms.

B. — LIVRES ILLUSTRÉS DU XIXe SIÈCLE ET CONTEMPORAINS

1. — *PUBLICATIONS DE BIBLIOPHILES*

(ÉDITIONS CARTERET, CONQUET, FERROUD, PELLETAN, ETC.)

508. AICARD (Jean). Roi de Camargue, illustrations de George Roux. *Paris,*

Émile Testard, 1890, in-8, demi-rel., dos et coins mar. gris, fil., dos orné, tête dor., non rogné, couvert. illust. (*Pierson*).

Un des 35 exemplaires imprimés sur PAPIER DU JAPON, contenant les eaux-fortes en 3 états dont l'EAU-FORTE PURE.

509. ALBUM DE LA MARMITE. Partie littéraire: Paul Bert, Jules Claretie, Goudeau, etc., etc. ; partie artistique : Bartholdi, Garnier, F. Lucas, Max. Lalanne. etc., etc. *Paris, L. Baschet*, 1880, gr. in-8, portraits et figures, dos et coins mar. vert, tête dor., non rogné, couvert. (*Champs*).

510. ALMANACH FÉMINISTE, 1899. *Paris, Édouard Cornély, s. d.*, in-12, cartonn. toile rose, tête dor., non rogné. — MONTORGUEIL (Georges). Les Deshabillés au théâtre. Les Parisiennes d'à présent. Illustrations de Henri Boutet. *Paris, H. Floury*, 1896-1897, 2 vol. in-12, dont un en demi-rel. mar. mauve, fil., dos orné, tête dor., non rogné, couvert. illust., et l'autre broché. — Ens. 3 vol.

511. ALMANACHS. *Paris, Janet et Demoraine*, 1806-1833, 9 vol. in-32, cartes géograph., mar. rouge, fil. et dent., dos orné, tr. dor. (*Rel. de l'époque*).

Étrennes mignonnes 1813, 1814, 1817 (sur le premier plat : « A Madame la vicomtesse de Brimont »), 1820, 1833, 5 vol. — Étrennes intéressantes des quatre parties du monde, 1806, 1822, 2 vol. — Le Petit Théâtre de l'univers, étrennes naturelles, précieuses, instructives et amusantes pour 1824, 1 vol. — Le Désiré des Français, étrennes historiques et morales pour 1827.

512. ALMANACHS ILLUSTRÉS. 7 vol. in-24, et 1 vol. in-32.

Almanachs des Dames pour les années 1809, 1811, 1812, 1817, 1819. *Paris, Treuttel et Wurtz*, 1809-1819, 5 vol. mar. rouge à longs grains, fil. ou dent., dos orné, tr. dor., l'année 1816 et rel. en moire blanche, dent., dos orné, tr. dor. — Almanach dédié aux Demoiselles. *Paris, Louis Janet, s. d.*, cart. papier, dent., dos orné, tr. dor. — MALO (Charles). Histoire des tulipes, ornée de 12 planches en couleur dessinées par P. Bessa. *Paris, id., s. d.*, cartonn. papier, large dent.. dos orné, tr. dor. — Le Secret des Dames. *Paris, id., s. d.*, cartonn. papier, tr. dor.

513. ALPHABET MILITAIRE de S. A. R. Monseigneur le duc de Bordeaux. *Paris, Imprimé par Villain, s. d.*, pet. in-fol., cartonn. demi-toile orange, ébarbé (*Couvert.*).

Suite de 24 lithographies tirées sur Chine, montées sur onglets ; avec le premier plat, illustré, de la couverture.

514. ANACRÉON. Poésies, nouvellement traduites et accompagnées d'une préface par Maurice Albert. Compositions d'Émile Lévy, gravées à l'eau-forte par Champollion. Dessins de Giacomelli, gravés sur bois par Rouget. *Paris, Librairie des bibliophiles*, 1885, in-16, mar. gren., fil., dos orné, dent. int., tête dor., non rogné (*Allô*).

Exemplaire imprimé sur papier de Hollande.

515. AUGIER (Émile). L'Aventurière. Comédie en vers. Compositions de Guillaume Dubufe, eaux-fortes de A. Morse. *Paris, Calmann Lévy*, 1892, in-8, dos

et coins mar. rouge foncé, fil., dos orné, tête dor., ébarbé, couverture (*Pierson*).

Papier vélin de cuve.

516. AULNOY (Mme d'). Les Contes des fées, ou les fées à la mode. Contes choisis, publiés en deux volumes, avec une préface par M. de Lescure. Frontispices gravés par Lalauze. *Paris, Librairie des bibliophiles,* 1881, 2 vol. in-12, dos et coins mar. vert, fil., dos orné à petits fers, tête dor., non rognés (*Pierson*).

517. AVENTURES MERVEILLEUSES DE FORTUNATUS (Les), avec une préface par Henry Fouquier et 120 dessins dans le texte par Édouard de Beaumont. *Paris, Librairie des bibliophiles,* 1887, gr. in-8, cartonn., dos et coins mar. bleu, non rogné, couvert. (*Carayon*).

Un des 35 exemplaires (n° 32) imprimés sur PAPIER DU JAPON, auquel on a ajouté 78 DESSINS ORIGINAUX à la plume d'ED. DE BEAUMONT, montés sur Japon.

518. AVENTURES MERVEILLEUSES DE FORTANUS (Les). Avec une préface par Henry Fouquier et 120 dessins dans le texte par Édouard de Beaumont. *Paris, Librairie des bibliophiles,* 1887, gr. in-8, dos et coins mar. vert, fil., dos orné, tête dor., non rogné (*Allô*).

Imprimé à petit nombre.

519. BALZAC (Honoré de). La Fille aux yeux d'or. Avec trente-deux aquarelles de Henri Gervex, reproduites par l'héliogravure en couleurs. *Paris, Calmann Lévy,* 1898, tr. gr. in-8, mar. orange, encad. de 4 fil., chiffre sur les plats, dos orné, dent. int., tête dor., non rogné (*Domont*).

Édition de grand luxe tirée à 300 exemplaires (n° 23) sur papier vélin.

520. BALZAC (Honoré de). La belle Impéria. Conte drôlatique illustré par Edmond Malassis. *Paris, Louis Conard,* 1903, in-8, broché, couvert. parchemin.

Un des 150 exemplaires (n° 126) imprimés sur papier vélin.

521. BALZAC (Honoré de). L'École des ménages. Tragédie bourgeoise en cinq actes et en prose, précédée d'une lettre par le Vte de Spoelberch de Lovenjoul. Edition originale illustrée d'un portrait d'après Bertall. Décoration de A. Robaudi, gravée par Manesse. *Paris, L. Carteret,* 1907, gr. in-8, broché (*Couvert.*).

Un des 75 exemplaires de grand luxe, imprimés sur PAPIER DU JAPON.

522. BEAUMONT (Ed. de). L'Épée et les femmes. Cinq dessins de Meissonier tirés hors texte. *Paris, Librairie des bibliophiles,* 1881, gr. in-8, mar. vert, fil., chiffre sur les plats, dos orné, dent. int., tête dor., non rogné, couvert. (*Allô*).

Un des 25 exemplaires imprimés sur PAPIER WHATMAN (n° 23) avec triple épreuve des gravures : avant la lettre sur Japon et Whatman, et avec la lettre.

523. BERGERAT (Émile). Enguerrande, poème dramatique précédé d'une préface par Théodore de Banville. Avec un portrait de l'auteur, gravé à l'eau-forte par

Henri Lefort et deux compositions du statuaire Auguste Rodin. *Paris, Frinzine, Klein et Cie*, 1884, in-4, musique, dos et coins mar. brun, fil., dos orné, tête dor., non rogné (*Champs*).

Un des 100 exemplaires (n° 129) numérotés sur PAPIER DE HOLLANDE.

524. BERGERAT (Émile). L'Espagnole. Illustrations de Daniel Vierge, gravées sur bois par Clément Bellenger. *Paris, L. Conquet*, 1891, in-12, cartonn., dos et coins mar. brun, tête dor., non rogné, couvert. (*Pierson*).

Exemplaire imprimé sur PAPIER DU JAPON (n° 12) contenant les figures en deux états et le TIRAGE A PART des vignettes du texte.

525. BLÉMONT (Émile). Wattignies 15 et 16 octobre 1793. Illustrations de MM. Armand Dumaresq, Dunki, H. Dupray, Moreau de Tours, Henri Pille. *Paris, Librairie illustrée, s. d.*, pet. in-4, dos et coins, mar. rouge, couverture (*Pierson*).

Édition imprimée à 500 exemplaires.

526. BOUFFLERS (Le Chevalier Stanislas de). Aline, reine de Golconde. Conte. *A Paris, gravé et imprimé pour la Société des Amis des Livres*, 1887, in-8, mar. vert, fil., dos orné, dent. int., tête dor., non rogné, couvert. (*Pierson*).

Tirage à 115 exemplaires sur papier de Hollande. Exemplaire au nom de M. le Cte Werlé (n° 75).
Compositions dessinées par *Albert Lynch*, gravées à l'eau-forte par *Gaujean*. Texte gravé par *Leclère*.
Le titre, le premier cul-de-lampe et la première vignette sont gravés en couleurs.

527. BOUILLIET (Louis). Melaenis. Préface de A. Join-Lambert. *Évreux, imprimerie de Charles Hérissey*, 1900, gr. in-8, broché (*Couvert.*).

Tirage unique à 140 exemplaires (n° 56) sur PAPIER VÉLIN.
Aquarelles de *Paul Gervais*, gravées en couleurs par *Bertrand*.

528. BOUTET (Henri). Almanachs pour les années 1887-1890-1891-1892-1893 et 1895. Texte par M. Hippolyte Devillers, Georges Montorgueil. *Paris*, 1887-1895, 6 vol. in-32, br. dans des cartons.

L'année 1891 est imprimée sur PAPIER DU JAPON.

529. BOYER (Georges). Le Trèfle à quatre feuilles. Illustrations de Paul Avril. *Paris, Paul Ollendorff*, 1887, in-16, mar. vert, tête dor., non rogné (*Couvert. illust.*).

Envoi à Mademoiselle Suzanne Reichemberg sur le faux-titre.

530. CAHU (Théodore). Journal d'un officier malgré lui, par Théo-Critt. *Paris, G. Hurtrel*, 1887, in-16, illustrations de P. Kauffmann, mar. rouge, fil., chiffre aux angles des plats, dos orné, tête dor., non rogné (*Allô*).

531. CAHU (Théodore). Richelieu. Avant-propos de Gabriel Hanotaux. Illustra-

tions de Maurice Leloir. *Paris, Combet et Cie*, 1901, in-4, broché (*Couvert. illust.*)

Un des 75 exemplaires (n° 6) imprimés sur PAPIER DE CHINE.

532. CAMUSET (Dr Georges). Les Sonnets du docteur. *Paris, chez la plupart des Libraires (Dijon, Imp. Darantière)*, 1884, in-8, cartonn., vélin blanc à recouv., tête dor., non rogné, couvert. (*Pierson*).

Tirage à 350 exemplaires sur papier de Hollande.
Front. par *Clairin*, 1 figure à l'eau-forte par *Rops* et 1 fac-simile d'autographe de Monselet tiré sur Chine.

533. CAP. (P.-A.). Le Museum d'histoire naturelle. Histoire de la fondation et des développements successifs de l'établissement; biographie des hommes célèbres qui y ont contribué par leur enseignement ou par leurs découvertes..... *Paris, L. Curmer*, 1854, 2 parties en 1 vol. gr. in-8, cartonn. toile avec plaque, tr. dor.

PREMIER TIRAGE orné de nombreuses planches hors texte en noir et couleurs et dans le texte par *Pauquet, Bocourt, Feart, Gavarni*, etc.
Cartonnage de l'éditeur, de la plus grande fraîcheur.

534. CARUCHET (Henri). Almanach pour l'année 1900, in-16, en feuilles.

Un des 30 exemplaires imprimés sur PAPIER DU JAPON, aquarellés par l'artiste.

535. CAZOTTE (J.). Le Diable amoureux. Préface de A.-J. Pons. Eaux-fortes de F. Buhot. Variantes et bibliographie. *Paris, Quantin*, 1878, petit in-8, texte encadré, en feuilles, dos veau fauve.

Exemplaire unique imprimé sur PEAU DE VÉLIN pour M. le Cte A. Werlé, avec le portrait de Cazotte en 3 états, dont un en bistre.
De la *Petite Bibliothèque de luxe*.

536. CENDRILLON illustré par A. Le Boret. *Paris, Cadart et Luquet, s. d.*, pet. in-fol., dos et coins mar. bleu, tête dor., non rogné (*Champs*).

Recueil composé d'un titre et de 20 planches gravées à l'eau-forte, tirées sur Chine. Le texte est la complainte de Cendrillon écrite en vers humoristiques.

537. CERVANTES. L'ingénieux hidalgo Don Quichote de la Manche. Traduction de Louis Viardot avec les dessins de Gustave Doré, gravés par H. Pisan. *Paris, Hachette et Cie*, 1863, 2 vol. in-fol., cartonn. toile rouge des éditeurs, non rognés.

PREMIER TIRAGE des illustrations de *G. Doré*.

538. CHAMPFLEURY. Chien-caillou, fantaisies d'hiver. *Paris, Martinon*, 1847 [ÉDIT. ORIG.]. — Les Chats, histoire, mœurs, observations, anecdotes. Illustré de 80 dessins par Eugène Delacroix, Mérimée, Manet, etc., etc., *Paris, J. Rothschild*, 1870. — Le Musée secret de la Caricature. *Paris, E. Dentu*, 1888, couvert. [ÉDIT. ORIG.]. — Contes choisis. Les trouvailles de M. Bretoncel, etc. Nombreuses illustrations dans le texte à l'eau-forte et en typographie par Evert Van Muyden. *Paris, Quantin*, 1889, couvert. — Ens. 4 vol. dont

1 vol. in-8, dos et coins, mar. bleu, et 3 vol. in-12, cartonn. toile et demi-rel. mar., tête dor., non rognés (*Champs* et *Pierson*).

539. CHAMPFLEURY. Les Souffrances du professeur Delteil avec quatre eaux-fortes dessinées et gravées par Cham. *Paris, Poulet-Malassis et de Broise*, 1861, in-12, dos et coins mar. vert, tête dor., non rogné (*Pierson*).

Un des quelques exemplaires imprimés sur PAPIER DE HOLLANDE, avec les eaux-fortes tirées sur Chine volant.

540. CHAMPSAUR (Félicien). Pierrot et sa conscience. *Paris, E. Dentu, s. d.*, in-8. — Entrée de Clowns, dessins de Bac, Chéret, Jules Garnier, etc. *Paris, Jules Lévy*, 1885, pet. in-8. — Les Bohémiens, ballet lyrique en 4 actes et 9 tableaux. *Paris, E. Dentu*, 1887, pet. in-8. — Les Éreintés de la vie. Pantomime en un acte illustrée par Henry Gerbault. *Paris, id.*, 1888, ens. 4 vol. pet. in-8, demi-rel. mar. ou cartonn., tête dor., non rognés, couvert. illust. (*Pierson*).

541. CHANSON DE GESTE (La) de Garin de Lohérain mise en prose par Philippe de Vigneulles, de Metz. Table des chapitres avec les reproductions des miniatures d'après le manuscrit de la chanson appartenant à M. le comte d'Hunolstein. *Paris, Henri Leclerc*, 1901, pet. in-fol., demi-rel. mar. vert, dos orné, tête dor., non rogné, couvert. cons. (*Pierson*).

Imprimé à 100 exemplaires sur PAPIER DE HOLLANDE et orné de 7 reproductions en héliogravure par Dujardin.

542. CHANSON DE ROLAND (La). Texte critique accompagné d'une traduction nouvelle et précédé d'une introduction historique, par Léon Gautier. Avec eaux-fortes par Chifflart et V. Foulquier, et un fac-similé. *Tours, Alfred Mame et fils*, 1872, 2 vol., gr. in-8, mar. rouge, encad. de fil., fleurons aux angles, chiffre sur les plats, dos orné, dent. int., tête dor., non rog. (*Tinot*).

Un des 300 exemplaires imprimés sur PAPIER VERGÉ (n° 65).

543. CHEFS-D'ŒUVRE INCONNUS (des) publiés par le bibliophile Jacob et Maurice Tourneux. *Paris, Librairie des bibliophiles*, 1881-1888, 6 vol. in-12, eaux-fortes d'Ad. Lalauze, dos et coins mar. de différentes couleurs, fil., dos orné, tête dor., non rognés, couvertures (*Champs* et *Pierson*).

VILLETERQUE (A. L.). Les Veillées d'une malade, 1881. — Les Porcherons, poème en sept chants, 1882. — SAINT LAMBERT. Contes, 1883, cartonn. toile verte. — ÉPINAY (Mme d'). L'Amitié de deux jolies femmes suivie d'un rêve de Mademoiselle Clairon, publiés par Maurice Tourneux, 1885. — MEUSNIER DE QUERLON. Les Soupers de Daphné, préface et notes par Maurice Tourneux, 1886. — Paris au XVIIIe siècle. Les promenades à la mode, publiées par Maurice Tourneux, 1888.

544. CHATEAUBRIAND. Atala, René, Le Dernier Abencérage. Préface de Mario Proth. 4 eaux-fortes de R. de Los Rios, 14 vignettes de Fr. Régamey. *Paris, Quantin*, 1882, pet. in-8, texte encadré, en feuilles, dans un carton, dos veau fauve.

Exemplaire unique imprimé sur PEAU DE VÉLIN pour M. le Cte A. Werlé, contenant les eaux-fortes en 3 états : sur peau de vélin en noir, en bistre sur Japon et avec la lettre sur vergé.

De la *Petite Bibliothèque de luxe*.

545. CHÉNIER (Lettres grecques de Madame), précédées d'une étude sur sa vie par Robert de Bonnières, illustrations par G. Dubufe fils. *Paris, Charavay frères*, 1879, in-16, pap. de Holl., mar. violet, fil., dos orné, dent. int., tête dor., non rogné (*Pierson*).

546. CLADEL (Léon). Ompdrailles, le Tombeau-des-Lutteurs. Avec 16 eaux-fortes hors texte et 7 dans le texte par Rodolphe Julian. *Paris, Cinqualbre*, 1879, in-8, dos et coins mar. olive, tête dor., non rogné (*Champs*).

Un des 5 exemplaires imprimés sur PAPIER WHATMAN contenant 3 états des eaux-fortes : 2 en noir et 1 en sanguine.

547. CLADEL (Léon). L'Amour romantique. Préface par Octave Uzanne. Illustrations de A. Ferdinandus, gravées par Gaujean, F. Beaumont et Puyplat. *Paris, Rouveyre et Blond*, 1882, in-12, cartonn. mar. vert à recouv., tête dor., non rogné, couvert. (*Rel. souple*),

Tirage à petit nombre sur papier vergé.

548. CLARETIE (Jules). Un Enlèvement au XVIIIe siècle. Documents tirés des Archives nationales. *Paris, E. Dentu*, 1882, in-12, front. d'Ad. Lalauze, dos et coins mar. bleu, fil., dos orné, tête dor., non rogné (*Couvert.*).

Exemplaire imprimé sur PAPIER VERGÉ DE HOLLANDE, contenant le frontispice en 2 états : en noir et en sanguine avant la lettre.

549. CLÉMENCEAU (Georges). Au pied du Sinaï. Illustrations de Henri de Toulouse Lautrec. *Paris, Floury, s. d.*, pet. in-4 en feuilles dans un carton.

Un des 25 exemplaires (n° 20) imprimés sur PAPIER DU JAPON ANCIEN, contenant, en tirages différents, trois épreuves des lithographies, et une suite à part des planches refusées.

550. COLERIDGE (Samuel). The Rime of the ancient mariner. *London, Doré Gallery*, 1876, in-fol. cartonn. de l'éditeur en toile rouge, avec fers spéciaux.

39 planches hors texte, gravées sur bois d'après les dessins de *Gustave Doré*.

551. COLLECTION ED. MONNIER (de la). 6 vol. in-8, dos et coins mar. et cartonn., dos et coins toile, tête dor., non rognés, couvert. (*Allô* et *Pierson*).

CADOL (Édouard). Le Cheveu du diable, voyage fantastique au Japon. Illustrations de Wogel, Choubrac, etc. — CONTES de Figaro par Du Boisgobey, Claretie, Coppée, etc. Illustrations de Myrbach. — DUBUT DE LAFOREST. Contes à la paresseuse. Illustrations de Destez, Fau, etc. — LYNE (Henri de). Le Lieutenant Cupidon. Joyeusetés militaires. Illustrations de Jeanniot. — MONTAGNE (Édouard). La Feuille à l'envers. Illustrations de Gorguet et Fau. — SAINT-MOR (Guy de). Ça porte bonheur. Illustré par Bac.

552. COMMANVILLE (C.). Souvenirs sur Gustave Flaubert. Texte et illustrations par Caroline Commanville. *Paris, A. Ferroud*, 1895, in-8, dos et coins mar. gren., tête dor., non rogné, couverture.

Un des 20 exemplaires imprimés sur PAPIER DU JAPON, contenant le portrait gravé par *Champollion* en trois états et les illustrations en deux états.

355. CONSTANT (Benjamin). Adolphe. Préface de A. J. Pons. Eaux-fortes de

Fr. Régamey. Variantes et bibliographie. *Paris, Quantin,* 1878, pet. in-8, texte encadré, en feuilles dans un carton, dos veau fauve.

Exemplaire unique imprimé sur PEAU DE VÉLIN pour M. le Cte A. Werlé, contenant les 3 DESSINS ORIGINAUX de FR. RÉGAMEY, les eaux-fortes en 4 états et la lettre autographe de Benjamin Constant ayant servi à la reproduction du fac-simile.
De la *Petite Bibliothèque de luxe.*

554. CORNEILLE (Pierre). Théâtre choisi. Avec une notice par M. Poujoulat. Vingt-cinq sujets et un portrait gravés à l'eau-forte par V. Foulquier. Compositions de Barrias et de V. Foulquier. *Tours, A. Mame et fils,* 1880, gr. in-8, mar. rouge, fil., dos orné, dent. int., tête dor., non rogné (*Allô*).

Un des 200 exemplaires (n° 120) imprimés sur PAPIER VERGÉ.

555. CORNEILLE (Pierre). Polyeucte, martyr. Tragédie chrétienne en cinq actes. *Tours, Mame,* 1889, gr. in-4, dos et coins mar. vert, fil., tête dor., non rogné, couvert. (*Champs*).

Édition ornée d'un portrait, de 5 grandes compositions gravées à l'eau-forte par *Boilvin, Bracquemond,* etc. et tirées sur Chine et de vignettes et fleurons sur bois dans le texte.

556. COUTURIER. Réunion de 42 dessins originaux au crayon noir ou de couleurs, in-4.

La plupart de ces dessins sont des charges politiques ou des satires de la vie moderne. Quelques-uns sont avec légende.

557. CRÉBILLON FILS. Suite complète du frontispice et des 5 dessins originaux de Milius pour illustrer « *Les Contes Dialogués* ». Paris, Quantin, 1879, in-8.

On y a joint : les eaux-fortes en 2 états sur papier du Japon : eaux-fortes et épreuves avant la lettre, avec remarque.

558. DANTE. L'Enfer, le Purgatoire, le Paradis. Traduction française de Pier-Angelo Fiorentino, accompagnée du texte italien. Avec les dessins de Gustave Doré. *Paris, Hachette et Cie*, 1862-1868, 2 vol., in-fol., cartonn. toile rouge des éditeurs, non rognés.

Le *Purgatoire* seul est en PREMIER TIRAGE.

559. DAUDET (Alphonse). Lettres de mon moulin. Illustrations de José Roy et G. Fraipont. *Paris, E. Flammarion,* 1904, in-4, demi-rel. mar. La Vall., dos orné, tête dor., non rogné, couverture illust. (*Pierson*).

Un des 75 exemplaires imprimés sur PAPIER DE CHINE pour la Librairie Conquet ; figures hors texte en deux états : sur Japon et sur vélin.

560. DAUDET (Alphonse). La Mort du Dauphin. Illustrations de O. D. V. Guillonnet, gravées à l'eau-forte par Xavier Lesueur. *Paris, Ferroud, s. d.,* pet. in-4, broché (*Couvert. illust.*).

Un des 25 exemplaires (n° 2) imprimés sur PAPIER DU JAPON ANCIEN à la forme, contenant UNE AQUARELLE ORIGINALE INÉDITE de GUILLONNET et 3 états des eaux-fortes, dont l'EAU-FORTE PURE.

561. DELMET (Paul). Chansons de Montmartre. Lithographies de Steinlen. *Paris, s. d.*, in-4, br. (*Couvert. illust.*).

Un des 75 exemplaires (n° 53) imprimés sur PAPIER DE HOLLANDE, pour la librairie L. Carteret ; 15 lithographies de *Steinlen*.

562. DELVAU (Alfred). Histoire anecdotique des cafés et cabarets de Paris avec dessins et eaux-fortes de Gustave Courbet, Léopold Flameng et Félicien Rops. *Paris, Dentu*, 1862, in-12, demi-rel. mar. La Vall., tête dor., non rogné (*Pierson*).

ÉDITION ORIGINALE.
Frontispice de *F. Rops* et 7 eaux-fortes sur Chine dans le texte.

563. DESBORDES-VALMORE (Mme). Poésies. *Paris, Boulland*, 1830, 3 vol. in-12, veau bleu, fil., grande plaque à froid, dos orné en long, dent. int., tr. marb. (*Rel. de l'époque*).

Édition ornée de 3 figures sur Chine par *Deveria, Henry Monnier* et *A. Pujol*, gravées par *Frilley* et *Durand*, et de vignettes typographiques.

564. DEVILLERS (Hippolyte) et BOUTET (Henri). Échange de Cartes. Préface de François Coppée. Illustré de dix pointes sèches par Henri Boutet. *Paris, Bibliothèque artistique et littéraire*, 1896, pet. in-8, demi-rel. mar. grenat, fil., dos orné, tête dor., non rogné, couvert. illust. (*Pierson*).

Exemplaire imprimé sur PAPIER DU JAPON ; contenant les illustrations en 2 états. On y a joint deux cartes postales, l'une d'H. Boutet adressée à M. H. Devillers, et l'autre d'H. Devillers, adressée à H. Boutet.

565. DICKENS (Charles). Monsieur Minns, Horace Sparkins ; esquisses humoristiques, adaptation de F. de Montfrileux. *Paris, le Livre et l'Estampe, s. d.* (1903), petit in-4, demi-rel. mar. violet, fil., dos orné, tête dor., non rogné, couvert. (*Pierson*).

566. DIONIS DU SÉJOUR (Mlle). L'Origine des Grâces, poème. Illustrations de Cochin. *Paris, J. Lemonnyer*, 1883, in-8, mar. vert, fil., chiffre sur les plats, dos orné, dent. int., tête dor., ébarbé (*Allô*).

Réimpression de l'édition de 1777 à 250 exemplaires imprimés sur PAPIER DU JAPON.

567. DOBLER (Henri). La Maison du Rêve. Compositions et poème de Henri Dobler. *Paris, à l'artisan moderne, s. d.*, in-fol., demi-rel., mar. mauve, fil., dos orné, tête dor., non rogné (*Pierson*).

Exemplaire imprimé sur papier de couleur, contenant 10 planches hors texte, tirées en diverses teintes.

568. ÉTRENNES aux Dames pour les années 1881 à 1885. *Paris, Charavay frères*, 1881-1885, 5 vol. in-16, cartonn. en satin des éditeurs.

569. FEMMES DE SHAKESPEARE (Les), quarante-cinq magnifiques portraits gravés sur acier par les plus célèbres artistes de Londres, accompagnés de notices critiques et littéraires par MM. de Pongerville (de l'Académie française),

Philarète Chasles, George Sand, Artaud, Poujoulat, Hipp. Lucas, Nisard, Casimir Delavigne, L. Halévy, Louise Colet, Amédée Pichot, la princesse de Craon, etc. La vie de Shakespeare par M. de Pongerville. Étude sur le même auteur, par M. Villemain. *Paris, Gallet, Braud et Cie, s. d.*, 2 vol. gr. in-8, dos et coins mar. bleu, fil., dos orné, tête dor., non rognés (*Champs*).

570. FÉNELON. Aventures de Télémaque, suivies des aventures d'Aristonoüs. Deux notices par M. Poujoulat. Quatorze gravures à l'eau-forte par V. Foulquier. *Tours, A. Mame et fils*, 1873, gr. in-8, figures, mar. rouge, très large dent. à petits fers, chiffre sur les plats, dos orné, dent. int., tête dor., non rogné (*Tinot*).

Un des 300 exemplaires (n° 78) imprimés sur PAPIER VERGÉ.

571. FEUILLET (Octave). Monsieur de Camors. Onze compositions par S. Rejchan, gravées à l'eau-forte par Mme Louveau-Rouveyre, MM. Daumont et Duvivier. *Paris, A. Quantin*, 1885, in-8, mar. grenat, jans., dent. int., tête dor., non rogné (*Champs*).

Cet exemplaire est orné dans les marges de 28 AQUARELLES ORIGINALES, non signées.

572. FÉVAL (Paul). Le premier amour de Charles Nodier, avant-propos de Maurice Tourneux. Illustrations de H. Vogel, gravées sur bois par E. Florian. *Paris, A. Rouquette*, 1900, petit in-8, dos et coins, mar. orange, fil., dos orné, tête dor., non rogné, couvert. illust. (*Pierson*).

Tirage à 150 exemplaires (n° 52) imprimés sur papier vélin ; celui-ci renferme UN TIRAGE A PART sur Chine de toutes les figures.

573. FLAUBERT (Gustave). La Légende de saint Julien l'hospitalier. Illustrée de vingt-six compositions par Luc-Olivier Merson, gravées à l'eau-forte par Géry-Bichard. Préface par Marcel Schwob. *Paris, A. Ferroud*, 1895, in-8, dos et coins mar. mauve, tête dor., non rogné, couvert. illust. (*Pierson*).

Exemplaire (n° 29) imprimé sur PAPIER DU JAPON, contenant les eaux-fortes en 3 états, dont l'EAU-FORTE PURE.

574. FLORIAN. Fables, illustrées par Victor Adam, précédées d'une notice par Charles Nodier, d'un essai sur la fable et suivies des poèmes de Ruth et de Tobie. *Paris, Delloye, Desmé et Cie*, 1838, in-8, chag. vert, comp. de fil. dor. et à froid, dos orné, dent. int., tr. dor.

Reliure de l'époque de la publication du livre.

575. FLORIAN. Kedar et Améla. Illustré de dix compositions en couleurs de L. Fauret. Préface par A. de Claye. *Paris, A. Ferroud*, 1901, pet. in-8, demi-rel. mar. violet, dos orné, tête dor., non rogné, couvert. (*Pierson*).

Exemplaire (n° 82) imprimé sur PAPIER DU JAPON.

576. FORAIN. Album de Forain. *Paris, Simonis Empis, s. d.*, pet. in-fol., 50 dessins, demi-rel. mar. grenat, dos orné, tête dor., non rogné, couvert. (*Pierson*).

Un des 75 exemplaires (n° 53) imprimés sur PAPIER DE CHINE.

577. FORAIN. Doux pays. 189 dessins. *Paris, Plon, s. d.*, pet. in-8, demi-rel. mar. La Vall., tête dor., non rogné, couvert. illust. (*Pierson*).

Un des 100 exemplaires (n° 3) imprimés sur PAPIER DE CHINE.

578. FRANCE (Anatole). Jean Gutenberg, suivi du Traité des phantosmes de Nicole Langelier; compositions de G. Bellenger, Bellery-Desfontaines, F. Florian et Steinlen gravées par Deloche, Ernest et Frédéric Florian, Froment, Mathieu. *Paris, Édouard Pelletan*, 1900, pet. in-4, demi-rel. mar. La Vall., tête dor., non rogné, couvert. illust. (*Pierson*).

Édition tirée à 113 exemplaires (n° 42) imprimés sur papier vélin à la cuve des Papeteries du Marais.

579. FRANCE (Anatole). Clio, illustrations de Mucha. *Paris, Calmann Lévy*, 1900, pet. in-8, demi-rel. mar. marron, fil., dos orné, tête dor., non rogné, couvert. (*Pierson*).

580. FROMENTIN (Eugène). Sahara et Sahel. I. Un Été dans le Sahara. II. Une Année dans le Sahel. Édition illustrée de 12 eaux-fortes par Lerat, Courtry et Rajon, d'une héliogravure et de 45 gravures en relief d'après les tableaux, les dessins et les croquis d'Eugène Fromentin. *Paris, Plon et Cie*, 1879, gr. in-8, mar. bleu, fil., dos orné, dent. int., tr. dor. (*Champs*).

Un des 4 exemplaires imprimés sur PAPIER DE CHINE, contenant les eaux-fortes en 4 états, et les hors texte en deux états, dont un sur Chine volant.

581. FURETIÈRE (A.). Le Roman bourgeois. Préface de M. Émile Colombey. Eaux-fortes de Dubouchet. Variantes et bibliographie. *Paris, Quantin*, 1880, pet. in-8, texte encadré, en feuilles, dans un carton, dos veau fauve.

Exemplaire unique imprimé sur PEAU DE VÉLIN pour M. le Cte A. Werlé, contenant les eaux-fortes en 2 états, dont un AVANT toute lettre.
De la *Petite Bibliothèque de luxe*.

582. GAVARNI. Masques et visages. *Paris, Paulin et Lechevalier*, 1857, pet. in-8, dos et coins mar. bleu foncé, fil. et dent., plats de mar. bleu clair, tête rouge, non rogné, couvert. (*Pouillet*).

ÉDITION ORIGINALE. Les dessins de Gavarni sont interprétés en réduction par *Godefroy-Durand*.

583. GEFFROY (Gustave). Les Bateaux de Paris. Illustrations de Eugène Béjot et Charles Huard. Gravures sur bois par J. Beltrand. *Paris, Ch. Bosse*, 1903, pet. in-4, en feuilles, dans un carton.

Un des 25 exemplaires (n° 19) imprimés sur PAPIER DU JAPON contenant la suite des 14 eaux-fortes, tirées à part.

584. GÉRARD DE NERVAL. Les Filles du feu. Sylvie, Jemmy, Octavie, Isis, Émilie, avec une préface de Jules Levallois, Dessins d'Émile Adan gravés à l'eau-forte par Le Rat. *Paris, Librairie des bibliophiles*, 1888, gr. in-8, dos et coins mar. orange, fil., tête dor., non rogné, couvert. (*Pierson*).

Un des 125 exemplaires imprimés sur VÉLIN DE HOLLANDE.

585. GÉRARDIN (A.). Suite de neuf aquarelles originales pour illustrer *Vangheli* (*Une vie orientale*) par le vicomte Melchior de Vogué. Édition publiée par Borel « Collection Myosotis » en 1901. Un vol. in-4, aquarelles montées sur onglets, cart. dos et coins toile (*Champs-Stroobants*).

586. GONCOURT (Edm. et J. de). L'Italie d'hier, notes de voyages, 1855-1856. Entremêlées des croquis de Jules de Goncourt jetés sur le carnet de voyage. *Paris, L. Conquet*, 1894, in-8, dos et coins mar. vert, fil., dos orné, tête dor., non rogné, couverture (*Pierson*).

Un des 75 exemplaires (n° 84) imprimés sur PAPIER DU JAPON, contenant les planches hors-texte en 2 états : en noir et en couleurs, fac-similés des aquarelles.

587. GOUDEAU (Émile). Paris qui consomme. Dessins de Pierre Vidal. *Paris, imprimé pour Henri Béraldi*, 1893, gr. in-8, demi-rel. mar. vert, dos plat orné, tête dor., non rogné, couvert. (*Pierson*).

Tirage unique à 138 exemplaires sur papier vélin des Vosges, figures coloriées. Exemplaire n° 44, au nom de M. le comte A. Werlé.

588. GOUDEAU (Émile). Poèmes parisiens. Illustrations de Ch. Jouas, gravées sur bois par H. Paillard. *Paris, imprimé pour Henri Béraldi*, 1897, in-8, mar. bleu, fil., dos orné, dent. int., tête dor., non rogné, couverture (*Pierson*).

Tirage unique à 138 exemplaires sur papier de Chine.

589. HALÉVY (Ludovic). La Famille Cardinal. Illustrations de Charles Léandre. *Paris, Testard*, 1893, in-8, dos et coins mar. olive, tête dor., non rogné, couvert. (*Pierson*).

10 eaux-fortes hors texte et nombreuses vignettes dans le texte.

590. HAMILTON. Mémoires du chevalier de Grammont, par Antoine Hamilton, publiés avec une introduction et des notes par M. de Lescure. *Paris, Librairie des bibliophiles*, 1876, in-8, dos et coins mar. orange, fil., dos orné, tête dor., non rogné (*Champs*).

Un des 170 exemplaires imprimés sur PAPIER DE HOLLANDE.

591. HENRIOT. Napoléon aux enfers. Illustrations par l'auteur. *Paris, L. Conquet*, 1895, in-12, demi-rel. mar. gris, fil., dos orné, tête dor., non rogné, couvert. illust. (*Pierson*).

Un des exemplaires non mis dans le commerce, offert par l'éditeur à M. le Cte Werlé.

592. HERBERT (Lord). Mémoires de Édouard lord Herbert de Cherbury, ambassadeur en France sous Louis XIII. Traduits pour la première fois en français par le comte de Baillon. *Paris, J. Techener*, 1863, in-8, demi-rel. mar. vert, fil., dos orné, tête dor., non rogné (*Pierson*).

Publication tirée à petit nombre sur papier de Hollande et ornée d'eaux-fortes par *Jules Jacquemart*.

593. HEREDIA (José-Maria de). La Nonne Alferez. Illustrations de Daniel

Vierge, gravées par Privat-Richard. *Paris, A. Lemerre*, 1894, in-18, figures, demi-rel. mar. gris, tête dor., non rogné, couverture illustrée (*Pierson*).

ÉDITION ORIGINALE.
Un des 50 exemplaires (n° 17) imprimés sur PAPIER DU JAPON.

594. HOUSSAYE (Arsène). La Comédie française, 1680-1880. *Paris, Ludovic Baschet*, 1880, gr. in-fol., cartonn., dos et coins mar. olive, tête dor., non rogné (*Champs*).

Un des 100 exemplaires imprimés sur PAPIER DE HOLLANDE (n° 1) avec les 32 photogravures tirées sur papier du Japon AVANT la lettre.

595. HOUSSAYE (Arsène). Histoire du 41e fauteuil de l'Académie française. Descartes, Pascal, Molière, La Rochefoucauld, Regnard, Le Sage, Saint-Simon, Jean-Jacques, Rivarol, H. de Balzac, etc., etc. *Paris, Dentu*, 1882, 20 portraits à l'eau-forte, mar. La Vall., jans., dos orné, dent. int., tr. dor. (*Champs*).

596. HOUSSAYE (Arsène). Les Légendes de jeunesse. *Paris, F. de P. Mellado et Cie*, 1866, gr. in-8, dos et coins mar. rouge, tête dor., non rogné.

PREMIÈRE ÉDITION ILLUSTRÉE.
19 planches hors texte, gravées sur acier par *Wolff, A. Nargeot, Geoffroy*, etc., etc.

597. HUARD (Ch.). New-York comme je l'ai vu. Texte et dessins de Ch. Huard. *Paris, Eugène Rey*, 1906, pet. in-8, broché (*Couvert.*).

Un des 100 exemplaires (n° 22) imprimés sur PAPIER DU JAPON.

598. HURTREL (Mme Alice). Souvenirs du règne de Henri IV. Les Amours de Catherine de Bourbon, sœur du roi, et du comte de Soissons. — Madame Roland, sa détention à l'abbaye de Sainte-Pélagie, 1793, racontée par elle-même dans ses mémoires. — Les Aventures romanesques d'un comte d'Artois. — D'AMERVAL (Éloi). La grande diablerie, poème du XVe siècle. — *Paris, Georges Hurtrel*, 1882-1886. Ens. 4 vol. in-16, mar. grenat, fil. et encad., large dent. à petits fers, chiffre sur les plats, dent. int., gardes de moire orange, tête dor., non rogné (*Allô*).

Un des 40 exemplaires imprimés sur PAPIER DU JAPON.

599. HUYSMANS (J.-K.). La Bièvre, les Gobelins, Saint-Severin. *Paris, Société de propagation des livres d'art*, 1901, in-8, figures, broché (*Couverture*).

Un des 75 exemplaires (n° 53) imprimés sur PAPIER DE CHINE pour la librairie L. Carteret et Cie.
Illustrations de *Lepère*, gravées sur bois dans le texte et à l'eau-forte, hors texte.

600. JANIN (Jules). Rachel et la tragédie. *Paris, Adolphe Delahays*, 1861, gr. in-8, mar. vert, fil., fleurons, milieu orné à petits fers, dos orné, dent. int., tr. dor. (*Tinot*).

Portrait de Rachel hors texte, sur Chine, par *Et. David* et *A. Varin*.

601. JANIN (Jules). Œuvres diverses publiées sous la direction de M. Albert de La Fizelière. *Paris, Librairie des bibliophiles*, 1876-1883, 16 vol. in-12, dont

12 demi-rel. mar. rouge, dos orné, tête dor., non rog. et 4 vol. demi-rel. mar. olive, dos orné, tête dor., non rognés (*Pierson* et *Champs*).

Exemplaire imprimé sur PAPIER DE HOLLANDE orné de 16 eaux-fortes par *E. Hédouin* et *Lalauze*.

Première et deuxième séries contenant : *L'Ane mort et la femme guillotinée, Mélanges et variétés, Contes et nouvelles, Critique dramatique, Correspondance et Barnave, Petits romans, Petits mélanges, Petits contes, Petite critique.*

602. JARDIN DES PLANTES (Le). Description complète, historique et pittoresque du Museum d'histoire naturelle, de la ménagerie, des serres, des galeries de minéralogie et d'anatomie, de la vallée suisse par MM. P. Bernard et L. Couailhac... Oiseaux, reptiles, poissons, insectes et crustacés par le Dr Emm. Le Maout. *Paris, L. Curmer,* 1842-1843, 2 vol. gr. in-8, cartonn. original de l'éditeur.

Première édition ornée d'un grand nombre de vignettes dans le texte et de planches hors texte en couleurs d'après *Harvey, Gavarni, Descourtilz, Daubigny,* etc., etc.

603. KRUDENER (Madame de). Valérie. Préface de Parisot. Eaux-fortes de M. Leloir. Variantes et bibliographie. *Paris, Quantin,* 1878, pet. in-8, texte encadré, en feuilles, dans un carton dos veau fauve.

Exemplaire unique imprimé sur PEAU DE VÉLIN pour M. le Cte A. Werlé contenant les 2 DESSINS ORIGINAUX de MAURICE LELOIR, une lettre autographe de cet artiste et les eaux-fortes en 3 états.

De la *Petite Bibliothèque de luxe.*

604. LACROIX (Paul) (bibliophile Jacob). Ma République, précédée d'un avant-propos de l'auteur. Sept eaux-fortes originales de Ed. Rudaux. *Paris, L. Carteret et Cie,* 1902, pet. in-8, broché (*Couvert.*).

Exemplaire imprimé sur PAPIER VÉLIN, contenant les eaux-fortes en deux états : avant et avec la lettre.

605. LA FAYETTE (Mme de). La Princesse de Clèves. Préface de H. Taine. Eaux-fortes de F. Masson. Variantes et bibliographie. *Paris, Quantin,* 1878, pet. in-8, texte encadré, en feuilles dans un carton dos veau fauve,

Exemplaire unique imprimé sur PEAU DE VÉLIN pour M. le Cte A. Werlé, contenant les eaux-fortes en 3 états : en noir sur peau de vélin et sur Chine, et en bistre sur Chine.

De la *Petite Bibliothèque de luxe.*

606. LA FONTAINE. Fables. Notices par M. Poujoulat. Cinquante gravures et un portrait à l'eau-forte par V. Foulquier. *Tours, Mame,* 1875, gr. in-8, mar. vert, comp. de fil., fleurons aux angles, chiffre sur les plats, dos orné, dent. int., tête dor., non rogné (*Tinot, rel. à Reims*).

Un des 300 exemplaires (no 238) imprimés sur PAPIER VERGÉ.

607. LA FONTAINE. Contes et nouvelles en vers. *Paris, Leclerc fils,* 1861, 2 vol. — Contes et nouvelles en vers par Voltaire, Vergier, Senecé, Perrault, Moncrif, P. Ducerceau, Grécourt, Saint-Lambert, Champfort, Piron, Dorat, La Monnoye et François de Neufchâteau. *Paris, id.,* 1862, 2 vol. — Ens.

4 vol. in-12, mar. rouge, milieu orné d'un médaillon mosaïqué de mar. bleu dos orné et mosaïqué, dent. int., tr. dor. (*Tinot*).

Tiré à 200 exemplaires, vignettes à mi-page.

608. LA FONTAINE. Suite d'estampes d'après Lancret, Pater, Eisen, etc., gravées au burin par Depollier aîné pour illustrer les « Contes » de La Fontaine. *Paris, Lemonnyer,* 1885, in-fol. en feuilles dans un carton.

Suite complète de 38 eaux-fortes et 2 vignettes, en différents états, dont l'eau-forte pure. Toutes ces planches sont imprimées sur papier du Japon et avant la lettre. La plupart sont en deux, trois ou quatre états; quelques-unes sont en cinq et six états. On y a joint un portrait de la Fontaine. Quelques planches sont tirées sur blanc.

609. LALAUZE (Ad.). Petits Chefs-d'œuvre. Causeries avec les amateurs d'estampes, par Arsène Houssaye. 20 estampes d'après Freudenberg, Lancret, Watteau, Boucher, etc., gravées à l'eau-forte par Ad. Lalauze. *Paris, s. d.,* in-fol., dos et coins mar. La Vall., tête dor., non rogné (*Champs*).

Exemplaire (n° 1), imprimé sur PAPIER DU JAPON pour M. le comte A. Werlé, contenant :
1° une suite sur Japon en couleurs avec remarques;
2° une suite sur Japon en noir avec remarques;
3° les états des différents tons des planches à repérage. — Il n'a été tiré que 4 exemplaires avec ces suites, ainsi que le constate une note de Lalauze jointe au volume.

610. LATTAIGNANT. Poésies diverses et pièces inédites de Lattaignant. Avec une notice bio-bibliographique par Ernest Julien. *Paris, A. Quantin,* 1881, in-8, mar. bleu, fil., chiffre sur les plats, dos orné, dent. int., tête dorée (*Allô*).

Un des 49 exemplaires imprimés sur papier WHATMAN BLANC, contenant le frontispice en 2 états.

611. LAVALETTE. Fables de S. Lavalette, illustrées de nouvelles eaux-fortes par Grandville. Troisième édition, revue et augmentée, *Paris, J. Hetzel,* 1847, gr. in-8, demi-rel. chag. vert, dos orné (*Rel. de l'époque*).

Cette édition renferme 2 fables et 11 figures nouvelles. Ces dernières sont en premier tirage.

612. LAVATER (Le) portatif ou l'art de connaître les hommes par les traits du visage... *Paris, Saintin,* 1831, 33 planches coloriées. — L'Art de connaître les hommes sur leurs attitudes, leurs gestes et leurs démarches. *Paris, Saintin,* 1826, 32 planches coloriées. — Le Lavater des dames ou l'art de connaître les femmes sur leur physionomie, *Paris, Vve Hocquart,* 1809, 30 planches coloriées. — Ens. 3 vol. in-12, carré, cartonn., non rog. et demi-rel. bas.

613. LE LIVRE DES TÊTES DE BOIS par Saint-Juirs, André Lemoyne, Guy de Maupassant, Léon Hennique, Albert Mérat, etc. *Paris, G. Charpentier,* 1883, in-8, figures, dos et coins mar. rouge, fil., dos orné, tête dor., non rogné (*Allô*).

Ouvrage contenant 15 eaux-fortes hors texte de *Jean Desbrosses, Eugène Millet, Henry Scott, Louis Mettling,* etc., etc., et 13 dessins compris dans la pagination.

614. LELOIR (Louis). Dessins pour le théâtre de Molière, fac-simile des originaux publiés avec une notice et un texte explicatif. *Paris, L. Digues,* 1902, in-fol., monté sur onglets, demi-rel. mar. brun, fil., dos orné, tête dor., non rogné, couverture (*Pierson*).

Un des 75 exemplaires (n° 62) imprimés sur PAPIER VÉLIN contenant les planches AVANT la lettre.

615. LEMAITRE (Jules). Contes blancs : la Cloche, la Chapelle blanche, Mariage blanc ; illustrations à l'aquarelle de Blanche Odin. *Paris, Henri Floury,* 1900, petit in-4, mar. bleu, encad. de 3 filets, angles ornés d'une fleur mosaïquée, dos orné et mosaïqué, dent. int., tête dor., non rogné, couverture (*Henry-Joseph*).

Édition imprimée à 200 exemplaires sur papier vélin contenant un tirage à part au trait de toutes les illustrations.

616. LEMERCIER DE NEUVILLE (L.). Théâtre de Pupazzi. *Lyon, N. Scheuring,* 1876, in-8, pap. de Holl., figures, dos et coins mar. vert, fil., dos orné, tête dor., non rogné (*Champs*).

Portrait de Lemercier de Neuville, gravé à l'eau-forte par *J.-M. Fugère,* hors texte, et eau-forte en tête de chaque pièce.

617. LÉONNEC (Paul). Patara et Bredindin. Aventures et mésaventures de deux gabiers en bordée, par E. P., ex-fourrier du Suffren. Illustrées de 150 croquis à la plume par Paul Léonnec. *Paris, Léon Vanier,* 1884, in-8, dos et coins mar. vert, tête dor., non rogné (*Couvert.*)

Exemplaire imprimé sur PAPIER DU JAPON, orné sur le faux-titre d'une AQUARELLE ORIGINALE de PAUL LÉONNEC.

618. LE ROUX (Hugues). Calendrier parisien. 13 lithographies par Dillon. *Paris, L. Conquet,* 1892, in-16, texte encadré, dos et coins mar. bleu, tête dor., non rogné, couvert. (*Pierson*).

Exemplaire imprimé sur papier vélin offert par l'éditeur à M. le comte A. Werlé, contenant 2 états des planches, dont un tiré sur Chine.

On y a ajouté : Calendrier Parisien, 1886. Douze sonnets d'Ern. d'Hervilly et 13 pointes sèches de H. Boutet. *Paris, L. Conquet,* 1886, in-16, cartonn. en soie de l'éditeur.

619. LE SAGE. Suite de 21 eaux-fortes, dont un portrait, pour l'édition en anglais de *Gil Blas,* publiée à Édimbourg.

Suite en 2 états, tirée de format in-4, SUR JAPON : eaux-fortes et avant toutes lettres avec remarques. Toutes ces épreuves sont signées par Ad. Lalauze.

Cette suite n'a été tirée en tout qu'à 13 exemplaires, ainsi que le constate une note de Lalauze.

620. L'ESTOILE (Comte A. de). Les Mois. Douze eaux-fortes de L. Le Rat, d'après les compositions de Fraipont, A. Hirsch, Mucha, N. Sicard et T. Tollet. *Paris, A. Lemerre,* 1896. in-8, demi-rel. mar. bleu, fil., dos orné, tête dor., non rogné, couverture (*Pierson*).

621. LIVRE D'HEURES. *Paris, Gruel et Engelmann, s. d.,* in-8, mar. La Vall.,

jans. doublé de mar. rouge, encad. de fil., et dent. aux petits fers, gardes de moire grenat, tr. dor., fermoirs (*Chambolle-Duru*).

Exemplaire entièrement enluminé contenant 3 grandes miniatures sur vélin. Le texte est encadré de larges bordures; lettres ornées et 3 jolies miniatures en tête de l'ordinaire de la messe, de l'hymne de Noël, et de la messe du jour de Pâques.

622. LIVRES CONTEMPORAINS ILLUSTRÉS. 4 vol., in-4 et in-8, demi-rel., dos et coins mar., et cartonn. vélin blanc, tête dor., non rognés, couverture. (*Champs* et *Pierson*).

Colas (Ch.). Coqs et vautours. 40 illustrations de Jeanniot, Bac, etc. *Ghio*, 1885. — Ducros (Emmanuel). Poèmes du midi. *Lemerre*, 1896. — Ducros (Emmanuel). Reliques d'amour, poème moderne. *Lemerre*, 1886. — Magnier (Maurice). L'Épousée avec 11 illustrations dans le texte. *Lemonnyer*, 1884. — Riffard. Contes et apologues. 150 dessins et 12 portraits par Fréd. Régamey. *Hachette*, 1886.

623. LIVRES CONTEMPORAINS ILLUSTRÉS. 3 vol., in-8 et in-12, dos et coins mar., tête dor., non rognés (*Champs* et *Reymann*).

Jaybert. Les Après-soupers par l'auteur de Trois dizains de contes Gaulois. Illustrations de Henriot. *Rouveyre*, 1883. — Mendès (Catulle). Pour lire au bain avec 154 dessins de F. Besnier. *Dentu*, 1884. — Saulière (Auguste). Histoires conjugales. Nouveaux contes lestes. 55 vignettes et 10 eaux-fortes par Henry Somm. *Dentu*, 1881.

624. LIVRES CONTEMPORAINS ILLUSTRÉS. 5 vol., in-4 et in-8, cartonn. des éditeurs, demi-rel. mar. et cartonn. toile, tête dor., non rognés.

Beaumont (E. de). Un Drame dans une carafe. Dessins par Louis Leloir. *Librairie des bibliophiles*, 1882. — Chaperon (Eugène). Le Soldat français. 32 planches tirées en teinte. *Laurens, s. d.* — Marthold (Jules de). Histoire de Malborough. Dessins de Caran d'Ache. *Lévy, s. d.* — Melandri (A.). Les Farfadets, conte breton. Illustrations de Henri Rivière. *Quantin*, 1886. — Zola (Émile). La Fête à Coqueville. Dessins par Devambez. *Fasquelle* 1898.

625. LIVRES CONTEMPORAINS ILLUSTRÉS. 6 vol. in-8, demi-rel., et dos et coins mar., couvert. illust. (*Pierson*).

Crémieux (H.) et Ad. Jaime. Le petit Faust, chœur des soldats. Musique d'Hervé, illustré par H. de Sta, *s. d.* — Demesse (Henri). Les Récits du père Lalouette. Illustrations par MM. Albert Bertrand, G. Bigot, Maurice Leloir, etc., etc., 1882. — Dubut de Laforest. Le rêve d'un viveur, illustrations de MM. Boutet, Henri Pille, de Sta, Steinlen, etc., etc., 1884. — Mélandri. Les Pierrots, fantaisie en vers, illustrée par Willette, *s. d.* — Millaud (Albert) et Hennequin. La Chanson du colonel, tirée de la Femme à papa, opérette. Musique de M. Hervé, illustrée par H. de Sta, *s. d.* — Rochefort (Henri). Fantasia, dessins de Caran d'Ache, 1888.

626. LIVRES ILLUSTRÉS DU XIXe SIÈCLE. 5 vol., pet. in-8, dos et coins mar. brun et cartonn., tête dor., non rognés.

Albanès (d'). Les Mystères du Collège, illustrés par Eustache-Lorsay. *Havard*, 1845. (Premier tirage). — Balzac (H. de). Paris marié. Philosophie de la vie conjugale commentée par Gavarni. *Hetzel*, 1846, couvert. (Premier tirage). — Briffault (Eugène). Paris dans l'eau. Illustré par Bertall. *Hetzel*, 1844, couvert. (Premier tirage). — Saint-Pierre (Bernardin de). Paul et Virginie. Illustré de 100 vignettes par Bertall. *Havard*, 1845 (Premier tirage). — Kock (Ch. Paul de). Les Maris. *Laisné*, 1864, vignettes sur bois, cartonné.

627. LIVRES ILLUSTRÉS DU XIXe SIÈCLE. 7 vol., gr. in-8, demi-rel. chag., et cartonn. des éditeurs.

Barthélemy. Némesis, satire hebdomadaire. *Paris, Perrotin*, 1845. — Galibert (Léon). Histoire de la république de Venise. *Paris, Furne et Cie*, 1847. — Houssaye (Arsène). Les Femmes du temps passé. *Paris, Morizot*, 1863. — Prévost (l'abbé). Histoire de Manon Lescaut et du Chevalier des Grieux, édition illustrée par Tony Johannot, précédée d'une notice historique sur l'auteur par Jules Janin. *Paris, Ernest Bourdin, s. d.* — St-Pierre (J. H. Bernardin de). Paul et Virginie. *Paris, L. Curmer*, 1838. — Sterne. Voyage sentimental, traduction nouvelle précédée d'un essai sur la vie et les ouvrages de Sterne par M. J. Janin. Édition illustrée par M. M. Tony Johannot et Jacque. *Paris, Ernest Bourdin, s. d.* (1854). — Topffer (R.). Nouvelles génevoises. Illustrées d'après les dessins de l'auteur, gravures par Best, Leloir, Hotelin et Regnier. Deuxième édition illustrée. *Paris, Paulin, Le Chevalier et Cie*, 1849.

628. LONGUS. Daphnis et Chloé, ou les pastorales de Longus, traduites du grec par J. Amyot. Nouvelle édition revue, corrigée et complétée. *Paris, Leclerc*, 1863, pet. in-8, faux-titre orné, titre orné d'une vignette gravée par de Longueil d'après Wille, portrait d'Amyot gravé par Aug. Saint-Aubin, fleurons d'Eisen et vignette hors texte, mar. rouge, fil. et fleurons, dos orné et mosaïqué, dent. int., tête dor., non rogné. (*Tinot*).

On y a joint 4 figures d'après *Prudhon* et *Gérard*.

629. LONGUS. Daphnis et Chloé. Traduction P. L. Courier. Compositions dessinées et gravées à l'eau-forte par P. Avril. *Paris, L. Conquet*, 1898, in-18, cartonn., demi-rel. vélin blanc, fil., dos orné et mosaïqué d'un médaillon de mar. vert orné, tête dor., non rogné.

Exemplaire imprimé sur papier vélin offert à M. le comte Werlé.

630. LOTI (Pierre). La Chanson des vieux époux. Aquarelles d'après Henry Somm. *Paris, L. Conquet*, 1899, in-16, cartonn. cuir japonais.

Exemplaire imprimé sur papier du Japon, non mis dans le commerce, offert à M. le Comte Werlé.

631. LOUYS (Pierre). Les Aventures du Roi Pausole. Nouvelle édition illustrée de 82 compositions en couleurs par Pierre Vidal. *Paris, Blaizot*, 1906, pet. in-4, broché (*couvert. illust.*).

Exemplaire imprimé sur papier vélin de Rives.

631 *bis*. LYNEN (Amédée). Le Jacquemart de la Tour du Pré-Rouge. Conté et enluminé par Amédée Lynen. *Bruxelles, H. Lamertin*, 1902, pet. in-4, broché (*Couvert.*).

Un des 100 exemplaires (n° 19) imprimés sur papier du Japon.

632. MARMONTEL. La Neuvaine de Cythère. Avec une notice par M. Charles Monselet, illustrée du portrait de l'auteur et de neuf vignettes dessinées par Fesquet. *Paris, A. Barraud*, 1879, in-8, veau fauve jans., dos orné, tête dor., non rogné (*Pierson*).

Un des 20 exemplaires (n° 4) imprimés sur papier Whatman.

633. MARTHOLD (Jules de). Histoire de Malborough. Dessins de Caran

d'Ache. *Paris, Léon Vanier, s. d.* (1898), in-8, figures en couleurs, dos et coins mar. orange, fil., dos orné, tête dor., non rogné, couverture illustrée. (*Champs*).

634. MASSON (Frédéric). Livre du sacre de l'empereur Napoléon. Texte par Frédéric Masson. *Paris, Goupil et Cie, Manzi, Joyant et Cie*, 1908, pet. in-4, broché, couverture, dans un étui.

Illustrations dans le texte et hors texte en noir, en bistre et en couleurs d'après les dessins originaux d'Isabey, Fontaine et Percier.
Un des 50 exemplaires imprimés sur PAPIER DU JAPON (n° 32), contenant 4 nouvelles planches hors texte, en couleurs.

635. MAUPASSANT (Guy de). L'Héritage, vingt et une compositions originales de Maurice Eliot, gravées à l'eau-forte par L. Ruet. *Paris, L. Carteret*, 1907, gr. in-8, broché (*Couvert.*).

Tirage à 300 exemplaires.
Un des 225 imprimés sur papier vélin.

636. MENDÈS (Catulle) et LESCLIDE (R.). Le Calendrier républicain. *Paris, Dentu, s. d.* (1888-1890). 12 fasc. en 2 vol., gr. in-8, demi-rel. mar. grenat, dos orné, tête dor., non rognés (*Pierson*).

Nombreuses gravures en noir dans le texte et en couleurs hors texte.

637. MÉRIMÉE (Prosper). Carmen. *Paris, Calmann Lévy*, 1884, in-16, mar. rouge jans., tête dor., non rogné couvert. (*Gruel*).

Un des 225 exemplaires imprimés sur papier vélin pour la Librairie Conquet, ils sont ornés d'un frontispice et de 8 vignettes de *S. Arcos*, gravées à l'eau-forte par *Nargeot*.
Exemplaire contenant les DESSINS ORIGINAUX de S. ARCOS, et les eaux-fortes de *Nargeot*, en 5 états, dont l'eau-forte pure.
Il est relié aux armes du Comte Bertier, et il provient de la bibliothèque Paul Bellon.

638. MÉRIMÉE (Prosper). Chronique du règne de Charles IX. Suite de 110 compositions par Edouard Toudouze pour illustrer la « *Chronique du règne de Charles IX* » édition *Testard*, 1889, gr. in-8, dans un carton.

Un des 75 exemplaires imprimés sur PAPIER DU JAPON.

639. MÉRIMÉE (Prosper). La Chambre bleue, nouvelle dédiée à Madame de La Rhune. Une couverture illustrée et soixante et une aquarelles d'après Eug. Courboin. *Paris, L. Carteret et Cie*, 1902, gr. in-8, dos et coins mar. blanc, fil. dos orné et mosaïqué, tête dor., non rogné, couverture illustrée (*Pierson*).

Un des 50 exemplaires (n° 37) de grand luxe sur JAPON IMPÉRIAL contenant un tirage à part du trait de toutes les illustrations, en noir sur papier vélin.

640. MÉRIMÉE (Prosper). Colomba. Soixante trois compositions originales de Daniel Vierge, gravées sur bois par Noël et Paillard. Préface de Maurice Tourneux. *Paris, L. Carteret et Cie*, 1904, gr. in-8, mar. grenat, grand encad. de 8 fil., orné de petits fers dorés et à froid, dos orné, dent. int., tête dor., non rogné, couv. illust. (*Pierson*).

Un des 100 exemplaires (n° 41) de grand luxe imprimés sur PAPIER DU JAPON ancien à la forme ; contenant un TIRAGE A PART de toutes les figures.

641. MÉRIMÉE (Prosper). Mateo Falcone. Préface de M. Maurice Tourneux compositions de Alexandre Lunois, gravées sur bois. *Paris, L. Carteret* et Cie, 1906, gr. in-8, br. (*Couvert.*).

Un des 50 exemplaires imprimés sur papier vélin blanc, avec les ÉPREUVES D'ARTISTES.

642. MICH. A l'Hippique, 20 planches en couleurs. *Paris, Simonis Empis*, 1902, in-fol. monté sur onglets, cartonn., dos et coins toile saumon, tête dor., non rogné (*Pierson*).

Exemplaire n° 7 imprimé sur PAPIER DU JAPON, orné d'UN DESSIN ORIGINAL à la plume et à l'aquarelle de Mich : l'*Accident*.

643. MILLAUD (Albert). La Comédie du jour sous la république athénienne. Illustrations par Caran d'Ache. *Paris, Plon, s. d.* (1886), pet. in-4, cartonn. toile bleu, tête dor., non rogné.

Premier tirage.

644. MILLEVOYE. Œuvres, édition publiée avec des pièces nouvelles et des variantes, par P.-L. Jacob (bibliophile), 7 eaux-fortes par Ad. Lalauze. *Paris, A. Quantin*, 1880, 3 vol. pet. in-8 mar. grenat, fil., dos orné, tête dor., non rognés (*Pierson*).

Un des 50 exemplaires imprimés sur PAPIER DE CHINE, contenant les figures en 2 états : AVANT la lettre sur Chine et avec la lettre sur Hollande.

On a joint en tête du tome premier : notice sur Millevoye par P.-L. Jacob. *Paris, Quantin*, 1880. LVI ff. et un fac-similé d'autographe, imprimés sur Hollande.

Cette notice, parue postérieurement, a été tirée à quelques exemplaires pour les Amis du « bibliophile Jacob » (Envoi de l'auteur à M. le Cte A. Werlé).

645. MOLIÈRE. Suite de 6 eaux-fortes d'après Coypel, gravées par Th. de Mare pour illustrer les Comédies de Molière. *Paris, Lefilleul*, gr. in-4, monté sur onglets, dos et coins mar. rouge, tête dor., non rogné (*Champs*).

Suite complète sur Chine des 6 figures d'après *Coypel*, signées par le graveur, à laquelle ont été jointes 27 épreuves en différents états ou bons à tirer, signés du graveur.

Cette suite est unique, comme le constate une lettre de l'éditeur jointe à ce recueil.

646. MOLIÈRE. Œuvres, avec un commentaire, un discours préliminaire et une vie de Molière par M. Auger. *Paris, Desoer*, 1819-1825, 9 vol. in-8, dos et coins mar. rouge, jans., tête dor., non rognés.

Exemplaire contenant la plupart des figures de *H. Vernet* en deux états, dont un sur Chine, et auquel on a ajouté : la suite du portrait et des 32 figures de *Punt*, d'après *Boucher*. — La suite des 33 figures de *Legrand* d'après *Boucher*. — 6 figures d'après *Desenne*, et 30 vignettes de *Deveria*, gravées sur bois pour l'édition de 1826.

647. MONNIER (Antoine). Ève et ses incarnations. Sonnets et eaux-fortes par Antoine Monnier. Avec préface par Tony Révillon et prologue par Prosper Blanchemain. *Paris, L. Willem*, 1878, in-8, dos et coins mar. citron, tête dor., non rogné (*Champs*).

Un des 30 exemplaires (n° 9) imprimés sur PAPIER WHATMAN contenant les illustrations en trois états : sur Chine, sur Japon et sur Whatman.

648. MONNIER (Henry). Scènes populaires dessinées à la plume. Nouvelle édition. *Paris, E. Dentu,* 1879, 2 vol. in-8, figures, dos et coins mar. vert, fil., dos orné, tête dor., non rognés (*Champs*).

Nombreuses vignettes dans le texte.

649. MONTEGUT (Maurice). Trois filles et trois garçons. Dessins de Louis Morin. *Paris, Henri Floury,* 1899, gr. in-4, demi-rel. mar. gren., fil., dos orné, tête dor., non rogné (*Couvert. illust.*).

Édition de grand luxe, tirée à 500 exemplaires.

650. MONTORGUEIL (Georges). France, son histoire (La Cantinière, les trois couleurs), imagée par Job. *Paris, Librairie d'Éducation de la Jeunesse, s. d.,* 3 ouvrages en 1 vol, in-4, cartonn. illust. des éditeurs.

Nombreuses illustrations de *Job,* en couleurs.

651. MONTORGUEIL (Georges). La Vie à Montmartre. Illustrations de Pierre Vidal. *Paris, Boudet et Tallandier, s. d.,* gr. in-8, fig. en couleurs et lithog., demi-rel. mar. La Vall., fil., dos orné, tête dor., non rogné, couvert. illust. (*Pierson*).

Un des 25 exemplaires imprimés sur PAPIER DU JAPON, contenant le TIRAGE A PART SUR CHINE de toutes les lithographies.

652. MONTORGUEIL (Georges). Croquis parisiens. Les Plaisirs du dimanche à travers les rues. Illustrations directes d'après nature de Gervais-Courtellemont. *Paris, A. Quantin, s. d.,* in-fol., cartonn. demi-mar. vert, fil., dos orné et mosaïqué, tête dor., non rogné (*Pierson*).

Édition tirée à 250 exemplaires.

653. MONTORGUEIL (Georges). L'Année féminine (1895). Les déshabillés au théâtre. Texte de Georges Montorgueil. Illustrations de Henri Boutet. *Paris, H. Floury,* 1896, pet. in-8, dos et coins mar. gren., fil., dos orné, tête dor., non rogné, couverture illustrée (*Pierson*).

Un des 50 exemplaires (n° 41) imprimés sur PAPIER DU JAPON, contenant 3 états des planches (dont une enluminée au pinceau) hors texte et une suite à part, sur Chine, de toutes les gravures sur bois.

654. MONTORGUEIL (Georges). La Vie des boulevards. Madeleine-Bastille. Texte par Georges Montorgueil. 200 dessins en couleurs par Pierre Vidal. *Paris, Librairies-imprimeries réunies,* 1896, gr. in-8, demi-rel. mar. chaudron, tête dor., non rogné, couverture illustrée (*Pierson*).

655. MONZIÈS. Suite de 10 eaux-fortes originales publiées par Louis Monziès, in-4, dans un carton.

Tirage d'amateur à 25 épreuves sur PAPIER DU JAPON.

Chaque épreuve est revêtue du cachet du Cercle de la Librairie. Les planches ont été effacées.

On y a ajouté une eau-forte de *Monziès,* d'après *Meissonier,* portant un envoi autographe de Meissonier et la signature de Monziès.

656. MOREAU (Hégésippe). Le Myosotis, petits contes et petits vers. Nouvelle édition illustrée de cent-trente quatre compositions de Robaudi, gravées sur bois par Clément Bellenger. Préface par André Theuriet. *Paris, L. Conquet,* 1893, gr. in-8, mar. gris, plat orné d'une gerbe de myosotis mosaïquée, dos orné et mosaïqué, dent. int., tête dor., non rogné, couverture (*Pierson*).

Un des 150 exemplaires imprimés sur papier du Japon (n° 1) contenant une AQUARELLE ORIGINALE de A. ROBAUDI sur le faux-titre, le frontispice en triple état et un tirage à part de tous les bois du texte.

657. MORIN (Louis). Vieille idylle. Douze pointes sèches et vingt ornements typographiques par l'auteur. *Paris, L. Conquet,* 1891, in-16, demi-rel. mar. gris, tête dor., non rogné, couvert. illust. (*Pierson*).

Exemplaire imprimé sur papier vélin non mis dans le commerce.

658. MUSÉE. Héro et Léandre. Dessins de Pfnor, gravures de Méaulle. Notices par A. Pons. *Paris, A. Quantin,* 1879, in-18, mar. La Vall., fil., chiffre sur les plats, dos orné, dent. int., tête dor., non rogné (*Allô*).

De la *Petite collection antique.*
Envoi autographe de Pfnor à M. le Cte Werlé.

659. MUSSET (Alfred de). Le dernier Abbé. Illustré de dix-neuf compositions par Ad. Lalauze. Préface par Anatole France. *Paris, A. Ferroud,* 1891, in-8, mar. olive, jans., dent., int., tête dor., non rogné, couvert. illust. (*Pierson*).

Un des 42 exemplaires (n° 26) imprimés sur GRAND PAPIER DU JAPON, contenant les eaux-fortes en 3 états, dont l'EAU-FORTE PURE.

660. MUSSET (Alfred de). On ne badine pas avec l'amour, proverbe en 3 actes orné d'une couverture illustrée et de 35 lithographies originales par Louis Morin. *Paris, L. Carteret et Cie,* 1904, in-8, cartonn. demi-mar. gris, fil., dos orné et mosaïqué, tête dor., non rogné. couvert. illust. (*Pierson*).

Édition tirée à 200 exemplaires de grand luxe sur papier vélin du Marais à la forme.

661. NICHOLSON (William). Almanach des douze sports, 1898. Étude sur William Nicholson, par Octave Uzanne. *Paris, Société française d'édition d'art,* 1898, in-4, cartonn., dos et coins mar. La Vall., tête dor., non rogné couvert. (*Champs*).

Un des 50 exemplaires imprimés sur PAPIER DU JAPON.

662. NISARD (Désiré). Promenades d'un artiste. Rhin, Hollande, Belgique, Suisse, Tyrol, Italie. *Paris, Renouard, s. d.* (1835), 2 vol., in-8, cartonn. blanc de l'éditeur, avec fers spéciaux, tr. dor., étui.

Cartonnage de l'éditeur très frais. Ces 2 vol. sont ornés de 52 planches hors texte gravées sur acier d'après *Stanfield* et *Turner*.

663. NOEL (Édouard). Une Mélodie de Schubert. Dessins de Georges Cain, gravés par Deville. *Paris, L. Conquet,* 1888, in-16, frontispice en tête, et cul-de-

lampe, dos et coins mar. bleu, fil., dos orné, tête dor., non rogné, couverture (*Pierson*).

Un des 25 exemplaires imprimés sur PAPIER DU JAPON contenant 2 états des figures.

664. PARNES (Roger de). Anecdotes secrètes du règne de Louis XV. Portefeuille d'un petit-maître ; publié par Roger de Parnes avec préface par Georges d'Heylli. *Paris, Rouveyre et Blond,* 1882, in-8, cartonn. mar. grenat à recouv., tête dor., non rogné, couvert. (*Pierson.*)

Tirage à petit nombre sur papier vergé, orné de compositions et dessins de *F. Oudard* et *Le Natur*, gravés à l'eau-forte par *Oudard* et *Puyplat*.

665. PELLICO (Silvio). Mes Prisons, traduction nouvelle par Francisque Reynard. Dessins de Bramtot, gravés par Toussaint. *Paris, Librairie des bibliophiles,* 1887, in-8, dos et coins mar. olive, tête dor., non rogné, couvert. (*Pierson*).

Un des 170 exemplaires imprimés sur PAPIER DE HOLLANDE.

666. PERRAULT. Les Contes de fées, en prose et en vers, de Charles Perrault. Nouvelle édition, revue et corrigée sur les éditions originales et précédée d'une lettre critique par Ch. Giraud. *Paris, Imprimerie impériale,* 1864, in-8, papier de Holl., figures, mar. rouge, fil., dos orné, dent. int., tr. dor. (*Niedrée*).

Frontispice dessiné par *Gerlier* et gravé par *Rebel*, portrait dessiné et gravé par *Annedouche*, tous deux, hors texte, avant la lettre, vignette en tête de la lettre critique et de chacun des contes,

667. PETITE BIBLIOTHÈQUE. CHARPENTIER (De la). *Paris, G. Charpentier et Cie,* 1879-1888, 21 vol., in-32, illustrations de J.-P. Laurens, Jeanniot, Maurice Leloir, etc., gravées par Courtry, Champollion, Massé, etc., mar. grenat ou vert, dent. int., tête dor., non rognés (*Allö* et *Pierson*).

ABOUT (Edmond). Tolla, 1883. — FABRE (Ferdinand). Julien Savignac, 1884. Le Chevrier, 1888. 2 vol. — FLAMMARION (Camille). La Pluralité des mondes habités, *s. d.* — GAUTIER (Théophile). Fortunio, 1881. Les Jeunes-France, romans goguenards, 1881. Ens. 2 vol. — MAUPASSANT (Guy de). Contes et nouvelles, 1885. — MICHELET (J.). La Montagne, 1885. — PRÉVOST (Abbé). Histoire de Manon Lescaut et du chevalier des Grieux, 1881. — SAINT-GERMAIN (J.-T. de). Pour une épingle, 1884. — SANDEAU (Jules). Mademoiselle de la Seiglière, 1879. Le Docteur Herbeau, 1882. Chasse au Roman, 1883. Ens. 3 vol. — THEURIET (André). Raymonde, 1883. Contes de la Forêt, 1888. Ens. 2 vol. — VIGNY (Alfred de). Théâtre complet, 1882, 2 vol. Poésies complètes, 1882. Stello, 1882. Journal d'un poète recueilli et publié sur des notes intimes d'Alfred de Vigny par Louis Ratisbonne, 1882. Ens. 5 vol. — ZOLA (Émile). Nouveaux contes à Ninon.

668. PETITS CONTEURS du XVIIIe siècle, publiés par Octave Uzanne. *Paris, Quantin,* 1878-1883, 12 vol. in-8, portraits et vignettes, mar. citron, vert brun et bleu, tête dor., non rognés (*Rel. souple à recouvrem.*).

Un des 20 exemplaires imprimés sur PAPIER DE CHINE contenant les portraits et les vignettes hors texte en 2 états.

Besenval. Boufflers. Cazotte. Caylus. Crébillon fils. Duclos. Fromaget. Godard d'Haucourt. La Morlière. Moncrif. Restif de la Bretonne. Voisenon.

669. PETITS POÈTES DU XVIIIe SIÈCLE. *Paris, Quantin*, 1879-1883, 7 vol., pet. in-8, en feuilles dans des cartons, dos de veau fauve.

BERNIS (Cardinal de). Poésies diverses, avec une notice bio-bibliographique par Fernand Drujon. — BERTIN (Antoine). Poésies et œuvres diverses, avec une notice bio-bibliographique par Eugène Asse. — DESFORGES-MAILLARD. Poésies diverses avec une notice bio-bibliographique par Honoré Bonhomme. — GRESSET. Poésies choisies, avec une notice bio-bibliographique par L. Derome. — LATTAIGNANT. Poésies diverses et pièces inédites, avec une notice bio-bibliographique par Ernest Jullien. — PIRON (Alexis). Poésies choisies et pièces inédites, avec une notice bio-bibliographique par Honoré Bonhomme. — VADÉ (Joseph). Poésies et lettres facétieuses, avec une notice bio-bibliographique par Georges Lecocq.

Exemplaires imprimés sur PEAU DE VÉLIN pour M. le Cte A. Werlé, contenant les portraits et vignettes en 4 états, sur Chine, Japon ou papier rose : en sanguine et en noir, avant et avec la lettre.

Le volume des Poésies de Desforges-Maillard ne contient que trois états du portrait et de la vignette.

670. PIEDAGNEL (Alexandre). Hier. *Paris, Cl. Motteroz*, 1882, in-8, dos et coins mar. bleu, tête dor., non rogné (*Couvert.*).

Frontispice et 110 vignettes par *Paul Avril*.

671. PIIS (De). Chansons nouvelles dédiées à Mgr comte d'Artois et ornées de 12 jolies estampes, gravées par M. Gaucher, d'après les dessins de M. Le Barbier. *A Paris, chez Defer de Maisonneuve* (*Paris, Rouquette*, 1891), in-18, demi-rel. mar. violet, tête dor., non rogné.

Un des 30 exemplaires (n° 19) imprimés sur PAPIER DE HOLLANDE contenant deux états des planches : en noir et en bistre.

672. POÉSIES et nouvelles. Souvenirs d'une jeune fille de dix-huit ans. *Périgueux, Dupont et Cie*, 1879, in-12, papier vergé, mar. vert jans., doublé de mar. rouge avec semis d'abeilles, tr. dor. (*Champs*).

Exemplaire orné d'une AQUARELLE ORIGINALE SUR PEAU DE VÉLIN signée *Lucie*, elle représente un grand médaillon de roses.

673. PRÉVOST (l'Abbé). Histoire de Manon Lescaut et du chevalier Des Grieux, précédée d'une étude par Arsène Houssaye. Six eaux-fortes par Hédouin. *Paris, Librairie des bibliophiles*, 1874, 2 vol,. in-12, mar. citron, compart. de fil., angles et dos ornés, dent. int., tête dor., non rognés (*Champs*).

Un des 25 exemplaires imprimés sur PAPIER WHATMAN, contenant les figures AVANT la lettre.

674. PRÉVOST (L'Abbé). Manon Lescaut. Préface de M. deLescure. Eaux-fortes de Lalauze. Variantes et bibliographie. *Paris Quantin*, 1879, pet. in-8, texte encadré, en feuilles, dans un carton, dos veau fauve.

Exemplaire unique imprimé sur PEAU DE VÉLIN pour M. le Cte A. Werlé, contenant les eaux-fortes en 3 états : sur peau de vélin et sur Japon avant la lettre, et avec la lettre.

De la *Petite Bibliothèque de luxe*.

675. PSST... ! Images par Forain, Caran d'Ache. *Paris, Plon*, 1898-1899, in-fol., demi-rel. mar. vert, dos orné, tête dor., non rogné, couvert. (*Pierson*).

Un des 75 exemplaires imprimés sur PAPIER DU JAPON.

COLLECTION COMPLÈTE.

676. PUBLICATIONS JOUAUST. *Paris, Librairie des bibliophiles,* 1880-1884, 4 vol. in-12, dont 2 rel. en mar. et 2 dos et coins mar. bleu, fil., tête dor., non rognés (*Champs* et *Pierson*).

Les Annales amusantes, première suite contenant les mois de Mai, Juillet, Août et Septembre 1741, publiée par le bibliophile Jacob. Eaux-fortes par Ad. Lalauze, 1882. — La Chaussée. Contes et poésies, publiés par le bibliophile Jacob, eaux-fortes par Ad. Lalauze, 1880. — Des Houllières (Mme). Œuvres choisies. Avec une préface par M. de Lescure, Frontispice gravé par Lalauze, 1882. — Meusnier de Querlon. Psaphion ou la courtisane de de Smyrne et les hommes de Prométhée, publiés par le bibliophile Jacob, avec une eau-forte par Ad. Lalauze, 1884.

677. PUBLICATIONS ROUVEYRE, 6 vol., in-12 et in-16, demi-rel. et dos et coins mar. et toile, tête dor., non rognés.

Bijoux des neuf sœurs (Les). Illustrations de Cortazzo, 1884. — Flirt. Doux larcins. Illustrations de Le Natur, 1882. — Labessade (De). Le Droit du seigneur et la rosière de Salency, 1878. — Meunier (L. V.). Baisers tristes. Illustrations de R. V. Meunier, 1883. — Du Mariage, par un philosophe du xviiie siècle, avec préface par O. Uzanne, 1877. — Satin. Le Culte, dessins de Mesplès, 1882.

678. RABELAIS (F.). Œuvres. *Paris, Louis Janet,* 1823, 3 vol., in-8, dos et coins mar. rouge, jans., tête dor., non rognés (*David*).

Bel exemplaire imprimé sur grand papier vélin, auquel on a ajouté une suite de 2 portraits, dont un sur Chine et 10 figures par *Deveria*, épreuves avant la lettre, tirées sur papier de Chine.

679. RECUEIL CLAIRAMBAULT-MAUREPAS. Chansonnier historique du xviiie siècle, publié avec introduction, commentaire, notes et index par Émile Raunié, orné de portraits à l'eau-forte par Rousselle. *Paris, A. Quantin,* 1879-1884, 10 vol., in-12, dos et coins mar. gris. fil., dos orné, tête dor., non rognés, couvert. illust. (*Pierson*).

Ouvrage orné de 50 portraits.

680. RECUEIL de pièces rares et facétieuses, anciennes et modernes en vers et en prose, remises en lumière pour l'esbattement des pantagruélistes avec le concours d'un bibliophile. *Se vend à Paris, chez A Barraud, à l'enseigne de la Jarretière,* 1872-1873, 4 vol. in-8, figures dans le texte et hors texte dont la plupart sur Chine collé, mar. citron, fil., dos orné, chiffre sur les plats, doublé de mar. rouge, comp. de fil. et dentelles à petits fers, gardes de moire rouge, tête dor., non rognés (*Tinot*).

Un des 20 exemplaires (n° 16) imprimés sur papier vélin.

681. RICTUS (Jehan). Les Soliloques du Pauvre. Édition revue, corrigée et augmentée de poèmes inédits. Illustrations par A. Steinlen. *Paris, P. Sevin et E. Rey,* 1903, in-12, demi-rel. mar. noir, fil., dos orné, tête dor., non rogné, couverture illust. (*Pierson*).

Un des 100 exemplaires imprimés sur papier vélin d'Arches.

682. ROWLANDSON. The Tour of Doctor Syntax, in search of the picturesque (second tour, in search of the consolation, and the third tour in search of wife)

poems. Third edition. *London, R. Ackermann, s. d.*, ens. 3 vol. in-8, cartonn. toile des éditeurs, tête dor., non rogné.

Ouvrage recherché, orné de 2 titres et de 78 planches en couleurs.
Le frontispice et le titre gravé du troisième volume sont plus courts.

683. SAINT-JUIRS. Le Cabaret des Trois Vertus. Illustrations de Daniel Vierge, gravées par Clément Bellenger. *Paris, Ch. Tallandier, s. d.*, in-4, cartonn. demi-mar. gren., tête dor., non rogné, couverture illustrée (*Pierson*).

684. SAINT-PIERRE (Bernardin de). Études de la nature. Nouvelle édition, conforme à celle publiée par M. Aimé Martin. *Paris, Aimé André*, 1825, 5 vol. gr. in-8, figures, demi-rel. veau fauve, dos orné, tr. marb. (*Rel. de l'époque*).

On a ajouté à cette édition l'étude littéraire sur la partie historique du roman de Paul et Virginie et les pièces officielles relatives au naufrage du vaisseau le Saint-Géran, par P.-L. Lemontey.
Exemplaire imprimé sur GRAND PAPIER VÉLIN, contenant 1 portrait, 1 carte, 2 figures par *Girodet* et *Prudhon* (pour *Paul et Virginie*), AVANT la lettre et 8 planches de botanique.

685. SAINT PIERRE (Bernardin de). Paul et Virginie. *Paris, L. Curmer, 49, rue Richelieu*, 1838, in-8, chag. vert, comp. de fil., fleurons aux angles, dos orné, dent. int., tr. dor.

Orné de 450 vignettes sur bois dans le texte, 29 grands sujets tirés à part sur Chine, 1 carte et 7 portraits sur acier par Meissonier, T. Johannot, etc. — Exemplaire avec le portrait de la *bonne femme*, à la fin de la *Chaumière indienne*, mais sans les papiers roses des légendes.

686. SAINT-PIERRE (Bernardin de). Paul et Virginie. Préface de Jules Claretie. Eaux-fortes de Fr. Régamey. Variantes et bibliographie. *Paris, Quantin*, 1878, pet. in-8, texte encadré, en feuilles, dans un carton, dos veau fauve.

Exemplaire unique imprimé sur PEAU DE VÉLIN pour M. le Cte A. Werlé contenant les 3 DESSINS ORIGINAUX de FR. RÉGAMEY, les eaux-fortes en 4 états, et la lettre autographe de Bernardin de Saint-Pierre ayant servi à la reproduction du fac-simile. On y a ajouté 1 frontispice non signé, gravé à l'eau-forte, en 3 états.
De la *Petite Bibliothèque de luxe*.

687. SAINT-PIERRE (Bernardin de). Paul et Virginie. Préface de Jules Claretie ; eaux-fortes de Fr. Régamey. Variantes et bibliographie. *Paris, A. Quantin*, 1878, in-12, mar. vert, fil., tête dor., non rogné, reliure souple (*Pierson*).

Un des 100 exemplaires (n° 17) imprimés sur PAPIER DU JAPON ; contenant les eaux-fortes en 2 états : AVANT la lettre sur Japon et sur Hollande.

688. SAINTS ÉVANGILES (Les) traduits de la vulgate par M. l'abbé Dassance. Illustrés par MM. Tony Johannot, Cavelier, Gérard-Séguin et Brévière. *Paris, L. Curmer*, 1836, 2 tomes en 1 vol. in-8, front. et fig., veau bleu, encad. de fil. dor., plaque à la cathédrale à froid, dos orné, dent., tr. dor.

PREMIER TIRAGE ; reliure romantique.

689. SALIS (Rodolphe). Contes du Chat noir. L'Hiver, dessins de A. Willette,

Henri Rivière, Henri Pille, Steinlen. Préface de Philippe Gille, prologue de A. Willette. *Paris, Librairie illustrée, s. d.* — Contes du Chat noir. Le Printemps, dessins de Loÿs, Robida, Fernand Fau, Sabattier. Préface de Francisque Sarcey. *Paris, E. Dentu,* 1891. — Ens. 2 vol. in-8, cartonn. toile, tête dor., non rognés, couvert. illust. (*Pierson*).

Premier tirage.

690. SAND (Maurice). Masques et bouffons (comédie italienne). Texte et dessins par Maurice Sand. Gravures par A. Manceau. Préface par George Sand. *Paris, Michel Lévy,* 1860, 2 vol. gr. in-8, dos et coins mar. vert, fil., dos orné et mosaïqué, tête dor., non rognés (*Tinot*).

Exemplaire contenant les 50 figures hors texte, coloriées.

691. SARAH-BERNHARDT. Dans les Nuages. Impressions d'une chaise. Illustré par Georges Clairin. *Paris, G. Charpentier, s. d.,* in-4, dos et coins mar. bleu, fil., dos orné, tête dor., non rogné (*Champs*).

Un des 50 exemplaires (n° 47) imprimés sur papier de Hollande.

692. SAULIÈRE (Auguste). Les Leçons conjugales, contes lestes. Vignettes et eaux-fortes de Henry Somm. *Paris, E. Dentu,* 1879, in-12, mar. noir, dent. int., tr. dor. (*Champs*).

Un des 50 exemplaires imprimés sur papier de Chine, contenant les eaux-fortes en 2 états avant la lettre : sur Chine et sur Japon.

693. SEM. Monte-Carlo. Les Acacias. 3 albums in-fol. en feuilles dans des cartons.

48 planches en couleurs.

694. SEM. Albums de Sem. 6 vol. in-fol., dont 4 en feuilles dans des cartons et 2, cartonn. dos et coins toile verte, tête dor., non rognés (*Pierson*).

175 planches en couleurs.

695. SILVESTRE (Armand). Trente Sonnets pour Mademoiselle Bartet; portrait frontispice composé par Atalaya, gravé à l'eau-forte par F. Massé. *Paris, Henry Floury,* 1896, in-8 de 30 ff., mar. bleu, chiffre mosaïqué sur les plats, fil., dent. int., tête dor., non rogné, couverture (*Champs*).

Tirage à 200 exemplaires sur papier du Japon.

696. SIMÉON (Comte). Horace. Traduction en vers. Odes et épodes, satires et épîtres. *Paris, Librairie des bibliophiles,* 1873-1874, 3 vol. pet. in-8, mar. citron, fil., chiffre sur les plats, dos orné, dent. int., tête dor., non rognés (*Tinot*).

Édition tirée à 500 exemplaires imprimés sur papier de Hollande; elle est ornée de vignettes de *Chauvet*, gravées à l'eau-forte.

697. SLIMAN BEN IBRAHIM. Mirages. Scènes de la vie arabe. Compositions

de E. Dinet, commentées par Sliman ben Ibrahim Bamer. *Paris, Piazza et Cie*, *s. d.* (1906), in-8, broché, couverture.

Un des 40 exemplaires (n° 36) imprimés sur PAPIER DU JAPON avec le tirage à part en noir de toutes les illustrations.

698. SONNETS ET EAUX-FORTES. *Paris, Lemerre*, 1869, in-4, broché (*Couvert.*).

Tirage à 350 exemplaires sur papier vergé. Orné de 42 eaux-fortes par *E. Lévy, C. Nanteuil, F. Régamey, L. Flameng, E. Boilvin*, etc.

699. TACONET (Maurice). Par les Sentiers, contes et souvenirs, 52 compositions de Ed. Rudaux et Ch. Léandre, gravées à l'eau-forte par A. Lamotte et Ed. Rudaux. *Paris, Rouquette*, 1894, pet. in-8, dos et coins mar. La Vall., fil., dos orné, tête dor., non rogné, couvert. (*Pierson*).

Un des 40 exemplaires (n° 67) imprimés sur PAPIER DU JAPON, contenant un seul état des planches.

700. TAINE (H.). Voyage aux Pyrénées. Troisième édition, illustrée par Gustave Doré. *Paris, Hachette*, 1860, in-8, dos et coins mar. bleu, tête dor., ébarbé.

PREMIER TIRAGE.

701. THÉOCRITE. L'Oaristys, texte grec et traduction de M. André Bellessort précédée d'une lettre de Sicile par M. Anatole France. Illustrations de Georges Bellenger, gravées par E. Froment. *Paris, Edouard Pelletan*, 1896, in-4, mar. crème, chiffre mosaïqué sur les plats, large dent. int., tête dor., non rogné, couvert. illust. (*Champs*).

Un des 25 exemplaires (n° 16) imprimés sur PAPIER DU JAPON ; contenant une double suite d'épreuves d'artiste signées, sur Chine et sur Japon, de toutes les figures et une AQUARELLE ORIGINALE de GEORGES BELLENGER.

702. THEURIET (André). Bouquet de fleurs. Illustrations d'Emile Monchau. *Paris, Ferroud, s. d.*, pet. in-4, broché (*Couvert illust.*).

Encadrements en couleurs.

703. TOPFFER (R.). Nouvelles génevoises illustrées d'après les dessins de l'auteur. Gravures par Best, Leloir, Hotelin et Regnier. *Paris, J. Dubochet et Cie*, 1845, in-8, demi-rel., chag. vert, dos orné (*Rel. de l'époque*).

PREMIER TIRAGE.

704. TRESSAN (Comte de). Jehan de Saintré, Gérard de Nevers, Regner Lodbrog, Robert. *Paris, Nepveu*, 1822, in-8, dos et coins mar. citron, tête dor., non rogné (*Tinot, rel. à Reims*).

3 figures de *Colin*, gravées par *Blanchard* et *Pauquet*.

705. TYPES DE PARIS (Les) (Edition du Figaro). Texte par Edmond de Goncourt, Alphonse Daudet, Emile Zola, Antonin Proust, Robert de Bonnières, Henry Gréville, Guy de Maupassant, Paul Bourget, J. K. Huysmans, Gustave Geffroy, Stéphane Mallarmé, L. Mullem, J. Ajalbert, L. de Fourcaud, Félicien

Champsaur, Octave Mirbeau, Henry Céard, J. H. Rosny, Roger Marx, Paul Bonnetain, Jean Richepin. Dessins de Jean-François Raffaëlli. *Paris, H. Plon et Cie*, 10 livraisons en 1 vol. pet. in-4, figures dans le texte et hors texte, dos et coins mar. gren., fil., dos orné, tête dor., non rogné, couvertures des livraisons conservées (*Champs*).

706. UZANNE (Octave). Caprices d'un bibliophile. *Paris, Edouard Rouveyre*, 1878, in-8, front. mar. grenat, dent. int., tête dor., non rogné, couvert. illust. (*Pierson*).

Un des 50 exemplaires imprimés sur PAPIER WHATMAN.

707. UZANNE (Octave). Caprices d'un bibliophile. *Paris, Edouard Rouveyre*, 1878, in-8, front., dos et coins mar. grenat, fil., dos orné, tête dor., non rogné (*Champs*).

Un des 10 exemplaires (n° V) imprimés sur PAPIER DE CHINE.

708. UZANNE (Octave). Le Bric-à-brac de l'amour. Préface de Jules Barbey d'Aurévilly. *Paris, Rouveyre*, 1879, in-8, frontispice de Lalauze, dos et coins mar. La Vall., tête dor., non rogné (*Champs*).

Un des 50 exemplaires (n° 54) imprimés sur PAPIER WHATMAN, tirage en deux couleurs.

709. UZANNE (Octave). Les Surprises du cœur. *Paris, Edouard Rouveyre*, 1881, petit in-8, front. cartonn. de mar. bleu à recouv., encad. d'un filet, dos orné, tête dor., non rogné, couvert. illust. (*Pierson*).

710. UZANNE (Octave). Les Zigzags d'un curieux. Causeries sur l'art des livres et la littérature d'art. *Paris, Quantin*, 1888, in-12, cartonn., dos et coins toile, tête dor., non rogné, couvert. (*Pierson*).

Un des 30 exemplaires (n° 1) imprimés sur PAPIER WHATMAN, contenant 2 états du frontispice.

711. UZANNE (Octave). Sports et transports en France et à l'Étranger. La Locomotion à travers l'histoire et les mœurs. Illustrations dans le texte et hors texte. Nombreuses reproductions d'estampes anciennes. *Paris, Paul Ollendorff*, 1900, gr. in-8, demi-rel. mar. rouge, fil., dos orné, tête dor., non rogné (*Couvert. illust.*).

Un des 60 exemplaires imprimés sur PAPIER DU JAPON IMPÉRIAL, contenant un tirage à part sur papier de Chine de toutes les illustrations hors texte.

712. UZANNE (Octave) et ROBIDA (A.). Contes pour les bibliophiles. *Paris, May et Motteroz*, 1895, gr. in-8, demi-rel., mar. olive, dos orné et mosaïqué, tête dor.. non rogné, couvert. cons. (*Pierson*).

Édition ornée de nombreuses illustrations hors texte et dans le texte par *A. Robida*, en noir et en couleurs.

713. VAUCAIRE (Maurice). Vingt masques, dessins de Louis Morin. *Paris, A.*

Rouquette, s. d., pet. in-8, fig. coloriées dans le texte, dos et coins, mar. vert, tête dor., non rogné, couvert. illust. (*Pierson*).

Tirage unique à 100 exemplaires sur PAPIER DU JAPON contenant un TIRAGE A PART en noir, sur Chine, de toutes les illustrations.

714. VERLAINE (Paul). Fêtes galantes, ornées de 69 dessins par A. Gérardin, gravés sur bois par les Membres de la Société. *Paris, Société artistique du Livre illustré,* 1899, in-8, cartonn. toile grise, tête dor., non rogné, couverture (*Pierson*).

Un des 145 exemplaires imprimés sur papier vélin.

715. VIGNY (Alfred de). Servitude et grandeur militaires. Souvenirs de grandeur militaire. 51 illustrations de L. Dunki, gravées par Clément Bellenger. *Paris, Edouard Pelletan,* 1898, in-4, br. dans un carton (*Couvert.*).

Un des 15 exemplaires imprimés sur PAPIER DU JAPON ANCIEN ; contenant une double suite sur Japon et sur Chine d'épreuves d'artiste signées par Clément Bellenger et un DESSIN ORIGINAL de DUNKI.

716. VIRGILII (Publii) Maronis Carmina omnia perpetuo commentario ad modum Joannis Bond explicuit F. Dubner. *Parisiis, ex typographia Firminorum-Didot,* 1858, in-18, mar. vert, jans., dent. int, tr. dor. (*Smeers*).

Jolie édition ornée de vignettes photographiques.

717. VOGUÉ (Vicomte E. M. de). Le Manteau de Joseph Olénine. Portrait gravé par A. Lamotte. *Paris, L. Conquet,* 1889, in-16, demi-rel., mar. bleu, tête dor., non rogné, couverture (*Pierson*).

Exemplaire imprimé sur papier vélin du Marais.

718. VOLTAIRE. Les Vous et les Tu. Épître de M. Voltaire, ornée de lithographies à la plume par Fraipont. *Paris, Imprimé pour les Amis des Livres,* 1883. gr. in-8, carton. vélin blanc à recouv., tête dor., non rog., couvert.

Avec le tirage à part sur Japon des illustrations.

2. — *LIVRES ILLUSTRÉS DANS TOUS LES GENRES*

719. AJALBERT (J.). L'Auvergne. Illustrations de A. Montader. *Paris, Quantin, s. d.,* in-4, demi-rel., mar. vert, fil., dos orné, tête dor., non rog. (*Pierson*).

Nombreuses illustrations.

720. ALBUMS ILLUSTRÉS publiés par Plon, Hachette, Didot. Réunion de 10 albums in-4, cartonn. des éditeurs.

DÉSIRS, danses, désappointements, par Gertrude A. Konstam, Ella et Nelia Casella. *Didot, s. d.,* illustrations en couleurs. — GIRARDIN (J.). Robert Browning. L'homme à la flute. *Hachette,* 1889. Illustrations en couleurs de Kate Greenaway. — LA CIVILITÉ puérile et honnête expliqueé par l'oncle Eugène. *Plon, s. d.* Illustrations en couleurs par B. de Monvel. — LA FONTAINE. Fables choisies pour les enfants. *Plon, s. d.* Illustrations en couleurs par B. de

Monvel. — Crafty. La Chasse à tir, la Chasse à courre, l'Équitation puérile et honnête. *Plon, s. d.*, 3 vol., illustrations en couleurs par Crafty. — Okama, roman japonais. *Plon*, 1883, illustrations en couleurs par F. Régamey. — Caran d'Ache. Les Courses dans l'antiquité. *Plon, s. d.*, illustrations en couleurs. — Guillaume (A.). Le Repas à travers les âges. *Delagrave, s. d.*

721. ALBUMS ILLUSTRÉS publiés par Plon, Hachette, etc. 4 vol. in-4, cartonn. toile des éditeurs.

Quatrelles. La Dame de Gai-Fredon. Illustrations en couleurs d'après les dessins de Eug. Courboin, 1884. — Mars. Sable et galet. Plages normandes et plages du Nord. Nombreuses illustrations en couleurs. — Mars. Croquis de plage. Nombreuses illustrations en couleurs. — Job et Marthold (J. de). Le grand Napoléon des petits enfants. Nombreuses illustrations en couleurs.

722. ALEXANDRE (Arsène). La Maison de Victor Hugo. *Paris, Hachette*, 1903, gr. in-8, figures, demi-rel. mar. rouge, tête dor., non rog., couvert. (*Pierson*).

723. ANACREON. Odes, avec 64 compositions, par Girodet. Traduction d'Amb. Firmin Didot. *Paris, Firmin Didot frères*, 1864, in-16, mar. bleu jans., dent. int., tr. dor. (*Smeers*).

Texte encadré d'un filet rouge. — Les compositions de *Girodet* sont reproduites en photographie.

724. APULÉE. L'Amour et Psyché, d'après le roman d'Apulée. Suite de vingt planches données et gravées à l'eau-forte par Lorenz Frölich. *S. l.* (*Paris, imp. Beillet*), 1862, grand in-4, dos et coins mar. rouge, tête dor.

725. ARCHIVES DES MAITRES D'ARMES de Paris, publiées par Henry Daressy. *Paris, Quantin*, 1888, in-8, mar. rouge, fil., dos orné, chiffre sur les plats, dent. int., tête dor., non rogné (*Allô*).

Un des 10 exemplaires (n° 1) imprimés sur papier du Japon.

726. ARMAILHACQ (Mgr d'). L'Église nationale de Saint-Louis-des-Français à Rome. Notes historiques et descriptives. *Rome, Philippe Cuggiani*, 1894, gr. in-8, demi-rel., marb. bleu, tête dor., non rogné. — Bernard (Marius). Autour de la Méditerranée, les côtes latines. L'Italie (de Vintimille à Venise). 120 illustrations par H. Avelot et une carte itinéraire du voyage. *Paris, Henri Laurens, s. d.*, gr. in-8, cartonn. toile grise, tête dor., non rogné, couvert. illust. (*Pierson*).

Nombreuses illustrations.

727. ARTAMOF (Piotre). La Russie historique, monumentale et pittoresque. Avec la collaboration de M. J.-G.-D. Armengaud. *Paris, Ch. Lahure et Cie*, 1862-1865, 2 vol. gr. in-4, demi-rel. chag. vert, dos orné, tr. jasp.

Nombreuses illustrations dans le texte gravées sur bois et cartes.

728. AURIGNAC (Romain d'). Amérique du Sud. Trois ans chez les Argentins. Illustrations de Riou, gravure de Ch. Guillaume et Cie. *Paris, E. Plon, Nourrit et Cie, s. d.*, pet. in-4, demi-rel. mar. grenat, tête dor., non rogné, couvert. illust. (*Pierson*).

729. AVELOT (H.) et LA NEZIÈRE (J. de). Monténégro, Bosnie, Herzégovine. Ouvrage illustré par les auteurs de 4 aquarelles et de 200 dessins inédits. *Paris, Henri Laurens, s. d.*, in-8, demi-rel. mar. grenat, tête dor., non rogné, couvert. illust. (*Pierson*).

730. BAPST (Germain). Histoire des Joyaux de la couronne de France d'après des documents inédits. Ouvrage orné de cinquante gravures. *Paris, Hachette et Cie*, 1889, gr. in-8, dos et coins mar. grenat, fil., dos orné, tête dor., non rogné, couverture (*Pierson*).

731. BAPST (Germain). Essai sur l'histoire du théâtre, la mise en scène, le décor, le costume, l'architecture, l'éclairage, l'hygiène. Ouvrage orné de 85 gravures. *Paris, Hachette et Cie*, 1893, gr. in-8, demi-rel. mar. grenat, fil., dos orné, tête dor., non rogné, couverture (*Pierson*).

732. BARRON (Louis). Les Fleuves de France : La Loire. Ouvrage orné de 134 dessins par A. Chapon. *Paris, Henri Laurens, s. d.*, in-8, dos et coins, mar. bleu, tête dor., non rogné (*Pierson*).

Un des 30 exemplaires (n° 8) imprimés sur PAPIER DU JAPON.

733. BAZIN (René). Le Duc de Nemours. Ouvrage orné de 41 gravures dont 4 tirées en héliogravure. *Tours, Alfred Mame et fils, s. d.*, in-8, cartonn. des éditeurs en étoffe.

734. BEAUCHAMP (comte de). Louis XIII d'après sa correspondance avec le cardinal de Richelieu. *Paris, H. Laurens*, 1902, gr. in-8, nombreuses illustrations hors texte et dans le texte, mar. rouge, dos orné et fleurdelisé, plats ornés d'une médaille à l'effigie de Louis XIII, tr. dor., couvert.

Un des 25 exemplaires (n° 5) imprimés sur PAPIER DU JAPON.

735. BEAUMONT (Édouard de). Fleur des belles épées. *Paris, Boussod, Valadon et Cie*, 1885, in-fol. en feuilles, dans un carton.

Exemplaire imprimé sur PAPIER DE HOLLANDE (n° 75) avec les 10 planches tirées sur Chine.

736. BEAUTÉS DU MOYEN-AGE et de la Renaissance (mœurs et arts) par MM. Émile Begin, Champollion-Figeac, Depping, Pierre Dubois, Benjamin Guérard, Paul Lacroix, etc., etc. *Paris, à l'administration du Moyen Age et de la Renaissance, s. d.*, in-4, demi-rel. chag. bleu, tr. dor.

Nombreuses illustrations hors texte et dans le texte en noir et en chromolithographie.

737. BÉRARD (Victor). Les Phéniciens et l'Odyssée. *Paris, Armand Colin et Cie*, 1902-1903, 2 vol. in-8, brochés, couvert.

Nombreuses illustrations.

738. BERNARD (Marius). Autour de la Méditerranée : les côtes orientales. Turquie d'Europe et d'Asie, de Salonique à Jérusalem : Terre-Sainte et Égypte (de Jérusalem à Tripoli). Illustrations par H. Avelot et Le Pan de Ligny et une carte itinéraire du voyage. *Paris, Laurens, s. d.*, 2 vol. gr. in-8, demi-rel. mar. olive et cartonn. toile bleue, tête dor., non rogné, couvert. illust. (*Pierson*).

739. BINDER (Henry). Au Kurdistan, en Mésopotamie et en Perse. Ouvrage illustré de 200 dessins imprimés en phototypie par Quinsac d'après les photographies et croquis de l'auteur, et d'une carte en 4 couleurs des frontières turco-persanes. *Paris, Quantin,* 1887, in-8, dos et coins mar. vert, fil., dos orné et mosaïqué, tête dor., non rogné, couvert. illust. (*Allô*).

740. BLONDEL (Spire). Le Tabac. Le Livre des fumeurs et des priseurs. *Paris, Laurens,* 1891, gr. in-8, dos et coins mar. rouge, tête dor., non rogné, couvert.

113 illustrations de *G. Fraipont* dont 16 hors texte en couleurs.

741. BONNETAIN (Paul). Le Monde pittoresque et monumental. L'Extrême-Orient. Ouvrage illustré de nombreux dessins d'après nature et accompagné de trois cartes dressées d'après les documents les plus récents. *Paris, Quantin, s. d.*, gr. in-8, dos et coins mar. chaudron, fil., dos orné et mosaïqué, tête dor., non rogné, couverture illust. (*Allô*).

742. BONNEVILLE DE MARSANGY (L.). La Légion d'honneur, 1802-1900. Ouvrage publié sous le haut patronage de M. le grand Chancelier de la Légion d'honneur. *Paris, Laurens,* 1900, in-4, demi-rel. mar. rouge jans., tête dor., non rogné, couvert. (*Pierson*).

Nombreuses illustrations dans le texte et héliogravures hors texte.

743. BONVALOT (Gabriel). De Paris au Tonkin à travers le Tibet inconnu. Ouvrage contenant une carte en couleurs et 108 illustrations d'après les photographies du prince Henri d'Orléans. *Paris, Hachette et Cie*, 1892, gr. in-8, demi-rel. mar. brun, tête dor., non rogné, couvert. (*Pierson*).

744. BORELLI (Jules). Ethiopie méridionale. Journal de mon voyage au pays Amhara, Oromo et Sidama. Septembre 1885 à novembre 1888. *Paris, May et Motteroz,* 1890, gr. in-8, nombreuses illustrations, demi-rel., mar. vert, tête dor., non rogné, couvert. (*Pierson*).

745. BOUCHOT (Henri). La Franche-Comté. Illustrations par Eugène Sadoux. *Paris, E. Plon, Nourrit et Cie*, 1890, gr. in-8, mar. bleu, fil. à froid, tête dor., non rogné, couvert. (*Pierson*).

Ouvrage renfermant 30 eaux-fortes, 3 héliogravures, 13 phototypies et plus de 270 dessins dans le texte.

746. BOUCHOT (Henri). Les Femmes de Brantôme. Ouvrage orné de 30 planches hors texte et de nombreuses gravures dans le texte reproduites d'après les originaux. *Paris, Quantin,* 1890, gr. in-8, mar. La Vall., dent. int., tête dor., non rogné, couvert. illust. (*Pierson*).

747. BOURGEOIS (Émile). Le grand Siècle. Louis XIV, les arts, les idées, d'après Voltaire, Saint-Simon, Spanheim, Dangeau, Madame de Sévigné. *Paris, Hachette et Cie*, 1896, gr. in-8, demi-rel. mar. La Vall., tête dor., non rogné, couverture illust. (*Pierson*).

22 planches hors texte et un très grand nombre de figures dans le texte.

748. BOVET (Marie-Anne de). L'Écosse, souvenirs et impressions de voyages. Ouvrage illustré de cent-soixante-sept gravures, dont cent-dix reproduisent les aquarelles exécutées d'après nature par G. Vuillier. *Paris, Hachette et Cie*, 1898, in-4, dos et coins mar. La Vall., fil., dos orné, tête dor., ébarbé, couverture illust. (*Champs*).

749. BOYER D'AGEN. La Jeunesse de Léon XIII d'après sa correspondance inédite. De Carpineto à Bénévent (1810-1838). *Tours, Alfred Mame et fils*, 1896, in-8, demi-rel. mar. grenat, fil., dos orné, tête dor., non rogné. — Un Prélat italien sous l'ancien état pontifical. Léon XIII d'après sa correspondance inédite. De Bénévent à Pérouse (1838-1845). *Paris, Félix Juven, s. d.*, in-8, figures, br. — Darc (Jean). Léon XIII et sa cour. *Paris, H. Simonis Empis, s. d.*, in-4, cartonn. toile grise, tête dor., non rogné, couvert. illust. (*Pierson*). — Ens. 3 vol.

Nombreuses illustrations dans le texte et hors texte.

750. BRIAND (l'abbé Em.). Histoire de sainte Radegonde, reine de France, et des sanctuaires et pèlerinages en son honneur. *Paris, H. Oudin*, 1898, gr. in-8, demi-rel. mar. bleu, fil., tête dor., non rogné, couvert. illust. (*Pierson*).

Nombreuses illustrations.

751. CABROL (Élie). Voyage en Grèce 1889. Notes et impressions. 21 planches en héliogravure et 5 plans lithographiés tirées hors texte. *Paris, Librairie des bibliophiles*, 1890, in-4, dos et coins mar. rouge, tête dor., non rogné, couvert. (*Pierson*).

Tirage à 500 exemplaires.

752. CAIN (Georges). Coins de Paris. Préface de Victorien Sardou, avec 100 illustrations documentaires. *Paris, Ernest Flammarion, s. d.*, pet. in-8, br. — Le beau Pays de France. Paris en plein air, texte de MM. Armand Silvestre, Georges Maillard, Léo Claretie, etc., etc. Illustrations de MM. Guillemet, Gérardin, F. Seguin, A. Barbier, etc., etc., gravures et reproductions photographiques de la bibliothèque universelle en couleurs. *Paris, Bibliothèque universelle en couleurs*, 1897, in-4, cartonn. toile rouge de l'éditeur, tête dor., non rogné. — Ens. 2 vol.

753. CAPUS (Guillaume). A travers la Bosnie et l'Herzégovine. Études et impressions de voyage. *Paris, Hachette et Cie*, 1896, gr. in-8, figures, demi-rel. mar. gren., tête dor., non rogné, couverture illustrée (*Pierson*).

Orné d'une grande carte pliée et de 154 gravures dans le texte.

754. CASATI (Gaetano). Dix années en Equatoria. Le retour d'Emin Pacha et l'expédition Stanley. Ouvrage traduit avec l'autorisation de l'auteur par Louis de Hessem. *Paris, Firmin Didot et Cie*, 1892, gr. in-8, demi-rel. mar. olive, tête dor., non rogné, couvert. (*Pierson*).

170 gravures et 4 cartes.

755. CHABEUF (Henri). Dijon, monuments et souvenirs. Ouvrage illustré de 140 photogravures par Chesnay. *Dijon, L. Damidot,* 1894, in-4, mar. vert, chiffre mosaïqué sur les plats, dent. int., tête dor., non rogné, couverture (*Carayon*).

756. CHAMPIER (Victor). Les anciens almanachs illustrés. Histoire du calendrier depuis les temps anciens jusqu'à nos jours. *Paris, Frinzine et C°,* 1886, in-fol. en feuilles dans un carton.

Ouvrage accompagné de 50 planches hors texte en noir et en couleurs reproduisant les principaux almanachs illustrés ou gravés par *Léonard Gaultier, Crispin de Passe, A. Bosse, Lepautre, Gravelot, Cochin, Debucourt,* etc., etc.

757. CHAMPIER (Victor) et SANDOZ (G.-Roger). Le Palais-Royal d'après des documents inédits (1629-1900) du Cardinal de Richelieu jusqu'à nos jours. Ouvrage illustré de planches hors texte, eaux-fortes, héliotypies, fac-similés d'aquarelles et de nombreuses gravures dans le texte. *Paris, Société de propagation des livres d'art,* 1900, 2 vol. gr. in-8, br. (*Couvert. illust.*).

758. CHASLES (Philarète). Révolution d'Angleterre. Charles Ier. Sa cour, son peuple et son Parlement. 1630 à 1660. Histoire anecdotique et pittoresque du mouvement social et de la guerre civile en Angleterre au dix-septième siècle. *Paris, Mme Vve Louis Janet, s. d.* (1844), in-8, fig., cartonn. toile, fers spéciaux, tr. dor. (*Rel. de l'éditeur*).

Bel exemplaire du PREMIER TIRAGE, dans le cartonnage original très frais.

759. CHEVRIER (Jules). Chalon-sur-Saône pittoresque et démoli. Environs et légendes à l'eau-forte et à la plume. *Paris, Quantin,* 1883, in-4, pap. de Holl., dos et coins mar. brun, tête dor., non rogné, couvert. (*Champs*).

Ouvrage tiré à 300 exemplaires, ornés de 50 eaux-fortes hors texte.

760. CHOMTON (L'abbé L.). Histoire de l'Église Saint-Benigne de Dijon. Ouvrage orné de trente planches hors texte. *Dijon, Imprimerie et Lithographie Jobard,* 1900, in-fol., demi-rel. mar. viol., tête dor., non rogné, couverture (*Pierson*).

761. CICERI (Eugène). Les Pyrénées dessinées d'après nature et lithographiées par Eugène Cicéri, texte explicatif. Luchon et ses environs. *Luchon, Lafont, s. d.,* 2 parties en 1 vol. in-fol. oblong, cartonn. toile rouge de l'éditeur, tr. dor.

Ouvrage contenant 56 lithographies et 2 cartes hors texte.

762. CLAIR (le P. Ch.). S. J. La Vie de Saint Ignace de Loyola, d'après Pierre Ribadeneira, son premier historien. *Paris, E. Plon, Nourrit et Cie,* 1891, gr. in-8, 15 eaux-fortes et héliogravures hors texte et nombreuses illustrations dans le texte, mar. bleu, dent. int., tête dor., non rogné, couverture (*Pierson*).

763. CLARETIE (Leo). L'Université moderne, contenant soixante-cinq compositions de J. Geoffroy. Préface de M. O. Gréard. *Paris, Delagrave, s. d.* (1896), in-4, demi-rel. mar. La Vall., tête dor., non rogné, couvert. (*Pierson*).

764. CLINCHAMP (Comtesse Berthe de). Chantilly (1485-1897). Les d'Orgemont. Les Montmorency. Les Condé. Le duc d'Aumale. Avec une introduction de M. A. Mézières. *Paris, Hachette et Cie*, 1902, pet. in-4, illustrations hors texte et dans le texte, demi-rel. mar. bleu, fil., dos orné des armes des Condé, tête dor., non rogné, couverture (*Pierson*).

765. COLLECTION LEMERRE ILLUSTRÉE. *Paris, Alphonse Lemerre*, 1893-1894, 11 vol. in-32, cartonn., demi-mar. bleu et citron, dos orné, tête dor., non rognés, couverture illust. (*Pierson*).

Bourget (Paul). Un Scrupule. Illust. de Myrbach, 1893. Steeple-chase, illust. de André Brouillet, 1894. Un Saint, illust. de Paul Chabas, 1894. Ens. 3 vol. — Coppée (François). Henriette, illust. de Orazi, 1894. Rivales, illust. de Moisand, gravées par Ruffe, 1893. Ens, 2 vol. — Heredia (José-Maria de). La Nonne Alferez, illust. de Daniel Vierge, 1894. — Marguerite (Paul). L'Avril, illust. de Marold, Picard et Mittis, 1894. — Musset (Alfred de). Frédéric et Bernerette, illust. de Myrbach, 1893. — Prévost (Marcel). Le Moulin de Nazareth, illust. de Myrbach, 1894. Le Mariage de Juliette, illust. de Paul Chabas, 1896. Ens. 2 vol. — Theuriet (André). L'Abbé Daniel, illust. de Jeanniot, 1893. Rose-Lise, illust. de Myrbach, 1894. Ens. 2 vol. — Stendhal. L'Abbesse de Castro, illust. de Chabas, 1894.

766. CONTES RUSSES, traduits d'après le texte original et illustrés par Léon Sichler. *Paris, E. Leroux, s. d.*, gr. in-8°, figures dans le texte et hors texte, dos et coins mar. bleu, fil., dos orné et mosaïqué, tête dor., non rogné, couverture illustrée (*Pierson*).

767. COQUELIN CADET. Le Livre des Convalescents. Dessins de Henri Pille. Préfaces de Armand Silvestre et de Touchatout. *Paris, Tresse*, 1885, in-8, dos et coins, mar. orange, fil., dos orné, tête dor., non rogné, couvert. illust. (*Pierson*).

Nombreuses illustrations dans le texte.

768. CORNISH (Charles-J.). Les Animaux vivants du Monde, histoire naturelle illustrée d'après la photographie directe, publiée sous la direction de Charles-J. Cornish assisté d'un comité de savants et d'explorateurs. Traduction de l'anglais par Ernest Guilmoto, préface par Edmond Perrier. Les Mammifères, 13 planches en couleurs. *Paris, Ernest Flammarion, s. d.* — Voogt (Gos. de). Les Animaux domestiques, leurs mœurs, leur intelligence, leur utilisation et les bénéfices qu'ils produisent publiés sous la direction de Gos. de Voogt, avec la collaboration d'éleveurs, amateurs, etc., etc. Préface par l'éditeur des « Animaux vivants du monde », 730 illustrations et 13 planches en couleurs. *Paris, id., s. d.* — Ens. 2 vol. gr. in-8, demi-rel. mar. vert, tête dor., non rognés, couvert. illust. (*Pierson*).

769. COUPIN (H.). Les Arts et métiers chez les animaux. *Paris, Nony et Cie*, 1902, gr. in-8, demi-rel. mar. La Vall., tête dor., non rogné, couvert. illust. (*Pierson*).

Nombreuses illustrations dans le texte et hors texte.

770. CRAFTY. Sur le Turf. Courses plates et Steeple-chases. — La Province à

cheval. Paris au bois, texte et croquis. *Paris, Plon, Nourrit et Cie*, 1886-1899. — Ens. 3 vol. gr. in-8, dos et coins mar. brun et grenat, tête dor., non rognés, couvert. (*Champs* et *Pierson*).

Nombreuses illustrations.

771. CRAFTY. Anciens et nouveaux sports. Paris Sportif, texte et dessins par Crafty. *Paris, E. Plon, Nourrit et Cie*, 1896, in-8, cartonn. toile verte, tête dor., non rogné, couvert. illust. — La Marche (Claude). Traité de l'Épée. Illustrations par Marius Roy. *Paris, Marpon et Flammarion*, 1884, pet. in-8, demi-rel. mar. rouge, tête dor., non rogné, couvert. illust. (*Pierson*). — Ens. 2 vol.

772. D'ALLEMAGNE (Henry-René). Histoire des Jouets. Ouvrage contenant 250 illustrations dans le texte et 100 gravures hors texte dont 50 planches coloriées à l'aquarelle, par Henry-René D'Allemagne. *Paris, Hachette et Cie, s. d.*, in-4, demi-rel. mar. La Vall., tête dor., non rogné, couverture illust. (*Pierson*).

773. D'ALLEMAGNE (Henry-René). Sports et jeux d'adresse. Ouvrage contenant 328 illustrations dans le texte et 100 gravures hors texte, dont 29 planches coloriées à l'aquarelle. *Paris, Hachette et Cie, s. d.*, in-4, demi-rel. mar. rouge, tête dor., non rogné, couvert. (*Pierson*).

774. D'ALLEMAGNE (Henry-René). Histoire du luminaire depuis l'époque romaine jusqu'au XIXe siècle. Ouvrage contenant 500 gravures dans le texte et 80 grandes planches hors texte imprimées en deux teintes. *Paris, Alphonse Picard*, 1891, in-4, dos et coins mar. bleu, jans., tête dor., non rogné, couvert. (*Pierson*).

Exemplaire imprimé sur papier vélin teinté.

775. DARBLAY (Aymé). Villeroy, son passé, sa fabrique de porcelaine, son état actuel. *Paris, A. Picard et fils*, 1901, in-4, demi-rel. mar. vert, tête dor., non rogné, couvert. (*Pierson*).

Nombreuses reproductions hors et dans le texte en photogravure.

776. DAYOT (Armand). La Restauration d'après l'image du temps. Louis XVIII, Charles X. — Le Second Empire, 2 décembre 1851-4 septembre 1870, d'après les peintures, gravures, photographies, etc... du temps. *Paris, Flammarion, s. d.*, 2 vol. — Napoléon. La République, le Consulat, l'Empire, Ste-Hélène. *Paris, Hachette, s. d.* — Ens. 3 vol. in-4, brochés et cartonn. toile des éditeurs.

777. DAYOT (Armand). Les Courses de taureaux. Illustrations de M. Luque. *Paris, Ludovic Baschet, s. d.*, pet. in-4 cartonn. demi-mar. citron, tête dor., non rogné, couvert. illust. (*Pierson*).

Nombreuses illustrations en noir et en couleurs.

778. DAYOT (Armand). Napoléon raconté par l'image d'après les sculpteurs, les

graveurs et les peintres. *Paris, Hachette,* 1895, gr. in-8, demi-rel. mar. vert dos orné, tête dor., non rogné (*Pierson*).

Nombreuses illustrations hors texte et dans le texte.

779. DAYOT (Armand). L'Image de la femme. *Paris, Hachette et Cie,* 1899, gr. in-8, demi-rel. mar. bleu, fil., dos orné, tête dor., non rogné, couverture (*Pierson*).

Ouvrage orné de 20 planches en taille-douce et de 500 gravures.

780. DELABORDE (H.-François). L'Expéditiou de Charles VIII en Italie, histoire diplomatique et militaire. Ouvrage publié sous la direction et avec le concours de M. Paul d'Albert de Luynes et de Chevreuse, duc de Chaulnes. Illustré de 3 photogravures, de 2 chromolithographies, de 5 planches tirées à part et de 138 gravures dans le texte. *Paris, Firmin Didot et Cie,* 1888, gr. in-8, br.

781. DELINES (Michel). Russie, nos alliés chez eux. *Paris, May, s. d.* — Bonmariage (Dr A.). La Russie d'Europe. Topographie, relief, géologie, hydrologie... *Paris, Le Soudier,* 1903. — Ens. 2 vol. in-4 et gr. in-8, dos et coins et demi-rel. mar. noir et vert, tête dor., non rognés, couverture (*Pierson* et *Champs*).

Nombreuses illustrations.

782. DILLAYE (Frédéric). Les Jeux de la jeunesse. Leur origine, leur histoire et l'indication des règles qui les régissent. *Paris, Hachette et Cie,* 1885, gr. in-8, dos et coins mar. La Vall., tête dor., non rogné (*Reymann*).

203 gravures sur bois dans le texte et hors texte.

783. DIX-HUITIÈME SIÈCLE (Le). Les mœurs, les arts, les idées. Récits et témoignages contemporains. *Paris, Hachette,* 1899, gr. in-8, demi-rel. mar. fauve, dos orné, tête dor., non rogné, couvert. (*Pierson*).

Nombreuses reproductions dans le texte et hors texte en héliogravure.

784. DIX-NEUVIÈME SIÈCLE (Le). Les mœurs, les arts, les idées. *Paris, Hachette et Cie,* 1901, gr. in-8, demi-rel. mar. brun, fil., dos orné, tête dor., non rogné (*Couvert.*).

Nombreuses illustrations hors texte en héliogravure et en phototypie dans le texte.

785. DONNET (Gaston). En Indo-Chine, Cochinchine, Cambodge, Annam, Tonkin. Ouvrage illustré de nombreuses gravures. *Paris, Société française d'éditions d'art, L.-H. May, s. d.,* in-4, figures dans le texte et hors texte, demi-rel. mar. La Vall., tête dor., non rogné (*Pierson*).

786. DONNET (Gaston). Le Dauphiné. Illustrations d'après nature, vues photographiques exécutées par M. Eugène Charpenay. Dessins originaux d'artistes dauphinois. *Paris, L. May, s. d.,* très gr. in-8, figures, demi-rel. mar. bleu, tête dor., non rogné, couverture (*Pierson*).

787. DOUMER (Paul). L'Indo-Chine française (Souvenirs). *Paris, Vuibert et*

Nony, 1905, très gr. in-8, demi-rel. mar. brun, tête dor., non rogné, couverture illustrée (*Henry-Joseph*).

Portrait en héliogravure, 156 illustrations dans le texte et 12 planches hors texte en phototypie.

788. DUBOIS (Robert). Le Tonkin en 1900. Cent soixante douze illustrations dont 21 hors texte. *Paris, L. Henry-May, s. d.*, in-4, demi-rel. mar. La Vall., tête dor., non rogné, couvert. (*Pierson*).

789. DUMAS (Alexandre). Une Vie d'artiste. Illustrations de Gaston Mélingue. *Paris, Calmann-Lévy*, 1902, gr. in-8, demi-rel. mar. La Vall., jans., tête dor., non rogné couvert. (*Pierson*).

Nombreuses illustrations hors texte en héliogravure.

790. DUMAS (Alexandre) fils. Ilka. Pile ou face. Souvenirs de jeunesse. Le Songe d'une nuit d'été Au docteur J. P***. Illustrations de Marold. *Paris, Calmann-Lévy*, 1896, in-16, demi-rel. mar. bleu, tête dor., non rogné (*Pierson*).

791. DUPANLOUP (Mgr.). Histoire de Notre-Seigneur Jésus-Christ. *Paris, Plon*, 1870, gr. in-8, dos et coins mar. vert foncé, tête dor., non rogné.

Un des 100 exemplaires (n° 41) imprimés sur PAPIER DE HOLLANDE.
12 planches en taille-douce et de 48 gravures sur bois.

792. DUTRON (J.-B.). La Légende de Sainte Ursule, princesse britannique et de ses onze mille vierges d'après les tableaux de l'église Sainte-Ursule à Cologne, reproduits en chromolithographie, publiée par F. Kellerhoven. Texte par J.-B. Dutron. Planches et texte inédits. *Paris, chez l'auteur, s. d.*, in-4, mar. brun, comp. de fil. et fers à froid, fleurons dor., dos orné, dent. int., doublé et gardes de tabis bleu, tr. dor. (*Belz-Niedrée*).

Texte orné de bordures historiées à chaque page; 22 chromolithographies hors texte et 1 planche en phototypie.

793. EARL (Maud). Terriers and Toys, 24 photogravures including by special command His Majesty the King's irish terrier « Jack ». *London, Berlin, photographic Company, s, d.*, in-fol. en feuilles dans un carton.

Tirage à 500 exemplaires signés par l'auteur.

794. ÉDITIONS DU FIGARO, Guillaume, 6 vol. gr. in-8, demi-rel. et dos et coins mar., tête dor., non rognés (*Pierson*).

BOURGET (Paul). Cosmopolis, roman illustré d'aquarelles par Duez, Jeanniot et Myrbach. *Lemerre*, 1893. — DAUDET (Alphonse). Aventures prodigieuses de Tartarin de Tarascon. Illustrations de Jeanniot. — DAUDET (Alphonse). Port-Tarascon, dernières aventures de l'illustre Tartarin. Dessins de Bieler, Conconi, etc. *Dentu*, 1890. — DAUDET (Alphonse). Tartarin sur les Alpes. Illustré d'aquarelles de Aranda, Rossi, Myrbach, etc. *Calmann-Lévy*. 1885. — FLAMMARION (C.). Uranie. Illustrations de Bieler, Gambard et Myrbach. *Marpon*, 1889. — SAND (George). François le Champi. Dessins et aquarelles de Eugène Burnand, *Calmann-Lévy*, 1888.

795. ÉGLISE CATHOLIQUE (L') à la fin du XIXe siècle. Rome. Le Chef suprême, l'organisation et l'administration centrale de l'Église. Ouvrage accompagné

d'un portrait en couleurs de Léon XIII, de 60 planches hors texte et de 1200 gravures dans le texte. *Paris, Plon, Nourrit et Cie*, 1900, in-4, demi-rel. mar. bleu, tête dor., non rogné, couvert. (*Pierson*).

Ouvrage publié par Messeigneurs Charles Daniel, Paul M^te^ Baumgarten et Antoine de Waal avec de nombreux collaborateurs.

796. ERDIC (Jean). Autour de la Bulgarie. Bulgarie, Roumélie, Turquie, Grèce, Corfou, Monténégro, Bosnie, Serbie, etc., etc., avril-juin 1883. Dessins de A. Robida, E. Mas, J. Erdic, gravures de Ruffe, Huyot, Quesnel, Dochy. *Paris, Typographie Philippe Renouard, s. d.*, gr. in-8, demi-rel. mar. vert, tête dor., non rogné (*Pierson*).

797. ERNOUF (baron). L'Art des jardins. Parcs. Jardins. Promenades. Étude historique. Principes de la composition des jardins Plantations. Décoration pittoresque et artistique des parcs et jardins publics. Traité pratique et didactique par le baron Ernouf. Troisième édition, entièrement refondue, avec le concours de A. Alphand. *Paris, J. Rothschild, s. d.*, in-4, figures, dos et coins mar. vert, fil., dos orné, tête dor., non rogné (*Allô*).

Ouvrage orné de 510 illustrations.

798. EUDEL (Paul). Les Ombres chinoises de mon père. *Paris, Rouveyre, s. d.* (1885), in-4, dos et coins mar. La Vall., tête dor., non rogné, couvert. (*Allô*).

Illustrations de *F. Régamey*.

799. FERRAND (Henri). Belledonne et les Sept-Laux. Montagnes d'Uriage et d'Allevard. Ouvrage orné de 220 gravures imprimées en phototypie. *Grenoble, Alexandre Gratier et Cie*, 1901. — Fraipont (G.). Les Montagnes de France. Le Jura et le pays franc-comtois. Ouvrage orné de 130 dessins inédits de l'auteur. *Paris, Henri Laurens, s. d.* — Ens. 2 vol. gr. in-8, cartonn. toile verte et grise, tête dor., non rognés, couvert. illust. (*Pierson*).

800. FLORIAN. Fables (21) choisies de J.-P. Claris de Florian. Illustrées par des artistes japonais sous la direction de P. Barbouteau. *Tokio et Paris, Marpon et Flammarion, s. d.*, 2 vol. in-4 oblong, br., dans un étui en cuir japonais.

Illustrations en couleurs.

801. FOURNEL (Victor). Le vieux Paris. Fêtes, jeux et spectacles. *Tours, A. Mame et fils*, 1887, gr. in-8, nombreuses illustrations, mar. bleu, jans., chiffre sur les plats, dent. int., tête dor., non rogné (*Allô*).

802. FOURNIER (A.). Club alpin français. Du Donon au ballon d'Alsace. Texte par A. Fournier. Illustrations par V. Franck. *Paris, Paul Ollendorff, s. d.*, 4 part. en 1 vol. in-4, figures dans le texte et hors texte, demi-rel. mar. brun, tête dor., non rogné, couvertures (*Pierson*).

II. Sainte-Odile. — IV. Gérardmer. — V. Les Hautes-Chaumes. — VI. La Moselle.

803. FUNCK-BRENTANO (Frantz). Les Brigands. Brigands et routiers, Cartou-

che, Mandrin, Chauffeurs, le Maquis. Ouvrage illustré de 26 planches en couleur d'après les aquarelles d'Alfred Paris. *Paris, Hachette et Cie*, *s. d.*, gr. in-8, demi-rel. mar. vert, tête dor., non rogné, couverture (*Pierson*).

804. GALERIES HISTORIQUES de comédiens. *Lyon, N. Scheuring*, 1861-1877, 5 vol., in-8, dos et coins mar. bleu, fil., dos orné, tête dor., demi-rel. mar. vert, dos orné et veau fauve, fil., dent. int., tr. rouge (*Champs* et *Tinot*).

Manne et Ménétrier. Galerie historique des portraits des comédiens de la troupe de Voltaire, gravés à l'eau-forte sur des documents authentiques par Frédéric Hillemacher, avec des détails biographiques inédits, recueillis sur chacun d'eux par E.-D. de Manne, 1861. — Galerie historique des Comédiens de la Troupe de Talma, notices sur les principaux sociétaires de la comédie française depuis 1789 jusqu'aux trente premières années de ce siècle (ouvrage faisant suite à la troupe de Voltaire). Avec des portraits gravés à l'eau-forte par Frédéric Hillemacher, 1866. — Galerie historique de la Comédie-Française pour servir de complément à la troupe de Talma, depuis le commencement du siècle jusqu'à l'année 1853, ornée de portraits gravés à l'eau-forte par Fugère, 1876. — Galerie historique des Acteurs français, mimes et paradistes, qui se sont rendus célèbres dans les annales des scènes secondaires depuis 1760 jusqu'à nos jours, pour servir de complément à la troupe de Nicolet, ornée de portraits gravés à l'eau-forte par J.-M. Fugère, 1877. — Séraphin (Feu.) Histoire de ce spectacle depuis son origine jusqu'à sa disparition, 1776-1870.

805. GAUCHEREL (Léon) et VERNEILH (Jules de). Le vieux Périgueux. Album de 20 gravures à l'eau-forte. Avec un texte par M. Jules de Verneilh. *Paris, Gaucherel*; *Bordeaux, Drouyn*, 1867, in-fol., monté sur onglets, demi-rel. chag. rouge, tête dor., non rogné.

20 eaux-fortes de *Gaucherel*, tirées sur Chine.

806. GERVAIS-COURTELLEMONT (J.). L'Algérie de nos jours. Alger, Boufarick, Blidah, Oran, Tlemcen, Kabylie, Constantine, Biskra. *Alger, J. Gervais-Courtellemont*, *s. d.* (1893), gr. in-8, figures, demi-rel. mar. vert olive, tête dor., non rogné, couverture illust. (*Pierson*).

Nombreuses illustrations en phototypie.

807. GIBSON (C.-D.). A Widow and her friends, drawn by Charles Dana Gibson. *New-York et London, Lane*, 1901, in-fol. obl. cartonn. demi-toile blanche des éditeurs, tête dor., non rogné.

75 planches, fac-simile de dessins à la plume.

808. GORDON (Dr R.). F. Rabelais à la Faculté de médecine de Montpellier. Autographes, documents et fac-similé. *Montpellier, Coulet* : *Paris, Lemerre*, 1876, in-4, dos et coins mar. La Vall. jans., tête dor., non rogné.

Tirage à 453 exemplaires sur papier de Hollande (n° 166); nombreuses héliogravures.

809. GRAND-CARTERET (John). L'Enseigne, son histoire, sa philosophie, ses particularités. Les boutiques, les maisons, la rue, la réclame commerciale à Lyon. Croquis vivants de Gustave Girrane, estampes documentaires et pièces anciennes. *Grenoble, H. Falque et F. Perrin*, 1902, gr. in-8, figures, demi-rel. mar. La Vall., fil., dos orné, tête dor., non rogné, couverture illust. (*Pierson*).

Nombreuses illustrations.

810. GRAVURES ANGLAISES. 6 albums, in-4, montés sur onglets, dos et coins mar. rouge, tête dor., non rogné (*Champs*).

Réunion de 263 planches diverses gravées sur acier, publiées à Londres par Virtue et Cie, donnant les reproductions des tableaux ou sculptures de grands maîtres qui se trouvent dans les collections anglaises publiques ou particulières.

811. GRAVURES DIVERSES. 2 Albums, pet. in-fol., montés sur onglets, dos et coins, mar. rouge, tête dor., non rognés.

Le premier recueil se compose de 44 planches gravées à l'eau-forte, le second comprend 50 chromolithographies.
La plupart des planches sont extraites du « Musée des Deux-Mondes » et sont des reproductions de peintures exposées au Salon.

812. GUIMET (Émile). Promenades Japonaises. Texte par Émile Guimet. Dessins d'après nature (dont 6 aquarelles reproduites en couleur) par Félix Régamey. *Paris, Charpentier*, 1878, in-4, dos et coins mar. vert, tête dor., non rogné (*Champs*).

Un des 30 exemplaires (n° 1) imprimés sur PAPIER DE HOLLANDE.

813. GUIZOT. L'Histoire d'Angleterre depuis les temps les plus reculés jusqu'à l'avènement de la reine Victoria racontée à mes petits-enfants et recueillie, par Madame de Witt, née Guizot. Illustré de 83 gravures dessinées sur bois. *Paris, Hachette et Cie*, 1877-1878, 2 vol., gr. in-8, dos et coins chag. rouge, tête dor., non rognés (*Champs*).

Premier tirage des illustrations.

814. GUYOT-DAUBÈS. Les Hommes phénomènes. Force, agilité, adresse, hercules, coureurs, sauteurs, etc. *Paris, Masson, s. d.*, in-8, 62 gravures et 2 planches hors texte, cartonn., tête dor., non rogné, couvert. (*Pierson*). — LE ROUX (Hugues). Les Jeux du Cirque et la vie foraine. *Paris, Plon, s. d.*, in-4, illustrations en couleurs de Jules Garnier, dos et coins mar. vert, tête dor., non rogné, couvert. — Ens. 2 vol.

815. GYP. Les Chasseurs. Dessins de Crafty. *Paris, Calmann-Lévy*, 1888, gr. in-8, dos et coins, mar. olive, dos orné, tête dor., non rogné, couvert. (*Champs*).

PREMIER TIRAGE.

816. HALÉVY (Ludovic). Récits de guerre. L'Invasion (1870-1871). Dessins par L. Marchetti et Alfred Paris. *Paris, Boussod, Valadon et Cie, s. d.*, in-4, dos et coins mar. rouge, tête dor., non rogné, couvert. illust. (*Champs*).

817. HUBNER (Baron de). Promenade autour du Monde, 1871, illustrée de 316 gravures dessinées sur bois par nos plus célèbres artistes. *Paris, Hachette et Cie*, 1877, in-4, dos chag. rouge, plats toile avec fers spéciaux, tr. dor. (*Rel. des éditeurs*).

818. IMBERT DE SAINT-AMAND. Les Femmes de Versailles. *Paris, E.*

Dentu, 1886-1894, 7 vol., gr. in-8, demi-rel. mar. La Vall., tête dor., non rognés, couvert. (*Pierson*).

La Cour de Louis XIV et la Cour de Louis XV, 1886. — La Cour de Marie-Antoinette, 1887. — Les dernières années de Marie-Antoinette, 1889. — La Cour de l'Impératrice Joséphine, 1889. — La Cour de Louis XVIII, 1891. — La Cour de Charles X, 1892. — La Jeunesse de Louis-Philippe et de Marie-Amélie, 1894.
Nombreuses illustrations.

819. JANIN (Jules). La Révolution française. Ouvrage dirigé et publié par M. J.-G.-D. Armengaud, fondateur de l'Histoire des peintres, auteur des Galeries publiques de l'Europe, des Trésors de l'art, etc., etc. *Paris, Ch. Lahure et Cie*, 1862-1865, 2 vol. in-fol., demi-rel. chag. vert, dos orné, tr. jasp.

Nombreuses illustrations hors texte et dans le texte.

820. JOINVILLE (Prince de). Vieux souvenirs, 1818-1848. *Paris, Calmann-Lévy*, 1894, gr. in-8, figures dans le texte et hors texte, dos et coins mar. brun, fil., dos fleurdelisé, tête dor., non rogné, couverture (*Pierson*).

Édition de grand luxe, ornée de 36 héliogravures, exécutées par Boussod, Valadon et Cie, d'après les aquarelles de l'auteur.
Un des 50 exemplaires (n° 21) imprimés sur PAPIER DU JAPON.

821. JULLIEN (Adolphe). La Comédie à la Cour, les théâtres de société royale pendant le siècle dernier. La duchesse du Maine et les grandes nuits de Sceaux, Madame de Pompadour et le Théâtre des petits cabinets, le Théâtre de Marie Antoinette à Trianon. *Paris, Firmin-Didot et Cie, s. d.*, in-4, mar. bleu, fil., chiffre sur les plats, dos orné, dent. int., tête dor., non rogné (*Allô*).

Un des 15 exemplaires (n° 4) imprimés sur PAPIER DU JAPON ; avec double suite des gravures : en sanguine AVANT la lettre et en noir.
On y a joint : Jullien (Adolphe). La Comédie et la galanterie au XVIIIe siècle. Au théâtre, dans le monde, en prison. *Paris, Rouveyre*, 1879, pet. in-8, papier vergé, eaux-fortes de Rouveyre et Malval, rel. souple en mar. bleu, fil., tête dor., non rog.

822. JULLIEN (Adolphe). Hector Berlioz. Sa vie et ses œuvres. Ouvrage orné de 14 lithographies originales par M. Fantin-Latour, de 12 portraits de Hector Berlioz, de 3 planches hors texte et de 122 gravures, scènes théâtrales, caricatures, portraits d'artistes, etc. *Paris, Librairie de l'Art*, 1888, gr. in-8, dos et coins mar. bleu, tête dor., non rogné (*Pierson*).

Épuisé.

823. JULLIEN (Amédée). La Nièvre à travers le passé, topographie historique de ses principales villes décrites et gravées par Amédée Jullien. *Paris, A. Quantin*, 1883, gr. in-4, planches, dos et coins mar. brun, fil., dos orné, tête dor., non rogné (*Allô*).

Ouvrage contenant 33 planches hors texte dont un grand nombre tirées sur papier de Chine.

824. KEEPSEAKES. 3 vol. pet. in-8, nombreuses gravures sur acier et cartonn. toile et chag. vert, fil. et tr. dor. (*Rel. des éditeurs*).

Heath's book of beauty, 1834. — La belle assemblée. Annuaire fashionable. *Janet, s. d.* — Roscoe (Thomas). L'Espagne. Royaume de Grenade. *Janet*, 1835.

825. KRAFFT (Hugues). A travers le Turkestan russe. Ouvrage illustré de deux cent soixante-cinq gravures d'après les clichés de l'auteur et contenant une carte en couleurs. *Paris, Hachette et Cie, s. d.*, in-4, demi-rel., mar. grenat, fil., dos orné, tête dor., non rogné, couverture (*Pierson*).

Exemplaire imprimé sur papier vélin de cuve.

826. LACROIX (Paul). Sciences et lettres au Moyen Age et à l'époque de la Renaissance. 13 chromolithographies exécutées par Compère, Daumont, Pralon et Werner et 400 gravures sur bois. — Les Arts au Moyen Age... 20 planches chromolithographiques par F. Kellerhoven et 400 gravures sur bois. — Mœurs, usages et costumes. 15 planches chromolithog. par le même et 440 gravures. — Vie militaire et religieuse. 14 chromolithographies par F. Kellerhoven, Régamey et L. Allard et 410 gravures sur bois. *Paris, Firmin-Didot et Cie*, 1877, 4 vol. gr. in-8, mar. gren., fil., dos orné, dent. int., tête dor., non rognés (*Champs*).

Un des 100 exemplaires tirés sur papier a la forme.

827. LACROIX (Paul). Louis XII et Anne de Bretagne ; chronique de l'histoire de France. Ouvrage illustré de 14 chromolithographies, 15 grandes gravures hors texte et d'environ 200 dessins dans le texte d'après les originaux de l'époque. *Paris, Hurtrel*, 1882, gr. in-8, en feuilles dans un carton.

Un des 30 exemplaires (n° 6) imprimés sur papier du Japon.

828. LACROIX (Paul). Directoire, Consulat et Empire, mœurs et usages, lettres, sciences et arts. France, 1795-1815. Ouvrage illustré de 12 chromolithographies et de 410 gravures sur bois d'après Ingres, Gros, Gérard, Isabey, Debucourt, Monnet, etc. *Paris, Firmin-Didot et Cie*, 1884, gr. in-8, figures, dos et coins mar. rouge, fil., dos orné, tête dor., non rogné.

Exemplaire tiré sur grand papier ; figures sur Chine.

829. LALLEMAND (Charles). D'Alger à Constantinople, Jérusalem, Damas. *Paris, Quantin, s. d.*, gr. in-8, demi-rel., mar. olive, tête dor., non rogné, couverture illust. (*Pierson*).

Ouvrage contenant 22 planches hors texte et environ 80 figures dans le texte, en phototypie.

830. LALLEMAND (Charles). La Tunisie, pays de protectorat français. *Paris, May et Motteroz*, 1892, in-4, cartonn., dos et coins et demi-rel., mar. olive, tête dor., non rogné, couvert. (*Pierson*).

Nombreux dessins de *Ch. Lallemand* reproduits en couleurs.

831. LALLEMAND (Charles). Le Caire. Avec une préface de Pierre Loti. *Alger, Gervais-Courtellemont et Cie*, 1894, in-4, demi-rel., mar. olive, fil., tête dor., non rogné, couverture (*Pierson*).

Orné de 60 illustrations dans le texte et de 23 planches hors texte.

832. LA ROCHEJAQUELEIN. Mémoires de Madame la Marquise de La Rochejaquelein. Édition originale publiée sur son manuscrit autographe par son petit-fils. *Paris, Bourloton*, 1889, gr. in-8, dos et coins mar. brun, tête dor., non rogné, couverture (*Pierson*).

Portrait de la Marquise de la Rochejaquelein, gravé à l'eau-forte par *A. Lalauze*, 5 figures hors texte, en héliogravure, 3 fac-simile d'autographes et 1 carte.

833. LAVISSE (Ernest) et PARMENTIER (A.). Album historique. Le Moyen-âge et la fin du Moyen-âge. *Paris, Armand Colin, s. d.*, 2 vol. in-4, cartonn. en basane, avec fers dorés, de l'éditeur, tr. dor.

Très nombreuses illustrations dans le texte.

834. LECOY DE LA MARCHE (A.). Saint Martin. *Tours, Alfred Mame et fils*, 1881, gr. in-8, dos et coins mar. rouge, fil., dos orné, tête dor., ébarbé.

Ouvrage contenant 35 planches hors texte et un très grand nombre d'illustrations dans le texte.

835. LEGENDRE (Pierre). Notre Épopée coloniale. Ouvrage orné de 17 grandes planches en couleurs d'après les aquarelles originales de Henry Darien et d'environ 300 illustrations en noir dans le texte et hors texte d'après les documents les plus récents et les plus originaux. *Paris, Charles Tallandier, s. d.*, gr. in-8, demi-rel., mar. rouge, tête dor., non rogné, couverture illust. (*Pierson*).

836. LEGUÉ (Gabriel). Urbain Grandier et les possédées de Loudun. Documents inédits de M. Charles Barbier. *Paris, Baschet*, 1880, gr. in-8, fac-simile de documents contemporains, dos et coins mar. vert, tête dor., non rogné (*Pierson*).

Un des 3 exemplaires (n° 1) imprimés sur PAPIER DU JAPON.

837. LE LIVRE DE JADE, poésies traduites du chinois par Judith Gautier. Nouvelle édition, considérablement augmentée et ornée de vignettes et de gravures hors texte d'après les artistes chinois. *Paris, Félix Juven, s. d.*, pet. in-4, cartonn. demi-mar. gren., tête dor., non rogné, couverture (*Pierson*).

838. LEMAISTRE DE SACY. Le Livre de Ruth, traduite de la Sainte Bible par Lemaistre de Sacy. *Paris, Hachette et Cie*, 1876, in-fol., planches, cartonn. toile rouge des éditeurs, non rogné.

9 compositions de *Bida*, gravées à l'eau-forte par *Edmond Hédouin, Boilvin, P. Lerat. A. Lalauze, Courtry, Laguillermie, Flameng.*

839. LEMAISTRE DE SACY. L'Histoire de Joseph. *Paris, Hachette et Cie*, 1878, gr. in-fol., dos et coins mar. grenat, fil., tête dor., non rog. (*Champs*).

Un des 50 exemplaires (n° 18) imprimés sur PAPIER WHATMAN.

840\. LES PREMIERES ILLUSTRÉES. Notes et croquis. Saison théâtrale, 1882-1888. Texte par Toché, Blavet, Bourgeat, Claretie, H. de Lapommeraye, Legrand, Francisque Sarcey, etc. Illustrations par Barbin, Detaille, Ferdinandus, Kurner, A. Marie, Mars, Myrbach, Scott, Vogel, Willette, etc. *Paris, Ed. Monnier et Cie, s. d.*, 5 vol., gr. in-8, dos et coins mar. vert, fil., dos orné, tête dor., non rognés.

Ouvrage orné de photographies hors texte et de figures dans le texte. L'année 1887-1888 est cartonn. demi-rel., mar. vert, tête dor., non rog.

841\. LE ROUX DE LINCY. Vie de la reine Anne de Bretagne, femme des rois de France Charles VIII et Louis XII, suivie de lettres inédites et de documents originaux. *Paris, Curmer*, 1860-1861, 4 vol. pet. in-8, mar. bleu, semis de fleurs de lis, dos fleurdelisé, dent. int., tr. dor., étuis (*Tinot, rel. à Reims*).

Édition imprimée à 500 exemplaires et ornée de 24 photographies.

842\. LEROY (Jeanne). L'Enfant à travers les âges. Aquarelles de Suzanne Minier. *Paris, H.-E. Martin, librairie d'éducation de la jeunesse, s. d.*, in-4, figures en couleurs dans le texte et hors texte, demi-rel. mar. bleu, tête dor., non rogné, couverture (*Pierson*).

843\. LIVRE D'HEURES (Le) de la reine Anne de Bretagne, traduit du latin et accompagné de notices inédites par M. l'abbé Delaunay. *Paris, Curmer*, 1841, 2 vol. in-4, dont la reproduction du manuscrit et l'appendice, mar. rouge aux armes et au chiffre d'Anne de Bretagne, dos fleurdelisé, doublés et gardes de moire rouge, encadrement de fleurs de lis, tr. dor.

Le premier volume est dérelié.

844\. LIVRES ILLUSTRÉS CONTEMPORAINS. 4 vol. gr. in-8, dont 3 demi-rel. mar. et 1 vol. cartonn., dos et coins toile bleue, tête dor., non rognés (*Pierson*).

Adam (Mme Edmond). Récits d'une paysanne. Illustrations de Fraipont. *Lemonnyer*, 1885. — Chervillle (Mis G. de). Les Contes de ma campagne. Nombreuses illustrations. *Didot*, 1891. — Le Faure (G.). Les Aventures de Sidi-Froussard. Illustrations de Fau et Vallet. *Didot*, 1891. — Lescure (de). Les Mères illustres. Études morales et portraits d'histoire intime. 12 gravures sur bois. *Didot*, 1882.

845\. LIVRES ILLUSTRÉS CONTEMPORAINS. 4 vol. in-8, dos et coins mar., fil., dos orné, tête dor., non rognés, couvert. (*Pierson*).

Coppée (François). Contes et récits en prose. Édition illustrée de cent cinquante dessins de Henri Pille, gravés par Alfred Prunaire. *Paris, Alphonse Lemerre, s. d.* — Delpit (Albert). Le Fils de Coralie, avec six eaux-fortes de Los Rios. *Paris, Paul Ollendorff*, 1889. — Theuriet (André). Contes pour les jeunes et les vieux. Édition illustrée de soixante dessins de S. Reychan, gravés par Alfred Prunaire. *Paris, Alphonse Lemerre, s. d.* — Toudouze (Gustave). Le Pompon vert. Illustrations de G. Jeanniot. *Paris, Émile Testard et Cie*, 1888.

846\. LIVRES ILLUSTRÉS CONTEMPORAINS. 3 vol. gr. in-8, demi-rel. mar. et dos et coins mar., tête dor., non rognés, couvert. (*Pierson*).

Bibesco (Georges). Au Mexique, 1862. Combats et retraite des six mille. Dessins de P. Jazet. *Paris, Plon, Nourrit et Cie*, 1887. — Gallieni (lieutenant-colonel). Deux campagnes au Soudan français, 1886-1888, avec une préface de M. Victor Duruy. Ouvrage contenant 163 gravures sur bois d'après les dessins de Riou, 2 cartes et un plan. *Paris, Hachette et Cie*, 1891. — SILVESTRE (Armand). La Russie. Impressions, portraits, paysages. Illustrations de Henri Lanos. *Paris, Émile Testard*, 1892.

847. LOIR (Maurice). La Marine française. Illustrations de L. Couturier et F. Montenard. *Paris, Hachette et Cie*, 1893. très gr. in-8, demi-rel. mar. vert, dos orné, tête dor., non rogné, couvert. (*Pierson*).

848. LONGFELLOW (H. W.). Évangéline, conte d'Acadie. Étude littéraire et traduction par Louis Depret. Illustrations par F. Diksee. *Paris, Boussod, Valadon et Cie*, 1886, in-fol., dos et coins mar. bleu, tête dor., non rogné, couvert. (*Allô*).

Ouvrage imprimé à 300 exemplaires (n° 113) sur papier Whatman et orné de 7 grandes planches hors texte et de vignettes dans le texte en photogravure.

849. LOTH (Arthur). Saint Vincent de Paul et sa mission sociale. Introduction par Louis Veuillot, appendices par Ad. Baudon., P. B. et L. B., E. Cartier, Auguste Roussel. *Paris, D. Dumoulin et Cie*, 1880, gr. in-8, mar. brun foncé, dent. int., tr. dor. (*Champs*).

Un des 35 exemplaires (n° 1) imprimés sur PAPIER DU JAPON ; nombreuses illustrations hors texte et dans le texte.

850. MAINDRON (Ernest). Le Champ de Mars, 1751-1889, avec la collaboration de M. Camille Viré. Ouvrage illustré de 70 lettres ornées par Jules Adeline et de 114 reproductions d'après les documents originaux. *Lille, imp. Danel*, 1889, gr. in-8, dos et coins mar. rouge, tête dor., non rogné, couvert. (*Champs*).

851. MALO (Charles). Champs de bataille de l'armée française. Belgique, Allemagne, Italie, Seneffe, Fleurus, Ligny, Waterloo, Iéna, etc., etc. *Paris, Hachette et Cie*, 1901, gr. in-8, figures, demi-rel. mar. rouge, tête dor., non rogné, couvert. illust. (*Pierson*).

Plans, vignettes dans le texte et figures hors texte en couleurs.

852. MANUEL (Eugène). Poésies du Foyer et de l'École, extraites des œuvres de l'auteur, avec des pièces inédites. Ouvrage illustré de 15 gravures en taille-douce. *Paris, Hachette et Cie*, 1903, gr. in-8, demi-rel. mar. bleu, tête dor., non rogné, couverture (*Pierson*).

853. MARTEL (E.-A.). Les Abîmes, les eaux souterraines, les cavernes, les sources, la spélacologie. Explorations souterraines effectuées de 1888 à 1893 en France, Belgique, Autriche et Grèce, avec le concours de MM. G. Gaupillat, W. Putick, P. Arnal, etc. 4 phototypies et 16 plans hors texte, 100 gravures d'après les photographies, et des dessins de G. Vuillier, L. de Launay et E. Rupin (9 hors texte) et 200 cartes, plans et coupes. *Paris, Charles Delagrave*, 1894, in-4, demi-rel. mar. vert, tête dor., non rogné, couvert. illustr. (*Pierson*).

854. MARTY. L'Histoire de Notre-Dame de Paris d'après les estampes, dessins, miniatures, tableaux exécutés aux xve, xvie, xviie, xviiie et xixe siècles par Aveline, Bérain, Blondel, Bollery, Bosse, Jacques Cellier, C.-N. Cochin, Corot, Courvoisier, Gros, Isabey, Jaime, Jollain, Le Clère, Lemercier, Marot, Meryon, Moncornet, Percier et Fontaine, Pérelle, Picart, Prieur, Raffet, Sergent Marceau, Israël Silvestre, Testard et Roger, Vierge, Viollet-Leduc, etc. Fac-similé des originaux, accompagnés d'un résumé chronologique et d'une bibliographie par André Marty. *A Paris, chez l'auteur*, 1907, in-4, nombreuses reproductions, demi-rel. mar. bleu, fil., dos orné, tête dor., non rogné, couverture (*Pierson*).

Imprimé à 125 exemplaires numérotés.

855. MASPERO (G.). Histoire ancienne des peuples de l'Orient classique. Les origines : Égypte et Chaldée. — Les Empires. *Paris, Hachette et Cie*, 1895-1899, 2 vol. in-8, demi-rel. mar. vert et La Vall., tête dor., non rognés, couvert. illust. (*Pierson*).

Nombreuses illustrations dans le texte et hors texte.

856. MASSON (Frédéric). Aventures de guerre, souvenirs et récits de soldats, 1792-1809, recueillis et publiés par Frédéric Masson. Illustrés par F. de Myrbach. *Paris, Boussod, Valadon et Cie, s. d.*, in-4, demi-rel. mar. vert, dos orné, tête dor., non rogné, couvert. illust. (*Pierson*).

857. MAYNARD. La Sainte Vierge, par l'abbé U. Maynard, chanoine de Poitiers. Ouvrage illustré de quatorze chromolithographies, trois photogravures et deux cents gravures par Huyot, dont vingt-quatre hors texte. *Paris, Firmin Didot et Cie*, 1877, gr. in-8, mar. bleu, fil., dos orné, dent. int., tête dor., non rogné (*Champs*).

Exemplaire imprimé sur PAPIER DE CHINE.

858. MEUNIER (M. et Mme Stanislas). Au Hasard du chemin. Voyage de jeunes naturalistes, de la Manche aux Alpes. Études pittoresques des bêtes, des plantes, des pierres. Leur description, station, classification, mœurs, usages, récolte, conservation. *Paris, Rothschild, s. d.*, gr. in-8, dos et coins mar. grenat, tête dor., non rogné (*Allô*).

666 illustrations, 20 chromolith. et planches hors texte.

859. MILTON. Le Paradis perdu. Traduction de Chateaubriand précédé de réflexions sur la vie et les écrits de Milton par Lamartine et enrichi de 25 magnifiques estampes originales, gravées au burin sur acier. *Paris, Bigot et Voisenel, Furne*, 1855, in-fol., dos et coins mar. vert, tête dor., non rogné (*Champs*).

Les planches sont tirées sur Chine.

860. MOLMENTI (P. G.). La Vie privée à Venise depuis les premiers temps jusqu'à la chute de la République. *Venise, Ferd. Ongania*, 1882, pet. in-8, nomb. illust., mar. rouge jans., dent. int., tête dor., non rogné, couvert. (*Pierson*).

861. MONTALEMBERT (Comte de). Sainte Élisabeth de Hongrie, avec une préface par Léon Gautier. *Tours, Alfred Mame et fils,* 1878, gr. in-8, mar. grenat, dent. int., tr. dor. (*Champs*).

Exemplaire numéroté imprimé sur PAPIER VERGÉ, contenant 36 gravures et chromolithographies hors texte tirées sur Chine.

862. MONTEIL (Lieut-colonel P.-L.). De Saint-Louis à Tripoli par le lac Tchad. Voyage au travers du Soudan et du Sahara accompli pendant les années 1890-91-92. Préface de M. le Vte Melchior de Vogüe. Illustrations de Riou, d'après le texte et les documents du lieutenant-colonel Monteil et les photographies du commandant Quiquandon. *Paris, F. Alcan, s. d.,* très gr. in-8, demi-rel. mar. brun, tête dor., non rogné, couverture (*Pierson*).

863. NICE ET SES ENVIRONS. Recueil de 40 photographies montées sur onglets, en un vol. in-fol. mar. bleu, encad. de fil. et dent. aux angles, chiffre sur les plats, dos orné, dent. int., tr. dor.

864. NICOLE (abbé). Les Voyages artistiques mis à la portée de tout le monde. Jérusalem et la Palestine. *Paris, Tolra, s. d.,* in-4, nombreuses figures dans le texte et hors texte, demi-rel. mar. noir, tête dor., non rogné, couverture illustrée (*Pierson*).

865. NIL (Le). Vingt-quatre aquarelles d'après nature, par Charles Werner. Texte par A.-E. Brehm et J. Dumichen. *Paris, A. Lévy,* 1882, in-4, carte et figures en couleurs, cartonn. toile de l'éditeur, tr. dor.

866. NOUSSANNE (Henri de). Les grands Naufrages. Drames de la mer. Quarante-cinq récits inédits entièrement rédigés d'après les documents relatant les catastrophes qui ont eu le plus de retentissement dans tous les temps et tous les pays et notamment les naufrages modernes les plus tragiques. Illustrés de douze planches en couleurs d'après les aquarelles d'Alfred Paris. *Paris, Hachette et Cie,* 1903, gr. in-8, demi-rel. mar. vert, tête dor., non rogné, couvert. illust. (*Pierson*).

867. ORLÉANS (Prince Henri d'). Du Tonkin aux Indes. Janvier 1895-Janvier 1896. Illustrations de G. Vuillier d'après les photographies de l'auteur. Gravure de J. Huyot, cartes et appendice géographique par Émile Roux. *Paris, Calmann Lévy,* 1898, gr. in-8, demi-rel. mar. vert, tête dor., non rogné, couvert. illust. (*Pierson*).

868. OUKHTOMSKY (Prince E.-E.). Voyage en Orient de son Altesse Impériale le Cesarevitch. Traduction de Louis Léger. Préface de A. Leroy-Beaulieu ; illustré de 178 compositions de N.-N. Karazine. *Paris, Charles Delagrave,* 1893, gr. in-4, demi-rel. mar. vert, fil., dos orné, tête dor., non rogné (*Pierson*).

869. PALAIS DE JUSTICE (Le) de Paris. Son monde et ses mœurs par la presse judiciaire parisienne. Préface de A. Dumas fils. *Paris, May et Motteroz,*

1892, gr. in-8, cartonn. dos et coins chag. brun, tête dor., non rogné, couvert. (*Pierson*).

150 dessins inédits reproduits par Rougeron et Vignerot.

870. PARIS A TRAVERS LES AGES. Aspects successifs des monuments et quartiers historiques de Paris depuis le XIIIe siècle jusqu'à nos jours fidèlement restitués d'après les documents authentiques par M. F. Hoffbauer, architecte. Texte par MM. Édouard Fournier, Paul Lacroix, A. de Montaiglon, A. Bonnardot, Jules Cousin, Franklin, etc., etc. *Paris, Firmin Didot*, 1875-1882, 2 vol. in-fol., dos et coins mar. grenat, jans., tête dor., non rogné.

Nombreuses gravures sur bois, planches en chromolithographie et plans de restitution à différentes époques.

871. PARIS-MURCIE. Journal publié au profit des victimes des inondations d'Espagne par le Comité de la presse française. *Paris, Plon*, 1879, in-fol., dos et coins mar. rouge, tête dor., non rogné (*Allô*).

Nombreuses figures et fac-similés d'autographes.

872. PELLETAN (Camille). Histoire contemporaine. De 1815 à nos jours. Ouvrage illustré de plus de 120 portraits et scènes gravés sur bois. *Paris, Société française d'éditions d'art, s. d.*, gr. in-8, dos et coins chag. rouge, fil., dos orné, tête dor., non rogné, couverture (*Champs-Stroobants*).

873. PÈNE (H. de). Henri de France. *Paris, Oudin*, 1884, tr. gr. in-8, dos et coins mar. bleu, dos orné, tête dor., non rogné, couvert. (*Champs*).

Nombreuses illustrations, hors texte et dans le texte, gravées sur bois, à l'eau-forte, en photogravure, en noir et en couleurs.

874. PERNOT (F.-A.). Le vieux Paris. Reproduction des monumens qui n'existent plus dans la capitale, d'après les dessins de F.-A. Pernot... lithographiés par Nouveaux et Asselineau. *Paris, Jeanne et Dero-Becker*, 1838-1839, in-fol., monté sur onglets, demi-rel. bas. rouge, non rogné.

80 lithographies tirées sur Chine et accompagnées d'un texte explicatif.

875. PICARD (Commandant). L'Armée en France et à l'étranger. *Tours, A. Mame et fils*, 1897, in-4, nombreuses illustrations dans le texte, demi-rel. mar. rouge fil., dos plat orné, tête dor., non rogné, couverture illust. (*Pierson*).

876. POIRIER DIT LE BOITEUX. Origine, antiquités de Paris et histoire de Rouen mises en chansons au XVIIIe siècle, publiées avec une introduction par un bibliophile rouennais. *Rouen, Lanctin; Paris, Aubry*, 1873, pet. in-8, mar. bleu, fil., dos orné, dent. int., tête dor., non rogné (*Pierson*).

Tirage à 150 exemplaires sur papier vergé.
Orné de 3 eaux-fortes par *J. Adeline*.

877. PONTIS. Mémoires du sieur de Pontis, officier des armées du Roy. Contenant plusieurs circonstances des guerres et du gouvernement sous les règnes

des roys Henry IV, Louys XIII et Louys XIV. Publiés d'après l'édition originale par J. Serviez. Avec les illustrations de Julien Le Blant et A. Giraldon. *Paris, Hachette,* 1898, gr. in-8, figures en couleurs, dos et coins mar. bleu, fil., dos orné à petits fers, tête dor., non rogné, couverture illustrée (*Champs*).

878. PROUST (Marcel). Les Plaisirs et les jours. Illustrations de Madeleine Lemaire. Préface d'Anatole France et quatre pièces pour piano de Reynaldo Hahn. *Paris, Calmann Lévy,* 1896, gr. in-8, demi-rel. mar. crème, fil., dos orné et mosaïqué, tête dor., non rogné, couverture illust. (*Pierson*).

879. RACINE. Collection des cinquante-sept estampes dessinées et gravées pour les œuvres de J. Racine, édition du Louvre, par les premiers artistes de la République française. Avec une notice historique par P.-L. (Paul Lacroix) Jacob, bibliophile. *Paris, L. Willem,* 1877, in-fol., dos et coins mar. rouge, tête dor., non rogné.

Un des 100 exemplaires imprimés sur PAPIER DE HOLLANDE contenant les épreuves sur Chine.

Ce tirage a été fait avec les planches originales.

880. REDON (Mgr). Un Serviteur de Marie. Le révérendissime Dom Marie Bernard, fondateur et premier vicaire général des Cisterciens de l'Immaculée Conception, dits de Sénanque, abbé de Lérins. *Abbaye de Notre-Dame de Lérins,* 1904, gr. in-4, demi-rel. mar. bleu, fil., dos orné, tête dor., non rogné, couverture (*Pierson*).

Nombreuses illustrations dans le texte et hors texte, en héliogravure et en phototypie.

881. RELATION officielle des fêtes organisées par la Ville de Paris pour la visite des officiers et marins de l'escadre russe de la Méditerranée, les 17, 19, 20 et 24 octobre 1893. *Paris, Imprimerie nationale,* 1896, in-4, demi-rel. mar. grenat, fil., dos orné et mosaïqué, tête dor., non rogné. (*Pierson*).

Illustrations hors texte en héliogravure.

882. RICHARD (Capitaine). La Garde (1854-1870). Ouvrage illustré de 380 gravures dont huit tirées en deux teintes et huit en couleurs d'après les aquarelles de Charles Morel. *Paris, Furne,* 1898, in-4, dos et coins mar. vert, fil., dos orné, tête dor., non rogné, couvert. illust. (*Champs*).

883. RICHER (Dr Paul). L'Art et la médecine. *Paris, Gaultier, Magnier et Cie, s. d.*, gr. in-8, figures, demi-rel. mar. brun, tête dor., non rogné, couverture (*Pierson*).

Ouvrage orné de 345 figures dans le texte et hors texte.

884. ROBIDA (A.). La Vieille France, texte, dessins et lithographies par A. Robida. Provence et Touraine. *Paris, Librairie illustrée, s. d.*, 2 vol., gr. in-8, dont un dos et coins mar. grenat, tête dor., non rogné, couvert. illust. (*Pierson*) et l'autre cartonn. de l'éditeur.

885. ROBIDA (A.). Le vingtième Siècle, texte et dessins par A. Robida, *Paris, Georges Decaux,* 1883, gr. in-8, figures, dos et coins mar. blanc., fil., dos orné et mosaïqué, tête dor., non rogné (*Couvert. illust.*).

886. ROBILLARD DE BEAUREPAIRE (Eugène de). Caen illustré, son histoire, ses monuments. Eaux-fortes et dessins par Paulin Charbonnier. *Caen, F. Le Blanc-Hardel,* 1896, in-4, demi-rel., mar. La Vall., tête dor., non rogné, couverture (*Pierson*).

887. ROUSIERS (Paul de). La Vie américaine. *Paris, Firmin-Didot et Cie,* 1892, gr. in-8, dos et coins mar. olive, tête dor., non rogné, couvert. (*Pierson*).

1 héliogravure, 320 reproductions sur cuivre et 17 plans et cartes dont 2 en couleurs.

888. ROUVIER (P. Frédéric). Les grands Sanctuaires de la T. Ste Vierge en France. L'Illustration de cet ouvrage a été faite sous la direction de l'auteur. *Tours, A. Mame et fils,* 1899, gr. in-4, demi-rel., mar. bleu, fil., dos orné, tête dor., non rogné, couvert. (*Pierson*).

Exemplaire imprimé sur PAPIER VÉLIN.

889. RUNGE (H.). La Suisse. Collection de vues pittoresques avec texte historique-topographique. Traduit de l'Allemand par J. T. Thévenot. *Darmstadt, Langé,* 1863-1866, 3 vol. in-4, montés sur onglets, dos et coins mar. La Vall., tête dor., non rogné.

184 planches hors texte, gravées sur acier et tirées sur Chine.

890. SAINTS ÉVANGILES (Les). Traduction de Bossuet. *Paris, Hachette et Cie,* 1873, 2 vol. gr. in-fol., dos et coins mar. La Vall., plats toile, tête dor., non rogné (*Allô*).

Édition ornée de 65 grandes planches hors texte dessinées par *Bida,* gravées à l'eau-forte sous la direction de *Ed. Hédouin,* par *Bracquemond, Flameng, C. Nanteuil,* etc., etc. Texte encadré d'un double filet rouge, titres, têtes de chapitres, culs-de-lampe, etc., dessinés par *Rossigneux,* gravés sur acier par *L. Gaucherel.* Exemplaire n° 38, imprimé sur papier de Hollande pour M. Paul Giret.

891. SAINTS ÉVANGILES (Les). Traduction par l'abbé Glaire, approuvée par le Saint-Siège. Reproduction autorisée par les éditeurs : MM. A. Roger et F. Chernoviz. Illustrations d'après les maîtres des XIVe, XVe et XVIe siècles. *Paris, Goupil et Cie, Boussod, Manzi, Joyant et Cie,* 1899, 2 vol. in-4, demi-rel., mar. bleu, tête dor., non rognés, couvertures (*Pierson*).

Nombreuses illustrations dans le texte et hors texte.

892. SAINT FRANÇOIS D'ASSISE. I. Vie de saint François. II. Saint François après sa mort (publié par les soins des T. R. P. Arsène du Chatel, L. A. de Porrentruy, et de l'abbé Brin). *Paris, E. Plon, Nourrit et Cie,* 1885, in-fol., figures dans le texte et hors texte, mar. brun, fil., chiffre sur les plats,

dos orné, dent. int., doublé et gardes de tabis olive, tête dor., non rogné, couverture (*Allô*).

Texte par les RR. PP. Léopold de Chérancé, Henri de Grèzes, Ubald de Chanday. Illustrations par *Léop. Flameng, Fr. Gaillard, P. Le Rat, T. de Mare, P. Fritel, Eug. Brossé, Aug. Girard, H. Portelet, Nordmann, E. Deschamps, etc., etc.*
Un des 30 exemplaires (nº 1) imprimé sur PAPIER VÉLIN, grandes marges, contenant les illustrations en 3 états : AVANT la lettre sur Chine et sur Japon, avec la lettre sur Chine collé.

893. SAINT MICHEL et le Mont-Saint-Michel par Mgr Germain, M. l'abbé P. Brin et M. Ed. Corroyer. *Paris, Firmin Didot et Cie*, 1880, gr. in-8, dos et coins mar. La Vall., tête dor., non rogné (*Champs*).

Édition imprimée à 100 exemplaires (nº 72) sur PAPIER A LA FORME et enrichie de 4 chromolithographies, 1 photogravure et 200 gravures.

894. SCHEUFELEIN (Hans). La Danse des noces, reproduite par Johannes Schratt et publiée par Edwin Tross, avec une notice biographique sur Hans Scheufelein par M. le Dr A. Andresen. *Paris, Tross*, 1865, in-fol., papier vergé, cartonn. toile rouge, non rogné.

21 planches hors texte, reproduites en lithographie.

895. SCHLUMBERGER (Gustave). L'Épopée byzantine à la fin du dixième siècle. Tome premier (969-989). *Paris, Hachette et Cie*, 1896, gr. in-8, figures, demi-rel. mar. olive, fil., dos orné, tête dor., non rogné, couverture illustrée (*Pierson*).

Nombreuses illustrations.
On y a joint le Tome III. *Les porphyrogénètes Zoë et Théodora* (1025-1057), broché.

896. SCHLUMBERGER (Gustave). L'Épopée byzantine à la fin du dixième siècle. Les Porphyrogénètes, Zoë et Théodora. *Paris, Hachette et Cie*, 1905, gr. in-8, cartonn. toile des éditeurs, tête dor., ébarbé.

Troisième partie.

897. SCHULTZ (Jeanne). La Neuvaine de Colette. Illustrations par Émile Bayard. *Paris, Plon, s. d.* — OHNET (Georges). Les vieilles rancunes. Illustré de 80 dessins par Simonaire. *Paris, Ollendorff*, 1895. — LA BRÈTE (Jean de). Mon Oncle et mon Curé. *Paris, Plon, s. d.* — Ens. 3 vol. gr. in-8, nomb. illustrations dos et coins, demi-rel., mar. bleu, tête dor., non rognés, couvert. illust. et cartonn. toile des éditeurs (*Pierson*).

898. SEILLIÈRE (Ernest). Une Excursion à Ithaque. Dessins de Pierre Vignal, d'après les photographies de l'auteur et carte de l'île d'Ithaque. *Paris, L. Allison et Cie*, 1892, in-4, dos et coins mar. olive, tête dor., non rogné, couvert. (*Pierson*).

Cet ouvrage a été tiré à 200 exemplaires sur papier vélin.

899. SEILLIÈRE (Baron Frédéric). Documents pour servir à l'histoire de la principauté de Salm en Vosges et de la ville de Senones, sa capitale, dans la seconde

moitié du XVIIIe siècle. *Paris, Motteroz,* 1898, gr. in-4, demi-rel. mar. grenat, fil., dos orné, tête dor., non rogné, couvert. illust. (*Pierson*).

Ouvrage tiré à 150 exemplaires ornés de nombreuses planches hors texte en héliogravure et de figures dans le texte.

900. SILVESTRE (Armand). Floréal. Illustrations de Georges Cain. Préface de Jules Claretie, musique de Massenet. *Paris, Delagrave, s. d.*, in-4, dos et coins mar. bleu, jans., tête dor., non rogné, couvert. (*Pierson*).

901. SKELTON (Sir John). Charles I. *Paris, Goupil, Boussod,* 1898, in-4, broché.

Nombreuses reproductions hors texte et dans le texte d'après les documents contemporains.

902. TABLEAUX DE LA CIVILISATION et de la vie seigneuriale en Allemagne dans la dernière période du moyen âge d'après un manuscrit allemand du XVe siècle. Album de vingt-cinq planches, avec avant-propos et notes explicatives. *Paris, A. Quantin,* 1885, in-fol., mar. noir, compart. de fil. et de fers à froid, dos orné, dent. int., tr. dor. (*Afferni*).

Édition imprimée à 200 exemplaires numérotés.

903. TABLEAUX DE LA CIVILISATION et de la vie seigneuriale en Allemagne dans la dernière période du moyen âge, in-fol., demi-rel. La Vall., tête dor., non rogné, couverture (*Pierson*).

Même édition.

904. TABLEAUX DE PARIS pendant la Révolution française, 1789-1792. Soixante-quatre dessins originaux de J.-L. Prieur, publiés par Pierre de Nolhac. *Paris, Le Livre et l'Estampe,* 1902, in-fol., monté sur onglets, cartonn. toile de l'éditeur, non rogné.

Tirage à 600 exemplaires sur papier de Hollande. Un des 200 exemplaires (n° 70) contenant les planches avant la lettre.

905. TISSANDIER (Gaston). Histoire des Ballons et des Aéronautes célèbres, 1783-1800. *Paris, H. Launette et Cie,* 1887, gr. in-8, dos et coins mar. bleu, fil., dos orné, tête dor., non rogné, couverture illust. (*Pierson*).

24 planches hors texte en noir et coloriées et nombreuses figures dans le texte.

906. TITEUX (Eugène). Saint-Cyr et l'École spéciale militaire en France. Fontainebleau, Saint-Germain. Préface par le général Du Barail. Ouvrage illustré de 107 reproductions en couleurs, 264 gravures en noir et 26 plans d'après les aquarelles et dessins de l'auteur. *Paris, Firmin Didot et Cie,* 1898, in-4, demi-rel. mar. rouge, fil., dos orné, tête dor., non rogné, couverture (*Pierson*).

907. TOUCHEMOLIN (Alfred). Strasbourg militaire, avec nombreuses compositions de l'auteur. *Paris, Hennuyer,* 1894, gr. in-4, demi-rel. mar. rouge, jans., tête dor., non rogné, couvert. (*Pierson*).

Nombreuses illustrations hors texte et dans le texte.

908. TRAICTE de la forme et devis comme on faict les tournois par Olivier de La Marche, Hardouin de la Jaille, Antoine de la Sale, etc., etc. Mis en ordre par Bernard Prost. Enrichi de 16 planches, dont 9 doubles, coloriées au pinceau avec le plus grand soin et rehaussées d'or. *Paris, A. Barraud,* 1878, in-8, papier vergé, dos et coins mar. bleu, fil., dos orné, tête dor., non rogné (*Champs*).

Tirage à 260 exemplaires avec les 16 planches coloriées.

909. TRIAIRE (Paul). Napoléon et Larrey, récits inédits de la Révolution et de l'Empire, d'après les mémoires, les correspondances officielles et privées, les notes et les agendas de campagnes de Dominique Larrey (1768-1842). Ouvrage orné de 16 gravures. *Tours, Alfred Mame et fils,* 1902, gr. in-8, dos et coins mar. vert, fil., dos orné, tête dor., ébarbé (*Couvert.*).

Un des 16 exemplaires imprimés sur PAPIER DES MANUFACTURES IMPÉRIALES DU JAPON.

910. UZÈS (Duchesse d'). Le Voyage de mon fils au Congo. Illustrations de Riou. *Paris, E. Plon, Nourrit et Cie, s. d.,* in-8, dos et coins mar. noir, fil., dos orné, tête dor., non rogné, couvert. illust. (*Pierson*).

911. VALLET (L.). Le Chic à cheval, histoire pittoresque de l'équitation. Préface de M. Henri Lavedan. Ouvrage illustré de plus de 300 gravures dont 50 en couleurs, d'après les dessins de l'auteur. *Paris, Firmin Didot et Cie,* 1891, gr. in-8, cartonn. des éditeurs, non rogné.

912. VARIGNY (C. de). Nouvelle géographie moderne des cinq parties du monde. *Paris, Librairie illustrée, s. d.,* 5 vol. in-4, cartonn. toile rouge de l'éditeur, fers spéciaux, tr. dor.

Nombreuses gravures et cartes hors texte et dans le texte.
Europe, 2 vol. — Asie, 1 vol. — Afrique, Océanie, 1 vol. — Amérique, 1 vol.

913. VATICAN (Le), les papes et la civilisation, le gouvernement central de l'Église, par George Goyau, André Pératé, Paul Fabre. Introduction par Son Em. le Cardinal Bourret, épilogue par le vicomte E. Melchior de Vogüé. Ouvrage illustré de 2 gravures au burin de F. Gaillard et d'Eug. Burney, de 4 chromolithographies, de 7 phototypies et de 475 gravures reproduites directement d'après les photographies. *Paris, Firmin Didot, et Cie,* 1895, gr. in-8, dos et coins mar. noir, fil., dos orné, tête dor., non rogné, couverture (*Pierson*).

914. VAUX (Baron de). Les Hommes de sport. Préface par Alexandre Dumas fils. *Paris, C. Marpon et E. Flammarion, s. d.,* in-8, dos et coins mar. bleu, fil., dos orné, tête dor., non rogné, couverture illust. (*Pierson*).

PAPIER DE HOLLANDE, figures hors texte tirées sur papier de Chine.

915. VAUX (Baron de). Les Hommes d'épée. Préface par Aurélien Scholl. *Paris,*

Édouard Rouveyre, 1882, in-8, dos et coins mar. grenat, fil., dos orné, tête dor., non rogné, couvert. illustrée (*Champs*).

Un des 25 exemplaires (n° 32) imprimés sur PAPIER WHATMAN ; 1 frontispice et 2 planches à l'eau-forte gravés par *J. Jacquemart* et *F. Oudart*, et vingt-quatre portraits inédits par *Arcos, Jeanniot, G. Merlet, Poilpot, P. Robert, Sargent*, etc., etc. tirés sur papier de Chine.

916. VAUX (Baron de). Les Tireurs au pistolet. Préface par Guy de Maupassant. *Paris, Marpon et Flammarion*, 1883, in-8, dos et coins mar. rouge, tête dor., non rogné, couvert.

Exemplaire n° 30 imprimé sur PAPIER DU JAPON, contenant les portraits en 2 états : en noir et en sanguine, sur Chine volant.

917. VAUX (Baron de). Les Hommes de cheval depuis Baucher. Les grands maîtres, les écuyers, les hommes de cheval. Les cavaliers. *Paris, J. Rothschild*, 1888, in-8, dos et coins, mar, grenat, tête dor., non rogné, couvert. (*Champs*).

Imprimé sur simili-Japon et orné de 160 portraits et illustrations en couleurs.

918. VAUX (Baron de). Écuyers et Écuyères, histoire des cirques d'Europe (1680-1891) avec une étude sur l'équitation savante par Maxime Gaussen. Ouvrage orné de 280 portraits et illustrations. Préface par Henri Meilhac, introduction par Victor Franconi. *Paris, J. Rothschild*, 1893, in-8, demi-rel. mar. La Vall., fil., dos orné, tête dor., non rogné, couvert. illust. (*Pierson*).

Ouvrage contenant 20 portraits hors texte et un très grand nombre de figures dans le texte.

919. VENTO (Claude). Les grandes Dames d'aujourd'hui. Illustrations de Saint-Elme Gautier. *Paris, E. Dentu*, 1886, in-8, dos et coins mar. orange, fil., dos orné, tête dor., non rogné, couverture (*Pierson*).

Ouvrage contenant 33 portraits hors texte.

920. VÉTAULT (Alphonse). Charlemagne. Introduction par Léon Gautier. *Tours, Alfred Mame et fils*, 1877, gr. in-8, nombr. illust., mar. vert, fil., dos orné, dent. int., tête dor., non rogné (*Champs*).

Exemplaire imprimé sur PAPIER VERGÉ, contenant les planches hors texte tirées sur papier de Chine.

921. VEUILLOT (Louis). Jésus-Christ, avec une étude sur l'art chrétien par E. Cartier. Ouvrage contenant 180 gravures exécutées par Huyot père et fils et 16 chromolithographies d'après les monuments de l'Art depuis les Catacombes jusqu'à nos jours. *Paris, Firmin-Didot frères*, 1875, gr. in-8, mar. grenat, encad. de 3 fil., dos orné, large dent. int., tête dor., non rogné (*Champs*).

Exemplaire imprimé sur PAPIER A LA FORME.

922. VEVER (Henri). La Bijouterie française au XIXe siècle (1800-1900). Con-

sulat. Empire. Restauration, etc., etc. *Paris, H. Floury,* 1906, gr. in-8, br. (*Couverture illust.*).

Tome premier.
Nombreuses illustrations dans le texte et hors texte.

923. VIEILLE GARDE IMPÉRIALE (La) par Maurice Barrès, François Coppée, Henry Houssaye, Henry d'Alméras, Henri Guerlin, Jules Mazé, Jean de Mitty. Illustrations de Job. *Tours, Alfred Mame et fils, s. d.* (1902), in-4, fig. en noir et en couleurs, en feuilles dans le cartonn. en soie verte des éditeurs.

Un des 25 exemplaires (n° 1) imprimés sur PAPIER DU JAPON.

924. VIE PARISIENNE (La) à travers le XIXe siècle. Paris de 1800 à 1900 d'après les estampes et les mémoires du temps, publié sous la direction de Charles Simond. I. 1800-1830. Le Consulat. Le Premier Empire. La Restauration. II. 1830-1870. La Monarchie de juillet. La Seconde République. Le Second Empire. III. 1870-1900. Troisième République. *Paris, Plon, Nourrit et Cie,* 1901, 3 vol. in-8, figures, cartonn., dos et coins toile rouge, tête dor., non rognés, couverture (*Pierson*).

Ouvrage illustré de 4000 gravures.

925 VILLARD (Th.). Les Fleurs à travers les âges et à la fin du XIXe siècle. Reproductions d'aquarelles de Madeleine Lemaire, notes horticoles et botaniques, résumées avec le concours de M. Maxime Cornu et de M. A. Chargueraud. Préface de Jean Aicard. *Paris, Armand Magnier,* 1900, in-4, dos et coins mar. bleu, fil., dos orné et mosaïqué, tête dor., non rog., couverture illust. (*Pierson*).

Un des 100 exemplaires imprimés sur PAPIER DU JAPON, contenant une double suite des illustrations et une page ornée d'une petite AQUARELLE ORIGINALE et INÉDITE, de MADAME MADELEINE LEMAIRE.

926. VILLARS (P.). Le Monde pittoresque et monumental. L'Angleterre, l'Écosse et l'Irlande. 4 cartes en couleur et 600 gravures. *Paris, A. Quantin, s. d.*, gr. in-8, 600 figures et 4 cartes, mar. rouge, chiffre sur les plats, dent. int., tête dor., non rogné (*Allô*).

Un des 50 exemplaires (n° 1) imprimés sur PAPIER DU JAPON.

927. VILLENEUVE-BARGEMONT (Le Vicomte L.-F. de). Monumens des grands maîtres de l'ordre de Saint-Jean de Jérusalem, ou vues des tombeaux élevés à Jérusalem, à Ptolemaïs, à Rhodes, à Malte, etc., accompagnés de notices historiques sur chacun des grands-maîtres, des inscriptions gravées sur leurs tombeaux, de leurs armoiries, etc. *Paris, J.-J. Blaise,* 1829, 2 vol. in-8, demi-rel. veau fauve, dos orné, non rog.

Exemplaire imprimé sur PAPIER VÉLIN.
2 frontispices, 69 tombeaux et portraits des grands maîtres de Malte, 17 vues de Malte, de Rhodes, monuments, etc., le tout lithographié.

928. VIRENQUE (Georges). L'Album d'un Saint-Cyrien, deux années d'école.

Paris, E. Plon-Nourrit et Cie, s. d., gr. in-8, figures, demi-rel. mar. rouge, tête dor., non rogné, couvert. illust. (*Pierson*).

Nombreuses illustrations dans le texte et hors texte.

929. VOGUÉ (E. Melchior de). Le Portrait du Louvre. Conte de Noël. Illustrations de M. le Comte de L'Aigle. *Paris, H. Launette et Cie, G. Boudet, succr*, 1889, in-4, dos et coins mar. bleu, fil., dos orné, tête dor., non rogné (*Pierson*).

Exemplaire imprimé sur papier vélin.

930. VOYAGES. 4 vol. gr. in-8 dont 3 en demi-rel. mar. et un cartonn. toile rouge, tête dor., non rognés, couvert. illust. (*Pierson*).

Albéca (Alexandre L.). La France au Dahomey. *Paris, Hachette et Cie*, 1895. — Madrolle (Claudius). En Guinée. Ouvrage illustré d'un portrait par J.-F. Raffaëlli et de 300 dessins par L. Cahours, accompagnés de 22 plans ou cartes. *Paris, H. Le Soudier*, 1895. — Piolet (P.) et Moufflard (Ch.) Madagascar. La Réunion. Mayotte. Les Comores. Djibouti. Préface par Chailley-Bert. *Paris, Firmin-Didot et Cie, s. d.* — Tolna (Cte R. Festetics de). Chez les Cannibales. Huit ans de croisière dans l'Océan Pacifique à bord du yacht « Le Tolna ». Ouvrage orné de 200 gravures et de cartes, d'après les photographies et les documents de l'auteur. *Paris, Plon-Nourrit et Cie*, 1903.

931. VOYAGES. 3 vol. in-8 et gr. in-8, dos et coins mar. grenat, dos orné, demi-rel. mar. vert et cartonn. toile verte, tête dor., non rognés, couvert. illust. (*Pierson*).

Capus (Guillaume). A travers la Bosnie et l'Herzégovine, études et impressions de voyage. *Paris, Hachette et Cie*, 1896. — Lefèvre-Pontalis. De Tiflis à Persépolis. Erivan. Tabriz. Téhéran. Ispahan. *Paris, E. Plon-Nourrit et Cie, s. d.* — Pernot (Hubert). En pays turc. L'Ile de Chio, avec 17 mélodies populaires et 118 simili-gravures exécutées d'après les clichés de l'auteur. *Paris, J. Maisonneuve*, 1903.

932. VOYAGES. 4 vol. in-4 et gr. in-8, cartonn. toile rouge et orange, tête dor., non rognés, couvert. illust. (*Pierson*).

Favier (Alphonse). Peking. Histoire et description. 524 gravures anciennes et nouvelles reproduites ou exécutées par des artistes chinois d'après les plus précieux documents. *Desclée, de Brouwer et Cie*, 1900. — Hamilton (Angus). En Corée, esquisse historique, la cour impériale, les factions du palais, etc., etc. Traduit de l'anglais par L. Bazalgette. Ouvrage accompagné de 2 cartes et abondamment illustré d'après des documents photographiques. *Paris, Félix Juven, s. d.* — Leroy (Henri-Joseph). En Chine, au Tché-Ly, sud-est. Illustré de 108 gravures et d'une carte du Tché-Ly. *Desclée, de Brouwer et Cie*, 1900. — Tissandier (Albert). Cambodge et Java. Ruines Khmères et Javanaises, 1893-1894, texte et dessins par M. Albert Tissandier. 30 planches hors texte et 1 carte, 52 gravures et plans. *Paris, G. Masson*, 1896.

933. VUILLIER (Gaston). La Sicile, impressions du présent et du passé. Illustrées par l'auteur. *Paris, Hachette et Cie*, 1896, in-4, demi-rel. mar. bleu, tête dor., non rogné, couverture illust. (*Pierson*).

Nombreuses et belles illustrations gravées sur bois hors texte et dans le texte.

934. VUILLIER (Gaston). La Danse. *Paris, Hachette et Cie*, 1898, gr. in-8, figures, dos et coins mar. orange, fil., dos orné et mosaïqué, tête dor., non rog., couverture (*Pierson*).

Orné de 19 gravures hors texte et de 400 gravures dans le texte.

935. WARD (Adolphus William). The Electress Sophia and the hanoverian succession. *Paris, Goupil, Manzi, Joyant et Cie*, 1903, in-4, demi-rel. mar. olive, dos orné, tête dor., non rog., couvert. (*Pierson*).

Nombreuses reproductions d'après les documents contemporains.

936. WARNECKE (Friedrich). Heraldische kunstblätter nach in kunstdruck u. f. w. ausgesührten Entwursen von Martin Schongauer, Israel van Mecken Albrecht Durer... *Gorlitz, Verlag von C. Starke*, 1876, in-4, demi-rel. mar. vert, dos orné, tête dor., non rog. (*Pierson*).

76 planches lithographiées hors texte contenant de nombreuses reproductions de blasons, ex-libris, titres, encadrements, etc.

937. WISMES (Le Bon de). Le Maine et l'Anjou, historiques, archéologiques et pittoresques. Recueil des sites et des monuments les plus remarquables sous le rapport de l'art et de l'histoire, des départements de la Sarthe, de la Mayenne et de Maine-et-Loire dessinés par le Bon de Wismes, lithographiés par les meilleurs artistes de Paris, et accompagnés d'un texte historique, archéologique et descriptif par le Bon de Wismes, et par MM. La Beaulüère, P. Belleuvre, E. Berger, etc., etc. *Nantes et Paris, Auguste Bry, s. d.*, 2 vol. in-fol., planches montées sur onglets, dos et coins mar. noir, tête dor., non rog. (*Champs*).

108 planches lithographiées à deux teintes.
Bel exemplaire.

938. WYSE (N.-B.). Le Canal de Panama, l'isthme américain ; explorations, comparaison des tracés étudiés ; négociations ; état des travaux. Ouvrage contenant une grande carte de l'isthme colombien, un plan panoramique du canal de Panama supposé achevé, un tableau synoptique des divers projets dressés spécialement par Lucien N.-B. Wyse et 90 gravures sur bois. *Paris, Hachette et Cie*, 1886, gr. in-8, dos et coins mar. grenat, tête dor., non rogné (*Allô*).

939. YRIARTE (Charles). Venise. Histoire, art, industrie. La ville, la vie. *Paris, Rothschild*, 1878, pet. in-fol., dos et coins mar. grenat, tête dor., non rog. (*Champs*).

Ouvrage orné de 525 gravures dont 50 tirées hors texte et plusieurs en couleurs.

940. YRIARTE (Charles). Autour du Concile, souvenirs et croquis d'un artiste à Rome. Ce qui se passe au Concile, types et cérémonies, le Vatican intime. Rome capitale. 90 Illustrations de Detaille, Godefroy-Durand, Lix, Bocourt, Yriarte, etc., etc., eaux-fortes d'après Heilbuth. *Paris, J. Rothschild*, 1887, pet. in-8, mar. bleu, compart. de fil., angles et dos ornés, large dent. int., tête dor., non rogné (*Pierson*).

941. ZICK (Alexandre). Vénus et son cortège, 12 dessins. — L'Age d'or, 12 compositions nouvelles. — Lossow (H.). Métamorphoses, 12 dessins. *Paris, Hinrichen et Co, s. d.* Ens. 3 vol., in-4, dos et coins veau rouge, plats toile, tr. dor., et en feuilles dans le cartonnage des éditeurs.

3. — *COSTUMES*.

942. COSTUME FÉMININ (Ouvrages relatifs au). 5 vol., in-8 et in-12, cartonn. toile et dos et coins mar. vert, tête dor., non rog.

Blanc (Charles). L'Art dans la parure et dans le vêtement, *Laurens, s. d.*, 95 gravures. — Montaillé. Le Costume féminin depuis l'époque gauloise jusqu'à nos jours, Tome I allant jusqu'à la fin du règne de Louis XVI. *Malherbe*, 1894, nombreux dessins. — Un Siècle de Modes féminines, 1794-1894. 400 toilettes reproduites en couleurs. *Fasquelle*, 1894. — Violette. L'Art de la toilette chez la femme. Bréviaire de la vie élégante. *Dentu*, 1885. — Eze (G. d') et Marcel. Histoire de la coiffure des femmes en France. *Ollendorff*, 1886, 242 gravures.

943. COSTUME HISTORIQUE (Le). Cinq cents planches, trois cents en couleurs, or et argent, deux cents en camaïeu. Types principaux du vêtement et de la parure rapprochés de ceux de l'intérieur de l'habitation dans tous les temps et chez tous les peuples, avec de nombreux détails sur le mobilier, les armes, les objets usuels, les moyens de transport, etc. Recueil publié sous la direction de M. A. Racinet, avec des notices explicatives, une introduction générale, des tables et un glossaire. *Paris*, *Firmin-Didot et Cie*, 1888, 6 vol., in-fol. dos et coins mar. vert foncé, fil., dos orné, tête dor., non rognés (*Champs*).

Bel exemplaire.

944. COSTUMES DE L'OPÉRA, XVIIe-XVIIIe siècles, avec une préface de Ch. Nuitter, archiviste de l'Opéra. 50 planches fac-simile à l'eau-forte en couleurs par A. Guillaumot fils. *S. l. (Paris)*, 1883, in-fol., papier vergé, cartonn. demi-mar. grenat, ébarbé (*Champs*).

50 planches montées sur papier bleu et précédées chacune d'un feuillet portant la légende.

945. COSTUMES DU XVIIIe SIÈCLE, ajustements et coiffures d'après les dessins de Watteau fils, Leclerc, Desrais, Cochin, etc., tirés de la collection de M. Victorien Sardou et des collections particulières. 40 eaux-fortes de A. Guillaumot fils. *Paris, H. Cagnon*, 1875, 2 séries en 1 vol., pet. in-fol., papier vélin, dos et coins mar. gren., fil., tête dor., non rogné (*Champs*).

Exemplaires contenant les planches coloriées.

946. COSTUMES DU TEMPS DE LA RÉVOLUTION, 1790-1791-1792-1793, tirés de la collection de M. V. Sardou. Préface de M. Jules Claretie. Quarante eaux-fortes coloriées de M. Guillaumot fils. *Paris, A. Lévy*, 1876, pet. in-fol., dos et coins mar. gren., fil., tête dor., non rogné (*Champs*).

Exemplaire contenant les eaux-fortes coloriées.

947. COSTUMES MILITAIRES. 16 pl. dont 15 coloriées.

Commandant en chef des guides, interprètes cavalerie contre l'Angleterre, dessinée par

Naudet. — Lithographie d'après Vernet. — 14 pl. diverses dessinées par J. Ch. Bar : Fantassin moscovite, 4 pl. de soldats romains. Homme d'armes du XIVe siècle, chevalier du Lys, du Camail, de Saint-Louis, de Malte, de Saint-Blaise, dragon de la Morlière, suisse du Pape, chevalier du Croissant.

948. COSTUMES MILITAIRES allemands (infanterie et cavalerie). Réunion de 20 aquarelles de divers formats.

Grenadier Guards, sergent d'artillerie de Mecklenbourg, cuirassier du duché de Bade, chevau léger de Bavière, etc., etc.

949. CRUYPLANTS (Eugène). Histoire illustrée d'un corps belge au service de la République et de l'Empire. La 112e demi-brigade. Côtes de l'Océan. Italie. Espagne. 11e corps de la Grande Armée, 1803-1814. *Bruxelles, Spineux et Cie*, 1902, in-4, demi-rel. mar. gren., tête dor., non rogné, couverture (*Pierson*).

Ouvrage publié d'après les manuscrits originaux du major de Mangeer, ancien officier au 112e régiment, illustré de 4 reproductions en couleurs, 130 gravures en noir d'après des dessins originaux et des documents de l'époque, accompagné de 16 cartes ou plans.

950. FIEFFÉ (Eugène). Napoléon Ier et la Garde impériale. Dessins par Raffet. *Paris, Furne fils*, 1859, in-4, dos et coins mar. vert, tête dor., ébarbé (*Champs*).

Frontispice tiré en noir et 20 planches coloriées.

951. HÉLYOT. Histoire des ordres monastiques, religieux et militaires et des congrégations séculières de l'un et de l'autre sexe, qui ont esté establies jusqu'à présent... Avec des figures qui représentent tous les différens habillemens de ces ordres et de ces congrégations. *A Paris, chez Nicolas Gosselin*, 1714-1719, 8 vol., in-4, veau marb., dos orné, tr. rouges (*Rel. anc.*).

Première édition de cet ouvrage estimé, orné de 806 planches de costumes religieux, gravées par *Duflos, Giffart, de Poilly, Thomassin*, ou non signées.
Petite différence dans les reliures.

952. HERBÉ. Costumes français civils, militaires et religieux, avec les meubles, les armes, les armures, l'architecture domestique, les ordres de chevalerie, les étendards et les blasons les plus historiques, depuis les Gaulois jusqu'à 1834 ; dessinés d'après les historiens et les monumens, et publiés par Herbé. *Paris, Herbé, s. d.*, pet. in-fol., demi-rel. veau, dos orné, tr. jasp. (*Rel. de l'époque*).

102 planches lithographiées en couleurs contenant environ 2 500 costumes divers.
Exemplaire auquel on a joint L'Examen critique et preuves, édition de 1837, 37 pp.

953. JULLIEN (Adolphe). Histoire du Costume au théâtre depuis les origines du théâtre en France jusqu'à nos jours. Ouvrage orné de 27 gravures et dessins originaux tirés des archives de l'Opéra et reproduits en fac-simile. *Paris, G. Charpentier*, 1880, in-8, demi-rel. mar. grenat, tête dor., non rog. (*Pierson*).

954. LALAISSE. L'Armée et la Garde impériale. In-fol., cartonn. toile rouge, aux armes impériales, tr. dor.

Recueil de 50 planches lithographiées et coloriées d'après les dessins de *Lalaisse*, représentant les costumes militaires du second Empire.

955. LAMÉSANGÈRE (Pierre). Costumes des femmes françaises du XIIe au XVIIIe siècle. Nouvelle édition imprimée en taille-douce par Ch. Wittmann, coloriée à la main par Nervet. *Paris, Tallandier*, 1900, in-4, cart.

Réimpression de la « Galerie française de femmes célèbres par leurs talens, leur rang... dessinés par Lanté ». *Paris*, 1827.

956. MERCURI (Paul). Costumes historiques des XIIe, XIIIe, XIVe et XVe siècles tirés des monuments les plus authentiques de peinture et de sculpture dessinées et gravées par Paul Mercuri. Avec un texte historique et descriptif par Camille Bonnard. Nouvelle édition, soigneusement revisée avec une introduction par M. Charles Blanc. *Paris, A. Lévy fils*, 1860-1861, 3 vol. — DUPLESSIS (Georges). Costumes historiques des XVIe, XVIIe et XVIIIe siècles dessinés par E. Lechevallier-Chevignard, gravés par A. Didier, L. Flameng, F. Laguillermie, etc., etc. *Paris, id.*, 1867, 2 vol. — Ens. 5 vol., in-4, mar. rouge, compart. de fil., dos orné, doublés de moire bleue, large dent. int., tr. dor. (*Belz-Niédrée*).

Ces deux ouvrages renferment 350 planches coloriées avec soin. Petite mouillure à un volume.

957. NOIRMONT (D. de) et MARBOT (Alfred de). Costumes militaires français depuis l'organisation des premières troupes régulières en 1439 jusqu'en 1789, dessins et texte par Mrs D. de Noirmont et Alfred de Marbot. *Paris, Clément, s. d.*, 3 vol. in-fol., montés sur onglets, dos et coins mar. rouge, tête dor., non rognés.

Ouvrage contenant 450 lithographies hors texte coloriées et 12 tableaux synoptiques de l'infanterie et de la cavalerie française.

Bel exemplaire sauf de légères déchirures dans la marge de quelques feuillets du tome troisième.

958. PAUQUET FRÈRES. Modes et costumes historiques, dessinés et gravés par Pauquet frères, d'après les meilleurs maîtres de chaque époque et les documents les plus authentiques. *Paris, aux bureaux des Modes et Costumes historiques, Pauquet frères, René Pincebourde*, in-4, demi-rel. chag. rouge.

96 planches coloriées.

959. PERUGINI (G.). Collection complète des costumes de la Cour de Rome et des ordres religieux des deux sexes. Avec un texte explicatif par M. l'abbé J.-B.-E. Pascal. *Paris*, 1852, in-4, demi-rel. chag. bleu, plats toile avec encad. de fil., tr. dor.

80 planches de costumes lithographiés et coloriés.

960. **PETITE GALERIE DRAMATIQUE.** *Paris, Martinet, s. d.*, 1637 planches coloriées en 17 boîtes livres de format pet. in-4, demi-rel. mar. rouge.

Bel exemplaire renfermant 1637 planches numérotées de 1 à 1637, gravées par *Gatine, Boullay, Pitoit, Dubois, Charpentier, Maleuvre*, d'après *Duplessi-Bertaux, Allain, Joly, Carle Vernet*, etc. Elles sont coloriées et à toutes marges.

On y a ajouté 1341 planches de la même collection, tirées soit en noir (avec ou avant la lettre et les numéros) ou d'un coloris différent des premières planches. Un grand nombre de ces doubles portent des annotations pour le coloriste ou pour le graveur

On y a ajouté également 5 des dessins originaux à l'aquarelle.

961. REISET (Comte de). Modes et usages au temps de Marie-Antoinette. Livre-journal de Madame Eloffe, marchande de modes, couturière-lingère ordinaire de la Reine et des dames de sa cour, 1787-1793. *Paris, Firmin Didot et Cie*, 1885, 2 vol. gr. in-8, dos et coins mar. bleu, tête dor., non rog. (*Champs*).

Ouvrage illustré de près de 200 gravures, dont 110 grandes planches, 68 coloriées.

962. ROUEN (Colonel). L'Armée Belge. Exposé historique de son organisation, de ses costumes et uniformes, de son armement et de sa tactique depuis les temps primitifs jusqu'à nos jours. Notes et dessins recueillis par le Colonel, Rouen. Ouvrage dédié à S. A. R. Mgr le Prince Albert de Belgique. *Bruxelles, Ed. Lyon-Claesen, s. d.*, in-4, veau fauve, armes mosaïquées sur le plat, tête dor., ébarb. (*Rel. de l'éditeur*).

100 planches, hors texte, de costumes militaires coloriées et nombreuses figures dans le texte.

963. SPALLART (Robert de). Tableau historique des costumes, des mœurs et des usages des principaux peuples de l'antiquité et du Moyen Age (traduit de l'allemand par L. de Jaubert et M. Breton). *Metz, Imprimerie de Collignon et Paris, Renouard, s. d.* (1804-1809), 7 vol. in-8 et 2 atlas, figures coloriées, dos et coins veau viol., dent. à froid, dos orné (*Rel. de l'époque*).

287 figures coloriées, reliées à la fin des 7 vol. de texte et 2 atlas in-4 obl. renfermant 206 planches coloriées, 1 front. et 1 carte.

Ce sont les mêmes planches que celles de l'édition de Vienne, 1804-1811.

964. VECELLIO. Costumes anciens et modernes. Habiti antichi et moderni di tutto il mondo di Cesare Vecellio, précédés d'un essai sur la gravure sur bois, par M. Amb. Firmin Didot. *Paris, Firmin Didot frères*, 1859-1860, 2 vol. in-8, figures, dos et coins mar. rouge, fil., dos orné et mosaïqué, tête dor., non rognés.

On y a joint l'*Essai typographique et bibliographique sur l'histoire de la gravure sur bois pour faire suite aux Costumes anciens et modernes. Ibid., id.*, 1863, in-8, même reliure.

965. VILLERMONT (Comtesse Marie de). Histoire de la coiffure féminine. *Paris, Laurens*, 1892, gr. in-8, demi-rel. mar. bleu jans., tête dor., non rog., couvert. (*Pierson*).

Nombreuses illustrations.

966. ZANOLI (Alessandro). Sulla Milizia cisalpino-italiana, cenni storico-statistici, dal 1796 al 1814. *Milano, per Borroni e Scoti*, 1845, 2 vol. in-8 et album gr. in-4, demi-rel. mar. rouge, non rog.

L'Album se compose de 5 grandes planches de costumes militaires lithographiées et coloriées.

Exemplaire imprimé sur papier bleu contenant le prospectus de la publication.

LIVRES MODERNES

DANS TOUS LES GENRES

967. ADVOCACIE NOSTRE-DAME (L') et la Chapelerie Nostre-Dame de Baiex, poème normand du XIVe siècle, imprimé en entier pour la première fois d'après le manuscrit unique de la Bibliothèque d'Évreux. *Paris, Académie des bibliophiles*, 1869. — Semelaigne (Docteur). Robert de Floques, bailli d'Évreux et Capitaine de Conches ou l'expulsion des Anglais de la Normandie. *Ibid., id.*, 1872. — Ens. 2 vol. in-12, dos et coins mar. rouge et demi-rel. mar. bleu, tête dor., non rognés (*Pierson*).

968. ANANGA-RANGA. Traité hindou de l'amour conjugal rédigé en sanscrit par l'archi poète Kalyana Malla (XVIe siècle). Traduit sur la première version anglaise (Cosmopoli, 1885) par Isidore Liseux. *Paris, Liseux*, 1886, pet. in-8, dos et coins mar. citron, tête dor., non rog., couvert.

Tirage à 300 exemplaires sur papier vergé.

969. BALLETS ET MASCARADES DE COUR, de Henri III à Louis XIV, (1581-1652), recueillis et publiés, d'après les éditions originales, par M. Paul Lacroix. *Genève et Turin, Gay et fils*, 1868-1870, 6 vol. in-18, papier de Hollande, mar. rouge, fil., dos orné, dent, int., tête dor., non rognés (*Champs*).

Édition imprimée à 100 exemplaires.

970. BALZAC (H. de). Œuvres posthumes. I. Lettres à l'étrangère (1833-1842). *Paris, Calmann Lévy*, 1899, in-8, dos et coins mar. bleu, fil., dos orné, tête dor., non rogné, couverture (*Champs*).

971. BANVILLE (Théodore de). Les Camées parisiens. Frontispise avec portraits à l'eau-forte de Ulm, *Paris, René Pincebourde*, 1866-1873, 3 vol. pet. in-12 dos et coins chag. grenat, tête dor., non rognés.

Éditions originales, imprimées à petit nombre sur papier vergé.
Le troisième vol. est en demi-rel. mar. bleu, tête dor., non rog.

972. BANVILLE (Théodore de). *Paris, Alphonse Lemerre*, 1870-1892, 7 vol. in-12 et pet. in-12, dos et coins mar. vert, rouge, grenat, La Vall., fil., dos orné, tête dor., non rognés (*Pierson*).

Florise, comédie, 1870 (Édit. orig.). — Eudore Cléaz, conte du jour de l'an, 1870 (Édit.

orig.). — Poésies, Idylles prussiennes (1870-1871), 1872. — Trente-six ballades joyeuses, précédées d'une histoire de la ballade par Charles Asselineau, 1873. — Poésies. Odes funambulesques suivies d'un commentaire, édit. de 1874 et 1892. — Œuvres, les Stalactites, Odelettes, Améthystes, le Forgeron, 1889.

973. BARBEY D'AURÉVILLY (J.). XIXe siècle. Les Œuvres et les hommes. *Paris, Quantin et Lemerre,* 1887-1893, 9 vol. in-8, dont 6 demi-rel. mar. La Vall., 2 dos et coins mar. La Vall. et 1 cartonn. demi-rel. mar. noir, tête dor., non rog. (*Pierson* et *Champs*).

Les Philosophes et les Écrivains religieux, 2 vol. — Les Historiens. — Les Poètes. — Sensations d'histoire. — Sensations d'art. — Les Critiques ou les juges jugés. — Mélanges historiques et littéraires. — Journalistes et polémistes. Chroniqueurs et pamphlétaires.

974. BASCHET (Armand). Le Roi chez la reine ou histoire secrète du Mariage de Louis XIII et d'Anne d'Autriche, d'après le Journal de la santé du roi, les dépêches du nonce et autres pièces d'état. *Paris, A. Aubry,* 1864, in-8, mar. rouge, encad. de fil., droits et courbes, coins et milieux ornés à petits fers au pointillé, dos orné, dent. int., tête dor., non rogné (*Capé*).

Un des 3 exemplaires imprimés sur PEAU DE VÉLIN.
Riche reliure.

976. BEAUMARCHAIS. Théâtre complet. Réimpression des éditions princeps. Avec les variantes des manuscrits originaux publiés pour la première fois par G. d'Heylli et F. de Marescot. *Paris, Académie des bibliophiles,* 1869-1871, 4 vol. in-8, papier vergé, portrait, dos et coins mar. rouge, fil., dos orné, tête dor., non rognés (*Champs*).

977. BIRÉ (Edmond). Honoré de Balzac. *Paris, H. Champion,* 1897, in-8, demi-rel. mar. brun, tête dor., non rogné (*Couvert.*).

Papier de Hollande.

978. BONNIÈRES (Robert de). Les Académiciens, comédie par Saint-Evremond, étude. *Paris, Charavay frères,* 1879, in-16 carré, front. mar. gren., fil., dos orné, dent. int., tête dor. non rogné, couverture illustrée (*Pierson*).

Cette comédie, ou plutôt cette satire dialoguée, a trait aux mœurs littéraires des premiers académiciens.

979. BOSSUET. Les Éditions originales des oraisons funèbres. Portrait sur acier d'après Ficquet et Savard par Paquien. Lettres ornées, fleurons, culs-de-lampe par L. M. *Paris, Bonnassies,* 1877, pet. in-8, mar. brun, jans., dent. int., tête dor., non rog. (*Belz-Niédrée*).

Exemplaire imprimé sur PEAU DE VÉLIN contenant le portrait en trois états.

980. CABINET DU BIBLIOPHILE (du). *Paris, Jouaust,* 1868-1880, 19 vol. in-12, papier vergé, mar., demi-rel. et dos et coins mar. de diverses couleurs, tête dor., non rog.

La Chronique de Gargantua, premier texte du roman de Rabelais. — La Puce de Mme Desroches. — Le Premier texte de La Rochefoucauld, publié par F. de Marescot. — Rivière-Dufresny. Entretiens ou amusements sérieux et comiques. — Sainte-Foix (de). Lettres turques. — Dulorens. Satires. Édition de 1646 contenant 26 satires. — Tahureau. Poésies, 2 vol. — Sablé (Mme de). Maximes (1678). — Doublet (Jean). Élégies, suivies des épigrammes et rimes diverses. — Deschamps (Eustache). Le traicté de Getta et d'Amphitrion, poème dialogué du xve siècle. — Voltaire. Lettres et poésies inédites adressées à la reine de Prusse. — La seconde chronique de Gargantua et de Pantagruel. — Aubigné (Agrippa d'). L'Enfer, satire « dans le goût de Sancy » ; Le Printemps « poème de ses amours ». Stances et odes, 2 vol. — Labé (Louise). Œuvres. — Petit (Louis). Les Satires. — La Légende de Pierre Faifeu. — Marie de Romieu. Œuvres poétiques.

981. CENT CINQ RONDEAULX d'amour, publiés d'après un manuscrit du commencement du xvie siècle, par Edwin Tross. *Paris, Tross*, 1863, pet. in-8 réglé, cartonn. demi-toile verte, non rog.

Un des 4 exemplaires imprimés sur PEAU DE VÉLIN.

982. CHANSONNIER HUGUENOT (Le) du xvie siècle. *Paris, Tross*, 1870, 2 vol. in-16, dos et coins mar. brun, fil., dos orné, tête dor., non rognés (*Champs*).

983. CHANSONS JOYEUSES du xixe siècle. *Yverdon, Imp. particulière (Bruxelles, Gay et fils)*, 1866, 2 vol. pet. in-12, dos et coins mar. rouge, tête dor., non rog.

Cette réimpression avait été tirée à 200 exemplaires sur papier vergé, mais par suite d'une imperfection l'éditeur en a détruit 198 (Lorenz, tome V, page 298).

984. CHARAVAY (Étienne). A. de Vigny et Charles Baudelaire, candidats à l'Académie française. Étude par Étienne Charavay, *Paris, Charavay frères*, 1879, in-8 carré, portrait de Baudelaire, mar. vert, fil., dos orné, dent. int., tête dor., non rogné, couverture illustrée (*Pierson*).

Papier de Hollande.

985. CHÉNIER (André de). Œuvres poétiques. Avec une notice et des notes par M. Gabriel de Chénier. *Paris, Alphonse Lemerre*, 1874, 3 vol. pet. in-12, dos et coins mar. bleu, fil., dos orné, tête dor., non rognés (*Champs*).

986. CLOUARD (Maurice). Documents inédits sur Alfred de Musset. *Paris, A. Rouquette*, 1900, in-8, demi-rel., mar. brun, tête dor., non rogné, couverture (*Pierson*).

987. COLLECTION CHARAVAY (de la). 6 vol, in-8 et in-12, cartonn. de l'éditeur et dos et coins mar., tête dor., non rog.

Bonnières (R. de). Les Académiciens, comédie par St. Évremond. Étude, 1879. — Bonnières (R. de). Contes des fées, 1881. — Becq de Fouquières. Lettres critiques sur la vie, les œuvres, les manuscrits d'André Chénier, 1881. — Campardon (F.). Les Prodigalités d'un fermier général. Complément aux mémoires de Mme d'Épinay, 1882. — Daudet (Mme Alphonse). Fragments d'un livre inédit, *s. d.* — Gautier (Judith). Isoline, 1882.

988. COLLECTION CHARAVAY (de la). 4 vol. in-32, papier vergé ; 3 vol., dos et coins mar. et 1 vol. rel. en mar. citron, tête dor., non rognés (*Pierson* et *Champs*).

Bijoux (Les) de Mme du Barry. Documents inédits publiés par H. Welschinger. — Bon-

HOMME (H.). Madame de Pompadour, général d'armée. — CAMPARDON (E.). La Cheminée de Madame de La Poupelinière. — LHUILLIER (Th.). Hégésippe Moreau et son Diogène.

989. COLLECTION LEMERRE (de la Petite). *Paris, A. Lemerre,* 1869-1883, 7 vol. pet. in-12, dos et coins mar. grenat et mar. rouge, tête dor., non rognés.

RÉGNIER (Mathurin). Œuvres, texte original avec notice, variantes et glossaire par E. Courbet, 1869. — Les Gayetez d'Olivier de Magny, texte original avec notice par E. Courbet, 1871. — BEAUMARCHAIS. Théâtre, avec une notice et des notes par Ch. Beauquier, 1871. — ARLOTTO. Les Contes et facéties d'Arlotto de Florence avec introduction et notes par P. Ristelhuber, 1873. — La Marquise de Brinvilliers, récit de ses derniers moments, notes et documents sur sa vie et son procès par G. Roullier, 1883, 2 vol. — Les Amours d'Olivier de Magny. Texte original avec notice par E. Courbet, 1878.

990. COLLECTION LEMERRE (de la Petite). Poètes modernes. *Paris, Alphonse Lemerre,* 1872-1899, 12 vol. pet. in-12, dos et coins mar. citron, vert, bleu, rouge, etc., et cartonn. toile grise, dos orné, tête dor., non rognés, couvert. (*Allô* et *Pierson*).

BOURGET (Paul). Poésies (1872-1876). 1885. — BAYE (Baronne de). Grisailles et Pastels, poésies, 1896. — DARZENS (Rodolphe). Strophes artificielles, 1888. — HERVILLY (Ernest d'). Les Baisers, 1872. — LAFENESTRE (Georges). Poésies, 1889. — MIKHAËL (Ephraïm). Poésies, poèmes en prose, 1890. — MISTRAL (Frédéric). Les Iles d'or. Calendal, 1887-1889, 2 vol. — SILVESTRE (Armand). 1872-1878. La Chanson des heures, 1887. — SULLY-PRUDHOMME. Stances et poèmes (1865-1866), 1872. — BATAILLE (F.). Le Clavier d'or. Sonnets, 1875-1884. Le Clavier d'or, Libertas, Le Carquois, Patria. Les Sommets, 1884. — READ (Henri-Charles). Poésies posthumes, 1886.

991. COLLECTION LEMERRE (de la Petite). *Paris, Alphonse Lemerre,* 1873-1889, 14 vol. pet. in-12, dos et coins mar. crème, rouge, bleu, etc., et cartonn. toile rose et grise, tête dor., non rognés, couvert. (*Pierson*).

BARBEY D'AUREVILLY (J.). Les Diaboliques, 1883. L'Amour impossible. La Bague d'Annibal, 1884. Une Histoire sans nom et une page d'histoire, 1889, 3 vol. — BOURGET (Paul). L'irréparable. Deuxième amour. Profils perdus, 1888. — CLADEL (Léon). Les Va-nu-pieds, 1884. — CONSTANT (Benjamin). Adolphe, notice par A. France, 1889. — DAUDET (Alphonse). Les Rois en exil, 1887. — FABRE (Ferdinand). L'Abbé Tigrane, 1888. GOZLAN (Léon). Aristide Froissard, 1873. — THEURIET (André). Sauvageonne, 1887. Madame Heurteloup, 1889, 2 vol. — DAUDET (Alphonse). Contes du lundi, 1882. — GONCOURT (E. et J. de). Renée Mauperin, 1875 (rel. pleine, mar. vert souple). — LA MADELÈNE (Jules de). Le Marquis de Saffras, 1878.

992. COLLECTION MOLIÉRESQUE (de la Nouvelle) et réimpressions des éditions originales des pièces de Molière. *Paris, Jouaust,* 7 vol. in-16, papier vergé, dos et coins mar. et vélin blanc, tête dor., non rog.

BOURSAULT. Le Médecin volant, comédie burlesque. — DU TRALAGE (J. N). Notes et documents sur l'histoire des théâtres de Paris au XVIIe siècle. — MOLIÈRE. Les Femmes savantes. — Le Dépit amoureux. — Sganarelle. — Les Fourberies de Scapin. — L'Amour médecin.

993. COLLECTION ROUVEYRE (de la). 3 vol. pet. in-8, papier vergé, dos et coins mar. vert et citron, tête dor., non rog. (*Champs* et *Pierson*).

BONHOMME (H.). La Société galante et littéraire au XVIIIe siècle, eaux-fortes de Malval. — JULLIEN (Adolphe). La Ville et la Cour au XVIIIe siècle. Mozart, Marie-Antoinette, les philosophes, eaux-fortes de Malval. — LAUZUN (duc de). Mémoires. Édition complète précédée d'une étude sur Lauzun et ses mémoires par Georges d'Heylli, eaux-fortes de Malval.

994. COPPÉE (François). *Paris, Alphonse Lemerre,* 1869-1892, 11 vol. in-12 et pet. in-12, mar. bleu, dos et coins mar. rouge, bleu, grenat, fil., dos orné, tête dor., non rognés (*Champs* et *Pierson*).

Coppée (François). Poèmes modernes, 1869. — Contes en vers et poésies diverses, 1880. (Édit. orig.). — Théâtre (1879-1885), 1882, 2 vol. — Arrière-saison, poésies, 1887 (Édit. orig.). — Contes rapides, 1889 (Édit. orig.). — Le Pater, drame en un acte, en vers, 1890, cartonn. toile rouge (Édit. orig.). — Toute une jeunesse, 1892. — Poésies (1869-1874). Les Humbles, écrits pendant le siège etc. 1875. — Pour la Couronne, drame en cinq actes en vers, 1895 (Éd. orig.). — Les Jacobites, drame en cinq actes en vers, 1885 (Éd. orig.)

995. COPPÉE (François). Severo Torelli, drame en cinq actes en vers représenté pour la première fois sur le Théâtre national de l'Odéon, le 21 novembre 1883. *Paris, Alphonse Lemerre,* 1884, in-4, papier de Holl., dos et coins mar. rouge, dos orné, tête dor., non rogné, couvert. (*Allô*).

996. COPPÉE (François). Le Coupable. *Paris, A. Lemerre,* 1897, in-12, dos et coins mar. vert, fil., dos orné, tête dor., non rogné, couverture (*Champs*).

Édition originale.
Un des 50 exemplaires (n° 6) imprimés sur papier de Hollande.

997. DARESTE (C.). Histoire de France depuis les origines jusqu'à nos jours. *Paris, Plon et Cie,* 1874-1879, 9 vol. in-8, demi-rel. mar. bleu, dos orné, tête dor., non rog. (*Champs*).

Bel exemplaire.

998. DAUDET (Alphonse). Lettres à un absent, Paris, 1870-1871. *Paris, Alphonse Lemerre,* 1871, dos et coins mar. grenat, tête dor., non rogné (*Pierson*). — L'Obstacle, pièce en 4 actes. Illustrations de Bieler, Gambard, Marold et Montégut. *Paris, Marpon et Flammarion, s. d.* (1891), cartonn., dos et coins toile verte, tête dor., non rogné, couvert. — Ens. 2 vol. in-12.

Éditions originales.

999. DELVAU (Alfred). Les Sonneurs de sonnets, 1540-1866. Eau-forte par Frédéric Massé. *Paris, Bachelin-Deflorenne et Cie,* 1885, pet. in-8 de 157 pag., dos et coins mar. rouge, fil., dos orné, tête dor., non rogné.

1000. DONNAY (Maurice). Le Retour de Jérusalem, comédie en quatre actes représentée pour la première fois sur le théâtre du Gymnase le 3 décembre 1903. *Paris, Charpentier et Fasquelle,* 1904, in-12, demi-rel., mar. bleu, tête dor., non rogné, couvert. (*Pierson*).

Édition originale.
Un des 25 exemplaires (n° 19) imprimés sur papier du Japon.

1001. DU BOULAN (Gérard). L'Énigme d'Alceste. Nouvel aperçu historique, critique et moral sur le XVIIe siècle. Avec un portrait inédit de Molière. *Paris, A. Quantin,* 1879, pet. in-8, pap. de Holl., mar. vert, fil., dos orné, dent int., tête dor., non rogné (*Pierson*).

1002. ÉLISABETH, reine de Roumanie (Carmen Sylva). Les Pensées d'une Reine. Préface par Louis Ulbach. *Paris, Calmann-Lévy,* 1882, in-16, portrait par Lalauze, mar. La Vall., dent. int., tête dor., non rog. (*Pierson*).

1003. ÉRASME. Éloge de la folie, traduit par Victor Develay et accompagné des dessins de Hans Holbein. *Paris, Librairie des bibliophiles,* 1872, in-8, pap. de Holl., dos et coins mar. orange, dos orné, tête dor., non rog.

Taches de rousseur.

1004. ÉRASME. Les Colloques, nouvellement traduits par Victor Develay et ornés de vignettes gravées à l'eau-forte par J. Chauvet. *Paris, Librairie des bibliophiles,* 1875, 3 vol. in-8, mar. grenat, chiffre sur les plats, fil., dos orné, dent. int., tête dor., non rog. (*Tinot, rel. à Reims*).

1005. ESTIENNE (Henri). Deux dialogues du nouveau langage françois italianizé et autrement desguizé, principalement entre les courtisans de ce temps. Réimprimé sur l'édition originale et unique de l'auteur (1578). *Paris, Isidore Liseux,* 1883, 2 vol. pet. in-8, dos et coins mar. brun, fil., dos orné, tête dor., non rognés (*Pierson*).

Édition imprimée à 350 exemplaires et publiée par Alcide Bonneau.

1006. ESTIENNE (Henri). Deux dialogues du nouveau langage françois italianizé et autrement desguizé, principalement entre les courtisans de ce temps. Avec introduction et notes par P. Ristelhuber. *Paris, Alphonse Lemerre,* 1885, 2 vol. pet. in-8, dos et coins mar. brun, fil., dos orné, tête dor., non rognés, couvert. (*Pierson*).

Édition tirée à 400 exemplaires.

1007. FAIL (Noël du). Contes et discours d'Eutrapel, réimprimés par les soins de D. Jouaust, avec une notice, des notes et un glossaire par C. Hippeau. *Paris, Librairie des bibliophiles,* 1875, 2 vol. gr. in-8, demi-rel. mar. réséda, tête dor., non rog., couvert. (*Pierson*).

Un des 200 exemplaires (n° 89) sur PAPIER DE HOLLANDE.

1008. FAIL (Noël du). Les propos rustiques de Noël du Fail. Texte original de 1547. Interpolations et variantes de 1548, 1549, 1573. Avec introduction, éclaircissements et index par Arthur de La Borderie. *Paris, A. Lemerre,* 1878, pet. in-12, pap. de Holl., mar. rouge, fil., dos orné, dent. int., tête dor., non rogné (*Pierson*).

1009. FEUILLET (Octave). Théâtre complet. *Paris, Calmann-Lévy,* 1892-1893, 5 vol. in-12, brochés, couvert.

Première édition collective.
Un des 30 exemplaires (n° 17) imprimés sur PAPIER DE HOLLANDE.

1010. FRANCE (Anatole). Lucile de Chateaubriand. Ses contes, ses poèmes, ses lettres précédés d'une étude sur sa vie. *Paris, Charavay frères,* 1879, in-16, papier vergé, frontispice, mar. bleu, fil., dos orné, dent. int., tête dor., non rogné, couverture illustrée (*Pierson*).

ÉDITION ORIGINALE.

1011. FRANCE (Anatole). Balthasar. *Paris, Calmann-Lévy*, 1889, in-12, cartonn. toile grise, tête dor., non rog., couvert. (*Pierson*).

ÉDITION ORIGINALE.

1012. FRANCE (Anatole). L'Elvire de Lamartine, notes sur M. et Mme Charles. *Paris, H. Champion*, 1893, pet. in-8 carré, cartonn., demi-mar. bleu, tête dor., non rogné (*Pierson*).

ÉDITION ORIGINALE.

1013. FRANCE (Anatole). Le Mannequin d'osier. *Paris, Calmann-Lévy*, 1897, in-12, cartonn. toile rose, tête dor., non rogné, couvert. (*Pierson*).

ÉDITION ORIGINALE.

1014. FRANCE (Anatole). L'Orme du mail. *Paris, Calmann-Lévy*, 1897, in-12, cartonn. toile verte, tête dor., non rogné, couvert. (*Pierson*).

ÉDITION ORIGINALE.

1015. FRANCE (Anatole). L'Anneau d'améthyste. *Paris, Calmann-Lévy*, 1899, in-12, demi-rel. mar. vert foncé, fil., dos orné, tête dor., non rogné, couvert. (*Pierson*).

ÉDITION ORIGINALE.
Un des 40 exemplaires imprimés sur PAPIER DU JAPON.

1016. FRANCE (Anatole). Histoire comique. *Paris, Calmann-Lévy, s. d.*, in-12, cartonn. toile rouge, tête dor., non rogné (*Pierson*).

ÉDITION ORIGINALE.

1017. GALLAND. Les Mille et une nuits, contes arabes traduits en français par Galland. Nouvelle édition publiée par M. Édouard Gautier. *Paris, J.-A.-S. Collin de Plancy et Rapilly*, 1822-1823, 7 vol. in-8, demi-rel. mar. bleu, tête dor., non rognés, couvertures (*Pierson*).

Bel exemplaire, non rogné.

1018. GAUTIER (Théophile). Les Jeunes-France, romans goguenards, suivis de contes humoristiques. *Paris, Charpentier et Cie*, 1873, in-12, dos et coins mar. rouge, tête dor., non rogné (*Pierson*).

ÉDITION DÉFINITIVE.
Un des 50 exemplaires (n° 35) imprimés sur PAPIER DE HOLLANDE.

1019. GONCOURT (Ed. et J. de). Charles Demailly. *Charpentier*, 1876. — Mademoiselle Clairon d'après ses correspondances et les rapports de police du temps. *Charpentier*, 1890 (ÉDIT. ORIG.). — La Saint-Huberty d'après sa correspondance et ses papiers de famille. *Dentu*, 1882 (ÉDIT. ORIG.). — Madame Saint-

Huberty d'après sa correspondance et ses papiers de famille. *Charpentier,* 1885. — Préfaces et manifestes littéraires. *Charpentier,* 1888 (Éd. orig.). — Ens. 5 vol. in-12, cart. toile et demi-toile, dos et coins mar. et demi-rel. mar., tête dor., non rogné.

1020. GRIMAREST. La Vie de Molière par J.-L. Le Gallois, sieur de Grimarest. Réimpression de l'édition originale (Paris, 1705) et des pièces annexes. Avec une notice par A.-P. Malassis et une figure dessinée et gravée à l'eau-forte par Ad. Lalauze. *Paris, Isidore Liseux,* 1877, in-16, mar. rouge, compart. de fil., dos orné, dent. int., tête dor., non rogné (*Champs*).

1021. HORATII (Quinti) Flacci opera omnia, recensuit Filon. *Parisiis, A. Mesnier,* 1828, in-64, chag. vert, fil. et encad. de fil. en losange avec dent. aux angles, dos orné, dent. int., gardes de moire blanche, tr. dor. (*Rel. de l'époque*).

Jolie édition imprimée en caractères très fins par Didot jeune.

1022. HUGO (Victor). Œuvres complètes. Nouvelle édition ornée de vignettes. *Paris, Alexandre Houssiaux,* 1857-1860, 18 vol. in-8, dos et coins mar. brun, tête dor., ébarbés.

Romans. Han d'Islande. Bug-Jargal. Le dernier jour d'un condamné. Claude Gueux. Notre-Dame de Paris, fig., 2 vol. Ens. 4 vol. — Poésies. Odes et Ballades. Les Orientales. Les Feuilles d'automne. Les Chants du crépuscule. Les Voix intérieures. Les Rayons et les ombres. Les Contemplations, 2 vol. Ens. 6 vol. — Drame. Cromwell. Hernani. Marion Delorme. Le Roi s'amuse. Lucrèce Borgia. Marie Tudor. Angelo. Ruy-Blas. Les Burgraves. La Esméralda. Ens. 4 vol. — Le Rhin, lettres à un ami. 3 vol. — Littérature et philosophie mêlées.

1023. HUGO (Victor). Dernière gerbe. *Paris, Calmann Lévy,* 1902, in-8, dos et coins mar. brun, tête dor., non rogn., couvert. (*Champs*).

Édition originale.
Un des 30 exemplaires (n° 28) imprimés sur papier de Hollande.

1024. HUYSMANS (J.-K.). Sainte Lydwine de Schiedam. *Paris, P.-V. Stock,* 1901, petit in-4, demi-rel. mar. violet, tête dor., non rogn., couverture (*Pierson*).

Première édition.
Un des 80 exemplaires imprimés sur papier de Hollande.

1025. JANIN (Jules). Lamartine, 1790-1869. Portrait à l'eau-forte par Martial. *Paris, Jouaust,* 1869. — Les Deux discours de Mr Jules Janin à l'Académie française. Avril 1865-novembre 1871. *Ibid., id.,* 1872. — Deburau, histoire du théâtre à quatre sous pour faire suite à l'histoire du théâtre français, avec une préface par Arsène Houssaye, portrait gravé par Ad. Lalauze. *Ibid., id.,* Ens. 3 vol. in-12 et in-18, dos et coins mar. grenat, rouge et bleu, fil., dos orné, tête dor., non rognés (*Champs*).

1026. JARDIN PARFUMÉ (Le) du cheikh Nefzaoui. Manuel d'érotologie arabe

(XVIe siècle). Traduction revue et corrigée. *Paris, Isidore Liseux*, 1886, in-8, dos et coins mar. blanc, tête dor., non rogné, couvert. (*Pierson*).

Édition tirée à 225 exemplaires sur papier vergé.

1027. JARGON (Le) DU XVe SIÈCLE. Étude philologique. Onze ballades en jargon attribuées à François Villon, dont cinq ballades inédites, publiées pour la première fois d'après le manuscrit de la Bibliothèque royale de Stockholm, précédées d'un discours préliminaire sur l'organisation des gueux et l'origine du jargon et suivies d'un vocabulaire analytique du jargon par Auguste Vitu. *Paris, Charpentier*, 1884, in-8, dos et coins mar. olive, tête dor., non rogné (*Allô*).

Tirage à 500 exemplaires sur papier de Hollande.

1028. KAMA SUTRA (Les) de Vatsyayana. Manuel d'érotologie hindoue, rédigé en sanscrit vers le cinquième siècle de l'ère chrétienne ; traduit sur la première version anglaise (Bénarès, 1883), par Isidore Liseux. *Paris, Isidore Liseux*, 1885, in-8, dos et coins mar. blanc, tête dor., non rogné, couvert. (*Pierson*).

Édition imprimée à 220 exemplaires.

1029. LABICHE (Eugène). Théâtre complet, avec une préface par Émile Augier. *Paris, Calmann Lévy*, 1878-1879, 10 vol. in-12, demi-rel. mar. La Vall., tête dor., non rognés.

1030. LA BRUYÈRE. Les Caractères ou les mœurs de ce siècle, précédés des Caractères de Théophraste, traduits du grec par La Bruyère. Texte revu sur la neuvième édition originale de 1696. Avec une notice et des notes par Charles Asselineau. *Paris, A. Lemerre*, 1871, 2 vol. in-8, portrait, mar. bleu, comp. de fil. et large dentelle à petits fers, dos orné, dent. int., tête dor., non rognés (*Tinot*).

1031. LA FONTAINE. Fables choisies mises en vers. Avec notice et notes par Alphonse Pauly. *Paris, Alphonse Lemerre*, 1868, 2 vol. — Contes et nouvelles en vers, texte original, avec notes, par Alphonse Pauly, *Ibid.*, *id.*, 1868, 2 vol. — Ens. 4 vol. pet. in-12, dos et coins mar. brun, tête dor., non rognés.

1032. LAMBER (Juliette) [Madame Adam]. Poètes grecs contemporains. *Paris, Calmann Lévy*, 1881, in-12, mar. vert, fil., dos orné, dent. int., tête dor., non rogné (*Pierson*).

1033. LA ROCHEFOUCAULD. Maximes et réflexions morales. Ornées de son portrait gravé d'après Petitot, par P.-P. Choffard et d'un modèle de son écriture par Miller. Nouvelle édition. *Paris, J.-J. Blaise et J. Pichard*, 1880, in-12, port. et fac-simile, dos et coins veau olive, fil., dos orné, tête dor., non rogné (*Pierson*).

Joli portrait gravé par *Choffard*.

1034. LASSAILLY. Les Roueries de Trialph, notre contemporain avant son suicide. *Paris, Silvestre, Baudouin,* 1833, in-8, dos et coins mar. vert, tête dor., non rogné, couvert. (*Champs*).

Édition originale, rare.
Exemplaire auquel on a ajouté une lettre autographe de l'auteur à Gozlan.

1035. LA TREMOILLE (Louis de). Mon Grand-père à la cour de Louis XV et à celle de Louis XVI. Nouvelles à la main. *Paris, Honoré Champion,* 1904, gr. in-4, demi-rel. mar. bleu, tête dor., non rogné, couverture (*Pierson*).

Imprimé à petit nombre sur papier de Hollande.

1036. LECONTE DE LISLE. L'Apollonide, drame lyrique en trois parties et cinq tableaux. Musique de Franz Servais. *Paris, Lemerre,* 1888, in-4, mar. rouge, jans., chiffre sur les plats, dent. int., tête dor., non rogné (*Allô*).

Édition originale imprimée sur papier de Hollande.

1037. LE SAGE (Alain-René). Histoire de Gil Blas de Santillane. Réimpression de l'édition de 1747 précédée d'une introduction par F. Sarcey et ornée d'un portrait de l'auteur d'après Guélard. *Paris, Librairie des bibliophiles,* 1873, 2 vol. in-8, portrait de Le Sage, dos et coins mar. vert, tête dor., non rognés.

1038. LOISELEUR (Jules). Les Points obscurs de la vie de Molière. Les années d'étude, les années de lutte et de vie nomade, les années de gloire, mariage et ménage de Molière. Avec un portrait de Molière, gravé à l'eau-forte par Ad. Lalauze. *Paris, Is. Liseux,* 1877, in-8, mar. grenat, fil., dos orné, dent. int., tête dor., non rogné (*Champs*).

Un des 10 exemplaires imprimés sur papier de Chine (n° 1) contenant quatre épreuves du portrait.

1039. LOTI (Pierre). Les derniers jours de Pékin. *Paris, Calmann-Lévy, s. d.,* in-12, broché (*Couverture*).

Édition originale.
Un des 60 exemplaires (n° 58) imprimés sur papier de Hollande.

1040. LOTI (Pierre). Aziyadé. Stamboul, 1876-1877. *Paris, Calmann Lévy,* 1879, in-12, cartonn. toile marron, tête dor., non rogné (*Pierson*).

Édition originale.

1041. LOTI (Pierre). Japoneries d'Automne. *Paris, Calmann-Lévy,* 1889. — Le Livre de la pitié et de la mort. *Ibid., id.,* 1891, couverture. Ens. 2 vol. in-12, cartonn. toile bleue et jaune, tête dor., non rognés (*Pierson*).

Éditions originales.

1042. LOTI (Pierre). Reflets sur la sombre route. *Paris, Calmann-Lévy,* 1899, in-12, br. (*Couvert.*).

Édition originale.
Un des 75 exemplaires (n° 82) imprimés sur papier de Hollande.

1043. MACAULAY (Lord). Histoire d'Angleterre depuis l'avènement de Jacques II. Trad. par le vicomte Jules de Peyronnet. 3 vol. — Histoire de Guillaume III pour faire suite à l'histoire de la Révolution de 1688. Trad. par Amédée Pichot, 4 vol. *Paris, Perrotin*, 1861, ens. 7 vol. in-8, demi-rel., mar. rouge, dos orné, tête dor., non rognés (*Champs*).

1044. MACÉ (René). Voyage de Charles-Quint par la France, poème historique, publié avec introduction, notes et variantes par Gaston Raynaud. *Paris, Alphonse Picard*, 1879, pet. in-8, mar. olive, encad. de 2 fil., chiffre mosaïqué sur les plats, dos orné, dent., int. tête dor., non rogné (*Allô*).

Un des 20 exemplaires imprimés sur PAPIER DE CHINE.

1045. MAISTRE (Xavier de). Œuvres inédites. Premiers essais. Fragments et correspondance. Avec une étude et des notes par Eugène Réaume. *Paris, A. Lemerre*, 1877, 2 vol. in-12, rel. souple en mar. gren., fil., dos orné, tête dor., non rognés (*Pierson*).

Un des 26 exemplaires (n° 3) imprimés sur PAPIER DE CHINE.

1046. MALASSIS (A. P.). Correspondance de Mme de Pompadour avec son père, M. Poisson et son frère, M. de Vandières, suivie de lettres de cette dame à la Comtesse de Lutzelbourg, à Paris Duverney, au duc d'Aiguillon, etc., et accompagnée de notes et de pièces annexes. *Paris, J. Baur*, 1878, pet. in-8, 2 port., dos et coins mar. vert, fil., dos orné et mosaïqué, tête dor., non rogné (*Pierson*).

1047. MARIVAUX. La Vie de Marianne, précédée d'une notice par M. de Lescure. *Paris, Librairie des bibliophiles*, 1882, 3 vol. in-12, titres gravés par A. Lalauze, dos et coins mar. bleu, dos orné, tête dor., non rognés (*Couvert.*).

1048. MAROT (Clément). Œuvres de Clément Marot de Cahors, valet de chambre du roy. *Lyon, N. Scheuring*, 1869-1870, 2 vol. pet. in-8, dos et coins mar. bleu, dos orné, tête dor., non rognés, couvert. illust. (*Allô*).

Un des 10 exemplaires (n° 7) imprimés sur PAPIER DE CHINE.

1049. MARTEL (Tancrède). Les folles ballades. Avec préface et commentaire. *Paris, A. Quantin et Cie*, 1879, in-4, dos et coins mar. orange, fil., dos orné, tête dor., non rogné (*Champs*).

ÉDITION ORIGINALE.
Un des 25 exemplaires (n° 17) imprimés sur PAPIER DE CHINE.

1050. MAUPASSANT (Guy de). Bel-Ami. *Paris, Victor Havard*, 1885, in-12, dos et coins mar. bleu, tête dor., non rogné (*Allô*).

ÉDITION ORIGINALE.

1051. MAUPASSANT (Guy de). Le Horla. *Paris, Paul Ollendorff*, 1887, in-12, cartonn. toile rose, tête dor., non rogné, couverture (*Pierson*).

ÉDITION ORIGINALE.

1052. MAUPASSANT (Guy de). Mont-Oriol. *Paris, Victor-Havard,* 1887, in-12, cartonn. toile grise, tête dor., non rogné, couverture (*Pierson*).

Édition originale.

1053. MAYNARD (François de). Œuvres poétiques, publiées avec notice et notes par Gaston Garrisson. *Paris, A. Lemerre,* 1885-1888, 3 vol., in-12, mar. bleu, fil., dos orné à petits fers, dent. int., tête dor., non rognés (*Allô*).

1054. MEILHAC ET HALÉVY. Théâtre. *Paris, Calmann-Lévy, s. d.,* 8 vol. in-12, br. (*Couvert.*).

Un des 50 exemplaires (n° 11) imprimés sur papier de Hollande.

1055. MÉRAY (Antony). La Vie au temps des trouvères. Croyances, usages et mœurs intimes des XIe, XIIe et XIIIe siècles d'après les lais, chroniques, dits et fabliaux. *Paris et Lyon, A. Claudin,* 1873. — La Vie au temps des cours d'amour..., d'après les chroniques, gestes, jeux-partis et fabliaux. *Id.,* 1876. — Ens. 2 vol., pet. in-8, mar bleu, fil., dos orné, dent. int., tête dor., non rognés (*Champs*).

1056. MOLÈNES (Paul de). Œuvres diverses, avec six eaux-fortes par Armand-Dumaresq. *Paris, Librairie des bibliophiles,* 1885-1887, 6 vol., in-12, mar. rouge, jans., dent. int., tête dor., non rognés, couvert. (*Pierson*).

Un des 300 exemplaires imprimés sur papier de Hollande. *Histoires et récits militaires.* — *Voyages et pensées militaires.* — *Mélanges.* — *Aventures du temps passé.* — *Les Commentaires d'un soldat.* — *Les Caprices d'un régulier.*
Préface par Barbey d'Aurévilly.

1057. MOLIÈRE (Ouvrages relatifs à). 4 vol., in-8 et in-12, demi-rel. et dos et coins mar., tête dor, non rognés (*Pierson* et *Champs*).

Copin (Alfred). Histoire des Comédiens de la troupe de Molière. *Frinzine,* 1886. — Jacob (P. L.). La véritable édition originale des œuvres de Molière. Étude bibliographique. *Fontaine,* 1874. — Le Livre abominable de 1665 qui courait en manuscrit parmi le monde sous le nom de Molière. *Didot,* 1883, 2 vol.

1058. MOLIÈRE. Ouvrages relatifs à la famille de Molière et à ses amours. 5 vol. in-8 et in-12, demi-rel., et dos et coins mar., tête dor., non rognés.

Chardon (Henri). M. de Modène, ses deux femmes et Madeleine Béjart. *A. Picard,* 1886. — Fameuse comédienne (La), ou histoire de la Guérin auparavant femme et veuve de Molière. *Barraud,* 1870. — Intrigues de Molière (Les) et celles de sa femme ou la fameuse comédienne. Histoire de la Guérin. *Liseux,* 1877 (*papier de Chine*). — Révérend du Mesnil, La Famille de Molière et ses représentants actuels. *Liseux,* 1879. — Lapommeraye (H. de). Les Amours de Molière. *Jouaust,* 1873.

1059. MONITEUR DU BIBLIOPHILE (Le). Gazette littéraire, anecdotique et curieuse. Directeur, Jules Noriac. *Paris,* 1878-1880. 3 vol. — Pièces annexes, 8 vol. Ens. 11 vol., pet. in-4, dos et coins mar. rouge, tête dor, non rog. (*Champs*).

Collection complète avec les pièces annexes dont voici le détail : Musset (A. de). L'Anglais mangeur d'opium. — Duclos. Chroniques indiscrètes sur la Régence. — Le Journal de Colletet. — Mémoire sur les vexations qu'exercent les libraires et imprimeurs de Paris. —

Fauques (Mlle de). L'histoire de Madame la marquise de Pompadour. — Marchand (J. H.). Le Vuidangeur sensible, drame en 3 actes. — Campardon. Voltaire, documents inédits. — Le Portefeuille de M. le comte de Caylus.

Le troisième volume du *Moniteur* renferme la bibliographie des *Contes rémois*, par le Dr Bougard.

1060. MONSELET (André). Charles Monselet, sa vie, son œuvre. Préface par M. Jules Claretie. *Paris, Émile Testard,* 1892, in-8, dos et coins mar. grenat, tête dor., non rogné, couvert. (*Pierson*).

Un des 25 exemplaires (n° 14) imprimés sur papier du Japon.

1061. MONSELET (Charles). Rétif de la Bretonne, sa vie et ses amours. Documents inédits, ses malheurs, sa vieillesse et sa vie, ce qui a été écrit sur lui, ses descendants, catalogue complet et détaillé de ses ouvrages suivi de quelques extraits. Avec un beau portrait gravé par Nargeot et un fac-simile. *Paris, Aug. Aubry,* 1858, in-12, pap. vergé, dos et coins mar. rouge, dos orné, tête dor., non rogné.

1062. MONSELET (Charles). Les Créanciers. Œuvre de vengeance, avec une cruelle eau-forte d'Émile Benassit. *Paris, A la Salle des pas perdus, et chez René Pincebourde,* 1870, gr. in-8, dos et coins mar. vert, tête dor., non rogn. couvert. (*Champs*).

Un des 25 exemplaires (n° 8) imprimés sur papier timbré contenant l'eau-forte de *Benassit* en 3 états : noir, bistre et sanguine.

1063. MONSELET (Charles). Lettres gourmandes, manuel de l'homme à table. *Paris, E. Dentu,* 1877. — Poésies complètes. Avec un frontispice-portrait par Louis Chevalier, gravé à l'eau-forte par Lalauze. *Ibid., id.,* 1880. (Ex. imprimé sur pap. de Holl., contenant le frontispice en 3 états dont l'eau-forte pure sur papier de Chine avant la lettre). — Ens. 2 vol. in-12, dos et coins mar. bleu, fil., dos orné, tête dor., non rognés, couvert. illust. (*Pierson* et *Allô*).

1064. MONTESQUIOU (Comte Robert de). Pays des Aromates. Commentaire descriptif d'une collection d'objets relatifs aux parfums suivi d'une nomenclature des pièces qui la composent ainsi que du catalogue d'une bibliothèque attenante et orné d'un portrait. *Paris, H. Floury,* 1900, in-4, demi-rel. mar. vert, tête dor., non rogné, couvert. illust. (*Pierson*).

Édition imprimée à 150 exemplaires dont 50 seulement mis dans le commerce.

1065. MONVAL (Georges). Le Laquais de Molière. Provençal à Chambord. — Troupes de campagne. — Vingt ans à la Comédie-Française. — Un portrait de Molière. Les Du Périer, de Malherbe au général Du Mouriez. *Paris, Tresse et Stock,* 1887, in-16, mar. rouge, chiffre sur les plats, dent. int., tête dor., non rogné (*Allô*).

1066. NOAILLES (Comtesse Mathieu de). Le Cœur innombrable. *Paris, Calmann Lévy, s. d.* — La Nouvelle espérance. *Ibid., id., s. d.* — L'Ombre des jours. *Ibid., id., s. d.* — Ens. 3 vol. in-12, cartonn. toile rose et bleue, dos orné, tête dor., non rognés (*Pierson*).

1067. OUVILLE. L'Élite des contes du sieur d'Ouville, réimprimée sur l'édition de Rouen 1680, avec une préface et des notes par G. Brunet. *Paris, Librairie des bibliophiles*, 1883, 2 vol. pet. in-8, mar. rouge, fil., chiff. sur les plats, dos orné, dent. int., tête dor., non rognés (*Allô*).

Un des 30 exemplaires imprimés sur PAPIER DE CHINE.

1068. PARNASSE SATIRIQUE (Le) du sieur Théophile, suivi du nouveau Parnasse satirique. Édition revue sur toutes les éditions du XVIIe siècle, corrigée et annotée. *S. l.* (*Bruxelles, Poulet-Malassis*), 1864, 2 vol., le frontispice manque. — CABINET SATIRIQUE (Le) ou recueil parfaict des vers piquants et gaillards de ce temps tiré des secrets cabinets des sieurs de Sigognes, Regnier, Motin, Berthelot, Maynard et autres des plus signalez poètes de ce siècle. Nouv. édit. complète, revue sur les éditions de 1618 et de 1620 et sur celle dite du Mont-Parnasse sans date. *S. l.* (*Bruxelles, Poulet-Malassis*), 1864, 2 vol., front. de F. Rops. — PARNASSE SATYRIQUE (Le) du dix-neuvième siècle. Recueil de vers piquants et gaillards de MM. de Béranger, V. Hugo, E. Deschamps, A. Barbier, A. de Musset, Baudelaire, etc., etc. *Rome, à l'enseigne des sept péchés capitaux* (*Bruxelles*), *s. d.* (1864), 2 vol. Front. de Rops en 2 états, noir et bistre. — LE NOUVEAU PARNASSE SATYRIQUE du dix-neuvième siècle, suivi d'un appendice au Parnasse satyrique. *Eleutheropolis, aux devantures des libraires* (*Bruxelles, Poulet-Malassis*), 1866, 1 vol. Front. de Rops en 2 états, noir et bistre. — Ens. 7 vol. in-12, papier vergé, dos et coins mar. rouge, tête dor., non rognés.

1069. PASCAL. Pensées publiées d'après d'après le texte authentique et le seul vrai plan de l'auteur avec des notes philosophiques et théologiques et une notice biographique par Victor Rocher. *Tours, Mame*, 1873, gr. in-8, portrait, mar. vert, comp. de fil., chiffre sur les plats, fleurons aux angles, dos orné, dent. int., tête dor., non rog. (*Tinot, rel. à Reims*).

Un des 275 exemplaires (n° 36) imprimé sur PAPIER VERGÉ.

1070. PETITE COLLECTION LEMERRE (de la). 3 vol. pet. in-12, mar. rouge souple, fil. et dent., chiffre sur les plats, dos orné, tr. dor., étui de mar. rouge.

COPPÉE (François). Contes rapides, Henriette, 1890. — GRENIER (Édouard). Poèmes épars, 1889. — LAPRADE (Victor de). Les Voix du silence, varia, le livre des adieux.

1071. PETITS CHEFS-D'ŒUVRE (des). *Paris, Librairie des bibliophiles*, 1872-1886, 6 vol. in-12, dos et coins mar. bleu, vert, grenat, crème, fil., dos orné, tête dor., non rognés, couvert. (*Pierson*).

MAISTRE (Xavier de). Voyage autour de ma chambre, 1872. — FLORIAN. Mémoires d'un jeune espagnol, avec une préface et des notes par Honoré Bonhomme, 1883. — FÉNELON. L'Éducation des filles précédée d'une introduction par Oct. Gréard. Frontisp. par Lalauze, 1885. — FLÉCHIER. Mademoiselle de Combes, nouvelle tirée des mémoires sur les grands jours d'Auvergne avec une notice par J. Sigaux, 1885. — Les Matinées du roi de Prusse, avec une introduction par E.-A. Spoll, 1885. — Lettres du Prince de Ligne à Mlle de Coigny pendant l'année 1787, publiées avec une préface par M. de Lescure, 1886.

1072. PÉTRARQUE. Les Sonnets. Traduction complète en sonnets réguliers avec introduction et commentaire par Philibert Le Duc. *Paris, Léon Willem*, 1877-1879, 2 vol. in-8, dos et coins mar. rouge, tête dor., non rog. (*Champs*).

Un des 30 exemplaires (nº 8) imprimés sur PAPIER WHATMAN avec les portraits en deux états : en noir et en bistre.

1073. PÉTRARQUE. L'Afrique, poème épique traduit pour la première fois par Victor Develay. *Paris, Librairie des bibliophiles*, 1882, 5 vol. in-32, dos et coins mar. bleu, fil., dos orné, tête dor., non rognés, couverture (*Pierson*).

1074. PLÉIADE FRANÇOISE (La), avec notes et glossaire par Ch. Marty-Laveaux. *Paris, Lemerre*, 1866-1898, 22 vol. pet. in-8, demi-rel., dos et coins mar. de diverses couleurs et brochés, tête dor., non rognés.

DU BELLAY (Joachim). Œuvres françoises, 2 vol. — JODELLE (Estienne). Œuvres et meslanges poétiques. Notice biographique sur Estienne Jodelle, 3 vol. — DORAT (Jean). Œuvres poétiques, 1 vol. — PONTUS DE TYARD. Œuvres poétiques, 1 vol. — BELLEAU (Rémy). Œuvres poétiques, 2 vol. — BAÏF (Jean-Antoine). Œuvres en rime. Notice biographique sur Baïf, 6 vol. — RONSARD (P. de). Œuvres, 6 vol. — La Pléiade françoise. Appendice, 2 vol.
Les 6 vol. de Baïf sont brochés.

1075. POÈTES ANCIENS. 7 vol. in-8 et in-12, dos et coins mar., tête dor., non rognés.

BAÏF (J.-A. de). Les Mimes ; enseignements et proverbes. *Willem*, 1880. — BAUDE (Henri). Vers, recueillis et publiés par J. Quicherat. *Aubry*, 1856. — CHAMP-REPUS (Jacques). Œuvres poétiques. *Bachelin-Deflorenne*, 1864. — CLEF D'AMOUR (La), poème publié par Ed. Tross. *Tross*, 1866. — HÉMARD. Les restes de la guerre d'Estampes. *Willem*, 1880. — VILLON (François). Œuvres complètes. *Janet*, 1854. — LONGNON (Aug.). Étude biographique sur François Villon. *Menu*, 1877.

1076. POÈTES CONTEMPORAINS. 8 vol. in-12, dos et coins mar., tête dor., non rognés (*Pierson, Allô, Champs*).

BLANCHEMAIN (Prosper). Poèmes et poésies. *Rouveyre*, 1880, 2 vol. — DIGUET (Charles). Blondes et brunes, 1866, front. — BORNIER (Henri de). Poésies complètes (1850-1881). *Dentu*, 1881, portrait. — CABROL (Élie). La première absence. Lettres en vers. *Jouaust*, 1872, 12 eaux-fortes. — GAY (C.). Matin et soir, poésies. Tome II. *Fischbacher*, 1884. — LES GRAPILLONS, contes en vers, sonnets, etc., par un Bourguignon salé. *Arnauld et Labat*, 1879, front. de Lalauze. — SULLY-PRUDHOMME. Le Bonheur, poème. *Lemerre*, 1888.

1077. POÈTES FRANÇAIS du XIXe siècle. *Paris, Alphonse Lemerre*, 1871-1890, 12 vol. pet. in-12, dos et coins, mar. citron, vert, violet, etc., tête dor., non rognés, couvert. (*Pierson*).

Anthologie des poètes français depuis le XVe siècle jusqu'à nos jours, *s. d.* — BAUDELAIRE (Ch.). Les Fleurs du mal, 1888. — HUGO (Victor). Chansons des rues et des bois, 1877. — LAMARTINE (A. de). Premières méditations poétiques, 1885, rel. pleine en mar. vert. — LAPRADE (Victor de). Les Voix du silence. Varia. Le Livre des adieux, *s. d.* — LEMOYNE (André). Poésies (1855-1883), 1871. — MARC-MONNIER. Poésies, 1872. — VALADE (Léon). Poésies posthumes, 1890. — GAUTIER (Théophile). Poésies, 1890, 2 vol. — DESBORDES-VALMORE (Mme). Œuvres poétiques, 1819-1833. Idylles, Élégies, 1886.

1078. PUBLICATIONS M. ET CALMANN LÉVY, 1864-1889, 3 vol. in-16, dos et coins mar., fil., dos orné, tête dor., non rognés (*Allô* et *Pierson*).

GARCIA (Mlle Marie). La Confession d'Antonine. Préface de Léon Gozlan, 1864. — MAU-

GRAS (Gaston). La duchesse de Choiseul et le Patriarche de Ferney, 1889. — La Vie sous Louis XVI, 1882.

1079. PUBLICATIONS CALMANN LÉVY. 5 vol. in-16, dos et coins mar. de diverses couleurs, fil., dos orné, tête dor., non rognés (*Champs* et *Pierson*).

FEUILLET (Octave). Julia de Trécœur, 1885. — VOGUÉ (Vicomte Eugène Melchior de). Histoires d'hiver, 1885. — PAILLERON (Édouard). Le Théâtre chez Madame, 1881. — ULBACH (Louis). Les Inutiles du mariage, 1885. — Tiphaine, avec une préface par Alexandre Dumas fils, 1880.

1080. PUBLICATIONS DE LA LIBRAIRIE JOUAUST. 6 vol. in-12 et pet. in-12, dos et coins mar. vert, rouge, grenat, fil., dos orné, tête dor., non rognés.

MILLIET (Paul). De l'Origine du théâtre à Paris, avec un frontispice à l'eau-forte par Félix Lucas, 1870. — Les Caractères de la tragédie, publié d'après un manuscrit attribué à La Bruyère, 1870. — PAPARRIGOPOULOS (D.). Le Choix d'une femme, comédie en un acte traduite du grec pour la première fois avec l'autorisation de l'auteur par Émile Legrand, 1872. — LE SAGE. Turcaret, comédie en cinq actes réimprimée sur la première édition, 1709, et précédée d'une notice par F. de Marescot, 1872. — SEDAINE. Le Philosophe sans le savoir, comédie en cinq actes, publiée pour la première fois d'après le manuscrit de la Comédie-Française, avec une préface par Georges d'Heylli, 1880. — LE TASSE. Aminte, traduction du sieur de la Brosse, avec une préface par H. Reynald, compositions de Victor Ranvier, gravées à l'eau-forte par Champollion, dessins de Giacomelli, gravés sur bois par Meaulle, 1882.

1081. PUBLICATIONS DE LA LIBRAIRIE JOUAUST. 6 vol. in-8, in-12 et in-18, dos et coins mar. vert, rouge, marron, tête dor., non rognés (*Pierson*).

MENDÈS (Catulle). Poésies, traduction nouvelle par Victor Develay, 1872. Hespérus, poème swedenborgien (1869), front., 1872. Contes épiques (1870-1872). — GRESSET. Poèmes, 1867. — MILLAUD (Albert). Petite Némésis, nouvelle série (1869-1871), 1872. — REDELSPERGER (J.). Paquerette, eaux-fortes de Chauvet, 1874.

1082. PUBLICATIONS GAY ET DOUCÉ. 11 vol. pet. in-12 et in-18, dos et coins mar. et cartonn. toile, tête dor., non rognés.

Les Gaietés de Béranger..., front. de Rops, 1864. — La Diligence de Lyon par le grand Jacques. *Kistemaeckers, s. d.* — Le Marquis de Sade. L'Homme et ses écrits. Étude bio-bibliographique. — Le premier acte du Synode nocturne. Des Tribades, lemanes..., 1862. — Hecquet (Philippe). De l'Indécence aux hommes d'accoucher les femmes, 1881. — Notice sur les écrivains érotiques du XVe siècle au commencement du XVIe. — Jacob (P.-L.). Les Courtisanes de la Grèce d'après les auteurs grecs et latins, 1872. — Les Nuits d'épreuves des villageoises allemandes avant le mariage, 1861. — Les Priapeia, note de Lessing, 1866. — Les Entretiens de la Grille ou le moine au parloir, 1868. — Arétin. Sept petites nouvelles concernant le jeu et les joueurs, 1861.

1083. PUBLICATIONS GAY ET DOUCÉ. 11 vol. in-18, rel. en mar., en dos et coins mar. et en vélin blanc, tête dor., non rognés.

CHOLIÈRES (de). La Guerre des masles contre les femelles, représentant en trois dialogues les prérogatives et dignitez tant de l'un que de l'autre sexe, avec les meslanges poétiques. — DU LORENS (J.). Satires. Réimpression de l'édition de 1633, précédée d'une notice sur la vie et les ouvrages de l'auteur par P. Blanchemain, 1868. — FLORE (Mme Jeanne). Comptes amoureux, 1870. — HENRY (F.-N.). Le Diable dupé par les femmes, frontispice de Rops, 1881. — LA TAYSSONNIÈRE (G. de la). L'Attifet des damoiselles, première et plus importante pièce de leur embellissement, 1871. — MÉMOIRES de messire Jean de Laval, comte de Chateaubriant, 1863. — MINUT (Gabriel de). De la beauté..., 1857. — TABLEAU des piperies (Le) des femmes mondaines. — LE SANDRIN ou verd galand où sont naïfvement déduits les plaisirs de la vie rustique. — S'ENSUIVENT les blasons anatomiques du corps féminin... — VOYAGES de Piron à Beaune, 1863.

1084. PUBLICATIONS LISEUX. 8 vol. pet. in-8, in-12 et in-18, dos et coins ou demi-rel. mar., fil., dos orné, tête dor., non rognés (*Champs* et *Pierson*).

BOUCHARD (Jean-Jacques). Les Confessions de J.-J. Bouchard, parisien, suivies de son voyage de Paris à Rome en 1630, publiées pour la première fois sur le manuscrit de l'auteur, 1881. — LE BOULANGER DE CHALUSSAY. Elomire hypocondre, comédie réimprimée sur l'édition originale (Paris, 1670) avec une reproduction du frontispice et une note sur les ennemis de Molière par Ch.-L. Livet, 1878, un des 12 exemplaires (n° 1) imprimés sur papier de Chine. — BOULMIER (Joseph). Villanelles, suivies de poésies en langage du XVe siècle et précédées d'une notice historique et critique sur la Villanelle, avec une villanelle technique, 1878. — NAUDÉ (Gabriel). Advis pour dresser une Bibliothèque, présenté à Monseigneur le Président de Mesme, réimprimé sur la deuxième édition (Paris, 1644), 1876. — POGGE. Les Facéties, traduites en français, avec le texte en regard, première édition complète, 1878, 2 vol. — SACCHETTI (Franco). Nouvelles choisies de Franco Sacchetti, bourgeois de Florence (XIVe siècle). Traduites en français pour la première fois par Alcide Bonneau, 1879. — TROUBAT (Jules), Plume et pinceau, études de littérature et d'art, par Jules Troubat, Rabelais, Voltaire. Mérimée, Talma, Victor Hugo, 1878.

1085. RECUEIL DE MAUREPAS. Pièces libres, chansons, épigrammes et autres vers satiriques sur divers personnages des siècles de Louis XIV et Louis XV, accompagnés de remarques curieuses du temps, publiés pour la première fois d'après les manuscrits conservés à la Bibliothèque impériale, à Paris, avec des notices, des tables, etc. *Leyde*, 1865, 6 vol. pet. in-12, pap. de Holl., dos et coins mar. rouge, tête dor., non rognés.

Édition tirée à 116 exemplaires.

1086. RICHEPIN (Jean). La Mer. *Paris, Maurice Dreyfous*, 1886, in-4, dos et coins mar. vert, fil., dos orné, tête dor., non rogné (*Allô*).

1087. RICHEPIN (Jean). Théâtre. *Paris, Charpentier*, 1892-1896, 3 vol. in-8 et in-12, cartonn. toile rouge, tête dor., non rognés, couvert. (*Pierson*).

Par le glaive, drame en vers en cinq actes et huit tableaux, 1892. — Vers la joie, conte bleu, en cinq actes, en vers, 1894. — Théâtre chimérique, vingt-sept actes de pantomime, proverbe, pastorale, comédie, etc., 1896.

1088. ROMAN DE LA ROSE (le), par Guillaume de Lorris et Jean de Meung, dit Clopinel. Édition faite sur celle de Lenglet-Dufresnoy, corrigée avec soin et enrichie de la dissertation sur les auteurs de l'ouvrage, de l'analyse, des variantes et du glossaire publiés en 1737 par J.-B. Lantin de Damerey. Avec figures. *Paris, J.-B. Fournier et fils, P.-N.-F. Didot*, an VII, 5 vol. gr. in-8, figures de Monnet, demi-rel. mar. rouge, tête dor., non rognés.

Un des 90 exemplaires imprimés sur GRAND PAPIER VÉLIN contenant les figures AVANT la lettre, avec les légendes sur papier de soie.

1089. ROMAN DU RENART (Le) publié d'après les manuscrits de la bibliothèque du roi des XIIIe, XIVe et XVe siècles, par M. D. Méon. *Paris, Treuttel et Wurtz*,

1826-1835, 5 vol. dont 1 vol. pour le *supplément,* dos et coins chag. rouge, fil., dos orné, tr. marb. (*Ottmann-Duplanil*).

On y a joint 2 vol. même rel. Le Roman du renard traduit pour la première fois d'après un texte flamand du XIIe siècle, édité par J.-F. Willems, augmenté d'une analyse de ce qu'ont écrit au sujet des romans français du renard, Robert, Raynouard, Prosper Marchand, etc., par Octave Delepierre. *Paris, Techener, s. d.* — Les Romans du renard examinés, analysés et comparés d'après les textes manuscrits les plus anciens. Les publications latines, flamandes, allemandes et françaises, précédés de renseignements généraux et accompagnés de notes et d'éclaircissements philologiques et littéraires par M. A. Rothe. *Paris, J. Techener,* 1845.

1090. ROMANT DE LA ROSE (Le) imprimé à Paris. *Paris, Delarue,* 1878, in-4, goth., figures sur bois, cartonn. vélin blanc à recouv., non rogné (*Champs*).

Reproduction en fac-simile de l'édition donnée par Jehan Dupré, à la fin du XVe siècle. Un des 10 exemplaires (n° 1) imprimés sur PAPIER DE CHINE.

1091. ROMANS DES DOUZE PAIRS DE FRANCE. *Paris, Techener,* 1833-1848, 12 vol. in-12, papier de Hollande, dos et coins mar. rouge, tête dor., non rognés (*Bertrand*).

Li Romans de Berte aux grands piés, précédé d'une dissertation sur les romans des douze pairs par M. Paulin Paris, 1836. — Li Romans de Garin le loherain, publié pour la première fois et précédé de l'examen du système de M. Fauriel sur les romans carlovingiens par M. P. Paris, 2 vol., 1833-1835. — Li Romans de Parise la duchesse, publié pour la première fois d'après le manuscrit unique de la Bibliothèque royale par G.-F. de Martonne, 1836. — La Chanson des Saxons, par Jean Bodel, publiée pour la première fois par Francisque Michel, 2 vol. 1839. — Li Romans de Raoul de Cambrai et de Bernier, publié pour la première fois d'après le manuscrit unique de la Bibliothèque du roi, par Edward Le Glay, 1840. — La Chevalerie. Ogier de Danemarche par Raimbert de Paris, poème du XIIe siècle, publié pour la première fois d'après le Ms. de Marmoutier et le Ms. 2729 de la Bibliothèque du roi, 1842. 2 vol. — Le Romancero françois, histoire de quelques anciens trouvères et choix de leurs chansons, le tout nouvellement recueilli par M. Paulin Paris, 1833. — La Chanson d'Antioche, composée au commencement du XIIe siècle par le pèlerin Richard, renouvelée sous le règne de Philippe Auguste par Graindor de Douay, publiée pour la première fois par Paulin Paris, 1848, 2 vol.

Collection devenue très rare.

1092. ROSTAND (Edmond). L'Aiglon, drame en six actes en vers, représenté pour la première fois au théâtre Sarah-Bernhart, le 15 mars 1900. *Paris, Charpentier et Fasquelle,* 1900, pet. in-8, dos et coins mar. vert, fil., dos orné, tête dor., non rogné (*Couvert. illust.*).

ÉDITION ORIGINALE.
Un des 180 exemplaires (n° 25) imprimés sur PAPIER DU JAPON.

1093. SAINTE-BEUVE (C.-A.). Port-Royal. *Paris, Hachette et Cie,* 1867-1871, 7 vol. in-12, demi-rel. veau bleu, dos orné, ébarbés.

1094. SAINTE-BEUVE (C.-A.). Premiers lundis. *Paris, Lévy,* 1874-1875, 3 vol. — Nouveaux lundis. *Paris, Lévy,* 1870, 13 vol. — Causeries du lundi. *Paris, Garnier, s. d.,* 15 vol. — Portraits contemporains. *Paris, Lévy,* 1870-1871, 5 vol. — Ensemble, 36 vol. in-12, demi-rel. veau bleu, dos orné.

1095. SAINTE-BEUVE (C.-A.). Chateaubriand et son groupe littéraire sous l'Empire, *Paris, Lévy,* 1872, 2 vol. — Chroniques parisiennes (1843-1845). *Paris,*

Lévy, 1876, 1 vol. — Étude sur Virgile suivie d'une étude sur Quintus de Smyrne. *Lévy*, 1870, 1 vol. — Le Général Jomini. Étude. *Lévy*, 1869, 1 vol. — Lettres à la princesse. *Lévy*, 1873, 1 vol. — Madame Desbordes-Valmore. Sa vie et sa correspondance. *Lévy*, 1870, 1 vol. — Poésies complètes. *Charpentier*, 1869, 1 vol. — P.-J. Proudhon. Sa vie et sa correspondance, 1838-1848. *Lévy*, 1872, 1 vol. — Souvenirs et indiscrétions. *Lévy*, 1872, 1 vol. — Tableau historique et critique de la poésie française et du théâtre français au XVIe siècle. *Charpentier*, 1869, 1 vol. — Volupté. *Charpentier*, 1872, 1 vol. — Ens. 12 vol. in-12, demi-rel. veau bleu, dos orné, non rognés.

1096. SAINT-PIERRE (Bernardin de). Paul et Virginie, avec notice et notes par M. Anatole France. *Paris, A. Lemerre*, 1878, pet. in-8, mar. vert, fil., dos orné, dent. int., tête dor., non rogné (*Champs*).

Un des 50 exemplaires imprimés sur PAPIER DE CHINE ; texte encadré d'un filet rouge.

1097. SÉVIGNÉ (Mme de). Lettre écrite à Madame de Grignan le 21 juin 1671 ; rétablie pour la première fois d'après le manuscrit autographe. *Paris, Blaise*, 1826. — Lettres inédites de Madame de Sévigné (revues sur les originaux). *Paris, Klostermann*, 1814. — Ens. 2 vol. in-8, demi-rel. veau marb., non rog. (*Pierson*).

Exemplaires couverts de notes et de corrections de M. Monmerqué, et dans lesquels on a intercalé une quantité de pièces manuscrites relatives à Mme de Sévigné, et 6 lettres autographes du Bon Walckenaer et de Monmerqué. On y a joint un portrait de Mme de Coulanges et 4 vues diverses.

1098. SÉVIGNÉ (Madame de). Lettres de Madame de Sévigné, de sa famille et de ses amis, recueillies et publiées par M. Monmerqué. Nouvelle édition, revue sur les autographes, les copies les plus authentiques et les plus anciennes impressions et augmentée de lettres inédites d'une nouvelle notice, d'un lexique des mots et locutions remarquables, de portraits, vues et fac-similés, etc. *Paris, L. Hachette et Cie*, 1862-1866, 14 vol. et un album, dos et coins mar. vert, dos orné et mosaïqué, tête dor., non rognés. — Lettres inédites, publiées par Ch. Capmas. *Ibid. Id.*, 1876, 2 vol. demi-rel. mar. vert clair, tête dor., non rognés. — Ens. 16 vol. in-8.

1099. SHAKESPEARE. The Plays. *London, Pickering*, 1825, 9 vol. in-64, cartonn. toile rouge de l'éditeur, fers spéciaux, tr. dor.

Édition estimée, imprimée en caractères fins.

1100. SONNETS des vieux maîtres français 1520-1670. *Paris, Plon et Cie*, 1882, in-16, mar. bleu, fil., dos orné, dent. int., tête dor., non rogné (*Pierson*).

80 sonnets.

1101. SOULARY (Joséphin). La Chasse aux mouches d'or. *Lyon, N. Scheuring*, 1876. — Les Figulines, suivies du Rêve de l'escarpolette et de quelques autres pièces. *Lyon, Scheuring*, 1862. — Sonnets humoristiques. *Lyon, Scheuring*,

1859. — Ens. 3 vol., in-8, dos et coins mar., demi-rel. mar. citron, grenat et orange, tête dor., ébarbés (*Champs*).

Éditions originales.

1102. TACITE. Vie d'Agricola. Traduite par N.-L. B. (Napoléon-Louis Bonaparte). *Florence, chez Guillaume Piatti*, 1829, in-8, veau fauve, encad. de dent. à froid, grande plaque à froid, dos orné, dent. int. à froid, tr. marb. (*Reliure de l'époque*).

Reliure très fraîche. Exemplaire de Jules Janin avec son ex-libris.
Le traducteur a dédié son travail à sa cousine Mlle Juliette de Villeneuve. A la page 54 il se trouve une petite lithographie signée Charlotte; c'est le prénom de la seconde fille de Joseph, femme de N.-L. Bonaparte.

1103. THOINAN (Ern.). Un Bisaïeul de Molière. Recherches sur les Mazuel, musiciens des XVIe et XVIIe siècles alliés de la famille Poquelin. *Paris, Claudin*, 1878, in-18, mar. rouge, fil., dos orné, dent. int., tr. dor. (*Champs*).

Un des 6 exemplaires (no 1) imprimé sur parchemin, contenant le frontispice en trois états.

1104. TOMBEAU DE THÉOPHILE GAUTIER (Le). *Paris, Alphonse Lemerre*, 1873, pet. in-4, frontisp. à l'eau-forte, dos et coins mar. noir, tête dor., non rogné (*Champs*).

1105. TOURNEUX (Maurice). Prosper Mérimée. Ses portraits, ses dessins, sa bibliothèque. Étude. *Paris, Charavay frères*, 1879, in-12 carré, mar. vert, fil., dos orné, dent. int., tête dor., non rogné (*Pierson*).

On y a joint un portrait de Mérimée enfant peint par sa mère et un portrait par F. Régamey.
Papier de Hollande.

1106. TINAYRE (Marcelle). La Maison du péché. *Paris, Calmann-Lévy, s. d.*, in-12, cartonn. toile bleue, tête dor., non rogné (*Pierson*).

Edition originale.

1107. VAUQUELIN (Jean). Les Foresteries de Jean Vauquelin, sieur de La Fresnaie, publiées et annotées par Julien Travers. *A Caen, de l'Imp. de Le Blanc-Hardel*, 1869, in-8, mar. vert jans., doublé de mar. vert avec fil. et large dent. à petits fers, tr. dor. (*Belz-Niédrée*).

Un des 4 exemplaires imprimés sur peau de vélin.
Réimpression de l'édition de Poitiers, 1555.

1108. VERLAINE (Paul). Sagesse. *Paris, Palmé*, 1881, gr. in-8, cartonn. toile bleue, tête dor., non rogné, couverture (*Pierson*).

Édition originale, rare.

1109. VICAIRE (Gabriel). Émaux Bressans. *Paris, Henri Leclerc*, 1904, in-12, texte encadré de filets de couleurs, demi-rel. mar. vert. fil., dos orné et mosaïqué, tête dor., non rogné, couverture (*Pierson*).

Un des 50 exemplaires (no 6) imprimés sur papier du Japon.

1110. VILLON. Le petit et le grand Testament de François Villon, les cinq ballades en jargon et des poésies du cercle de Villon, etc. Reproduction fac-simile du manuscrit de Stockholm, avec une introduction de Marcel Schwob. *Paris, Honoré Champion,* 1905, in-8, vél., dans un étui.

Un des 100 exemplaires (n° 26) numérotés sur PAPIER DE HOLLANDE.

BIBLIOGRAPHIE

1111. ASSELINEAU (Charles). Bibliographie romantique. Catalogue anecdotique et pittoresque des éditions originales des œuvres de Victor Hugo, Alfred de Vigny, Prosper Mérimée, Alexandre Dumas, etc., etc., seconde édition, revue et très augmentée avec une eau-forte de Bracquemond. *Paris, Rouquette,* 1872, gr. in-8, front. de Bracquemond et de Nanteuil, dos et coins mar. brun, tête dor., non rogné, couvert. (*Pierson*).

Un des 100 exemplaires imprimés sur PAPIER VERGÉ ; il est orné du frontispice de Célestin Nanteuil.

1112. BÉRALDI (Henri). La Reliure du XIXe siècle (première et deuxième parties). *Paris, L. Conquet,* 1895, 2 vol. gr. in-8, dos et coins mar. vert, tête dor., non rogné, couvert. (*Pierson*).

Ouvrage imprimé à 295 exemplaires (n° 43) sur papier vélin du Marais, orné de nombreuses reproductions de reliure en héliogravure.

1113. BÉRALDI (Henri). La Reliure du XIXe siècle. *Paris, L. Conquet,* 1897, gr. in-8, nombreuses planches de reliures, dos et coins, mar. grenat, fil., dos orné, tête dor., non rogné, couverture (*Pierson*).

Quatrième partie.

1114. BIBLIOPHILE FRANÇAIS (Le). Gazette illustrée des amateurs de livres, d'estampes et de haute curiosité. *Paris, Bachelin-Deflorenne,* 1868-1873, 7 vol., gr. in-8, dos et coins mar. citron, fil., dos orné, tête dor., non rognés.

Nombreuses illustrations : portraits, gravures, eaux-fortes, reproductions de reliures, armorial du bibliophile, etc.

1115. BRIVOIS (Jules). Bibliographie de l'œuvre de P.-J. de Béranger, contenant la description de toutes les éditions, l'indication d'un grand nombre de contrefaçons, le classement des suites de gravures, vignettes, etc., etc. *Paris, L. Conquet,* 1876, gr. in-8, demi rel. mar. vert, tête dor., non rog. (*Champs*).

Un des 150 exemplaires (n° 117) imprimés sur GRAND PAPIER DE HOLLANDE.

1116. BRIVOIS (Jules). Bibliographie des ouvrages illustrés du XIXe siècle, principalement des livres à gravures sur bois. *Paris, Rouquette,* 1883, gr. in-8, demi-rel. mar. brun, tête dor., non rogné.

1117. BRIVOIS (Jules). Essai de bibliographie des œuvres de M. Alphonse Daudet, avec fragments inédits. *Paris, Conquet,* 1895, in-8, demi-rel. mar. grenat, tête dor., non rogné, couvert. (*Pierson*).

Un des 10 exemplaires (no 9) imprimés sur PAPIER DU JAPON.

1118. CATALOGUE de cent reliures d'art exécutées sur des éditions de grand luxe par Amand, Carayon, Chambolle-Duru, Champs, Gruel, Marius-Michel, Meunier, etc., etc. Reliures anciennes, livres armoriés, beaux livres modernes, suites de figures... composant la collection du Vte de La Croix-Laval. *Paris, Durel,* 1902, 2 parties en 1 vol., gr. in-8, demi-rel. mar. La Vall., jans., tête dor., non rog., couvert. (*Pierson*).

L'album se compose de 171 reproductions de reliures d'art, plats et doublures.

1119. CHAMPFLEURY. Les Vignettes romantiques. Histoire de la littérature et de l'art, 1825-1840. 150 vignettes par Célestin Nanteuil, Tony Johannot, Devéria, Jeanron, Édouard May, Jean Gigoux, Camille Rogier, Achille Allier. Suivi d'un catalogue complet des romans, poésies, ornés de vignettes, de 1825 à 1840. *Paris, E. Dentu,* 1883, gr. in-8, dos et coins mar. orange, fil., dos orné, tête dor., non rogné (*Couverture illustrée*).

9 planches hors texte tirées sur Japon.

1120. CHANTILLY. Le Cabinet des livres, manuscrits : théologie, jurisprudence, sciences et arts, belles-lettres. *Paris, Plon, Nourrit et Cie,* 1900, 2 vol. — Chantilly. Le Cabinet des livres imprimés antérieurs au milieu du XVIe siècle. *Ibid., id.,* 1905. Ens. 3 vol. pet. in-4, br.

Planches en héliogravure : fac-simile de manuscrits et dessins.

1121. CLOUARD (Maurice). Bibliographie des œuvres d'Alfred de Musset et des ouvrages, gravures et vignettes qui s'y rapportent. *Paris, Rouquette,* 1883, gr. in-8, portrait gravé à l'eau-forte par Charbonnel, dos et coins mar. vert, tête dor., non rogné, couvert.

1122. COHEN (Henry). Guide de l'amateur de livres à figures et à vignettes du XVIIIe siècle. Troisième édition entièrement refondue et considérablement augmentée par Charles Mehl. *Paris, P. Rouquette,* 1876, in-8, dos et coins mar. bleu, fil., dos orné, tête dor., non rogné (*Champs*).

1123. COHEN (Henry). Guite de l'amateur de livres à gravures du XVIIIe siècle. Édition revue, corrigée et considérablement augmentée par le Baron Roger Portalis. *Paris, P. Rouquette,* 1886, in-8, dos et coins mar. bleu, tête dor., non rogné, couverture (*Pierson*).

1124. COLLECTION DUTUIT (La). Livres et Manuscrits. *Paris, Damascène Morgand, Édouard Rahir, succ.*, 1899, in-fol., nombreuses planches, cartonn., non rogné.

Ce somptueux catalogue, rédigé par M. Édouard Rahir, n'a été tiré qu'à 350 exemplaires ; il est orné dans le texte de nombreux fac-simile de titres et de 42 planches hors texte, reproductions, en couleurs, de reliures et de miniatures de manuscrits.

1125. MARIUS MICHEL. La Reliure française, commerciale et industrielle, depuis l'invention de l'imprimerie jusqu'à nos jours, par MM. Marius Michel, relieurs-doreurs. *Paris, Damascène Morgand et Ch. Fatout*, 1881, in-4, dos et coins mar. rouge, fil., dos orné, tête dor. (*Champs*).

Nombreuses reproductions de reliures en noir et en couleurs, hors texte, et figures dans le texte.

1126. SIEURIN (J.). Manuel de l'amateur d'illustrations. Gravures et portraits pour l'ornement des livres français et étrangers. *Paris, Adolphe Labitte*, 1875, in-8, dos et coins mar. rouge, tête dor., non rogné (*David*).

On y a joint une lettre autographe de M. J. Sieurin, adressée au libraire Fontaine. Envoi de J. Sieurin et du relieur David sur le faux-titre.

1127. SOCIÉTÉ DES AMIS DES LIVRES. Annuaire pour les années 1881 à 1906. *Paris, imprimé pour les Amis des livres*, 1881-1906, 18 vol. pet., in-8 et in-12, dont 2 dos et coins mar., 8 demi-rel. mar., 3 cartonn. toile, tête dor., non rognés, 1 en mar. brun, tr. dor. (*Champs* et *Pierson*), les autres brochés.

Moins les années 1881-83-86-87-90-1903 à 1905.
On y a joint l'*Annuaire des Cent bibliophiles* pour 1906, pet. in-8, demi-rel. mar. bleu.

ORDRE DES VACATIONS

Première vacation. — *Lundi* 18 *Mai* 1908.

Nos 1 à 187.

Deuxième vacation. — *Mardi* 19 *Mai* 1908.

Nos 188 à 379.

Troisième vacation. — *Mercredi* 20 *Mai* 1908.

Nos 380 à 560.

Quatrième vacation. — *Jeudi* 21 *Mai* 1908.

Nos 561 à 754.

Cinquième vacation. — *Vendredi* 22 *Mai* 1908.

Nos 755 à 941.

Sixième vacation. — *Samedi* 23 *Mai* 1908.

Nos 942 à 966.

Nos 967 à 1127.

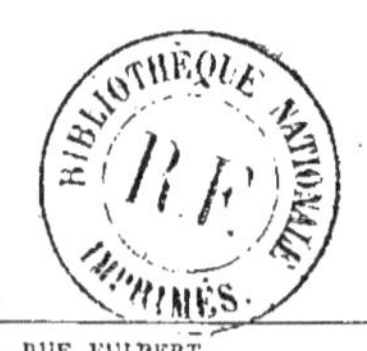

CHARTRES. — IMPRIMERIE DURAND, RUE FULBERT.

BULLETIN
DU
BIBLIOPHILE

REVUE MENSUELLE FONDÉE EN 1834

Par J. TECHENER

Collaborateurs du *Bulletin du Bibliophile* :

MM. **Marius Barroux**, archiviste de la Seine; **Henri Béraldi**, président de la Société des Amis des livres; **Jean Berleux**; **P. Berthet**, de la Bibliothèque de Grenoble; **Paul Bonnefon**, de la Bibliothèque de l'Arsenal; Abbé **H.-M. Bourseaud**; **Paul Chollet**; **Marquis de Clapiers**, de la Société des Bibliophiles françois; **Henri Clouzot**; **Henri Cordier**, professeur à l'École spéciale des langues orientales vivantes; **Paul Cottin**, de la Bibliothèque de l'Arsenal; **Ernest Courbet**; **A. Decauville-Lachênée**, de la Bibliothèque de Caen; **Léopold Delisle**, membre de l'Institut, administrateur général honoraire de la Bibliothèque Nationale; **Joseph Denais**; **Victor Déséglise**; **Félix Desvernay**, ancien administrateur de la grande Bibliothèque de Lyon; **Léon Dorez**, de la Bibliothèque Nationale; **Émile Droit**; **Joseph Dumoulin**; **Dupré-Lasale**, conseiller honoraire à la Cour de Cassation; **Gaston Duval**; **Prince d'Essling**, de la Société des Bibliophiles françois; **Paul d'Estrée**; **Alfred Franklin**, administrateur honoraire de la Bibliothèque Mazarine; **Pierre Gauthiez**; **Tony Genty**; **R. P. Eugène Griselle**, S. J.; **Vicomte de Grouchy**; **Léon Gruel**; **Antoine Guillois**; **Gabriel Hanotaux**, de l'Académie française; **Maurice Henriet**; **Henry Houssaye**, de l'Académie française; **Ernest Jovy**, professeur au Collège de Vitry-le-François; Comte **Alexandre de Laborde**, de la Société des Bibliophiles françois; **Paul Lacombe**, bibliothécaire honoraire à la Bibliothèque Nationale; **Frédéric Lachèvre**; **Pierre de Lacretelle**; **Abel Lefranc**, professeur au Collège de France; **Gustave Macon**, conservateur-adjoint du Musée Condé; **Ch. Malherbe**, archiviste de l'Opéra; **Paul Marais**, de la Bibliothèque Mazarine; **L. Marcheix**, conservateur des collections de l'École des Beaux-Arts; **Henry Martin**, administrateur de la Bibliothèque de l'Arsenal; Abbé **J.-B. Martin**, correspondant du Ministère de l'Instruction publique et des Beaux-Arts; **Fernand Mazerolle**, archiviste-paléographe; **Edmond Maignien**, de la Bibliothèque de Grenoble; **Georges Monval**, archiviste de la Comédie-Française; **A. Morel-Fatio**, professeur au Collège de France; **Louis Morin**, de la Bibliothèque de Troyes; **Léon-Gabriel Pélissier**; **Émile Picot**, membre de l'Institut et de la Société des Bibliophiles françois; **Lucien Pinvert**, docteur ès lettres; Baron **Roger Portalis**, de la Société des Bibliophiles françois; **Ernest Quentin-Bauchart**, de la Société des Bibliophiles françois; **Ph. Renouard**; Vicomte **de Savigny de Moncorps**, de la Société des Bibliophiles françois; **Gaston Schéfer**, de la Bibliothèque de l'Arsenal; **Henri Stein**, archiviste aux Archives Nationales; **Paulin Teste**, de la Bibliothèque Nationale; Abbé **Tougard**; **Maurice Tourneux**; Abbé **Ch. Urbain**; **Ad. van Bever**; **Georges Vicaire**, de la Bibliothèque Mazarine, de la Société des Bibliophiles françois, etc.

Le Bulletin du Bibliophile publie régulièrement la liste des prix d'adjudication de toutes les ventes de livres et d'ex-libris faites à Paris et en Province.

ABONNEMENTS
AU
BULLETIN DU BIBLIOPHILE

REVUE MENSUELLE

Directeur : Georges VICAIRE

(Y compris les listes des prix d'adjudication des ventes.)

Paris, **12** francs par an. — Départements, **14** francs. — Étranger, **16** francs.

A la Librairie HENRI LECLERC, 219, rue Saint-Honoré et 16, rue d'Alger.

www.ingramcontent.com/pod-product-compliance
Lightning Source LLC
LaVergne TN
LVHW010608110826
845149LV00003B/818

9782019931186